ESTE BARCO É DE TODOS

D. Michael Abrashoff

ESTE BARCO É DE TODOS

COMO GRANDES LÍDERES MOTIVAM PARA A
RESPONSABILIDADE
E O ENVOLVIMENTO INDIVIDUAIS
EM UMA CAUSA COMUM

Tradução
EUCLIDES LUIZ CALLONI

Revisão Técnica
CAPITÃO-DE-MAR-E-GUERRA (RM1)
ALBERTO PEDRASSANI COSTA NEVES

Editora
Cultrix
SÃO PAULO

Título original: *Get Your Ship Together.*

Copyright © 2004 D. Michael Abrashoff.

Publicado mediante acordo com Portfolio, uma divisão da Penguin Group (USA) Inc.

Todos os direitos reservados. Nenhuma parte desta obra pode ser reproduzida ou usada de qualquer forma ou por qualquer meio, eletrônico ou mecânico, inclusive fotocópias, gravações ou sistema de armazenamento em banco de dados, sem permissão por escrito, exceto nos casos de trechos curtos citados em resenhas críticas ou artigos de revistas.

A Editora Pensamento-Cultrix Ltda. não se responsabiliza por eventuais mudanças ocorridas nos endereços convencionais ou eletrônicos citados neste livro.

Coordenação editorial: Denise de C. Rocha Delela e Roseli de S. Ferraz
Preparação de originais: Roseli de S. Ferraz
Revisão: Liliane Scaramelli Cajado
Diagramação: Fama Editoração Eletrônica

Dados Internacionais de Catalogação na Publicação (CIP)
(Câmara Brasileira do Livro, SP, Brasil)

Abrashoff, D. Michael

Este barco é de todos : como grandes líderes motivam para a responsabilidade e o envolvimento individuais em uma causa comum / D. Michael Abrashoff; tradução Euclides Luiz Calloni ; revisão técnica Capitão-de-mar-e-guerra Alberto Pedrassani Costa Neves. — São Paulo : Cultrix. 2011.

Título original: Get your ship together
ISBN 978-85-316-1135-3

1. Administração de pessoal 2. Administração — Participação dos empregados 3. Liderança 4. Líderes 5. Motivação no trabalho 6. Responsabilidade I. Capitão-de-mar-e-guerra. II. Neves, Alberto Pedrassani Costa. III. Título.

11-06365   CDD-658.4092

Índices para catálogo sistemático:

1. Liderança : Administração 658.4092

O primeiro número à esquerda indica a edição, ou reedição, desta obra. A primeira dezena à direita indica o ano em que esta edição, ou reedição, foi publicada.

Edição	Ano
1-2-3-4-5-6-7-8-9-10	11-12-13-14-15-16-17-18

Direitos de tradução para o Brasil
adquiridos com exclusividade pela
EDITORA PENSAMENTO-CULTRIX LTDA.
Rua Dr. Mário Vicente, 368 — 04270-000 — São Paulo, SP
Fone: (11) 2066-9000 — Fax: (11) 2066-9008
E-mail: atendimento@pensamento-cultrix.com.br
http://www.pensamento-cultrix.com.br
que se reserva a propriedade literária desta tradução.
Foi feito o depósito legal.

Este livro é dedicado aos admiráveis homens e mulheres fardados de hoje, civis e militares, que zelam pela nossa segurança.

AGRADECIMENTOS

Eu sou uma das pessoas mais afortunadas deste planeta por ter Mary e Don (falecido em maio de 2003) Abrashoff como pais. A nossa família nunca teve muito dinheiro, mas não me lembro de uma única coisa que nos faltasse enquanto crescíamos. Certa vez perguntei ao meu pai: "Qual foi o melhor investimento que o senhor fez na vida?" Ele respondeu: "Garantir o estudo para os meus sete filhos". Não faço ideia do que o futuro reserva para este país, economicamente falando, mas se quisermos manter a nossa capacidade competitiva, o que for feito deverá começar e terminar pela educação. Minha mãe, hoje com 82 anos, ainda substitui professores uma ou duas vezes por semana na Escola Municipal de Altoona (Pensilvânia) e na escola técnico-vocacional regional. Ela é o modelo que sigo para ajudar a nossa grande nação a continuar forte.

Eu gostaria de agradecer aos talentosos escritores, editores e pesquisadores da Wordworks — Donna Carpenter, Maurice Coyle, Ruth Hlavacek, Larry Martz, Barbara Nelson, Toni Porcelli, Cindy Sammons, Robert Shnayerson, Robert Stock e Ellen Wojahn. Eles tornaram a nossa equipe fantástica. Espero continuar a escrever livros com eles por muitos anos vindouros. Eles são os melhores.

Agradeço também a Helen Rees, a minha própria Jerry Maguire e a melhor agente literária do mundo! Hoje ela é uma das minhas amigas mais queridas. Não consigo imaginar melhor maneira de iniciar o dia do que conversando com Helen ao telefone, às 5h30, trocando ideias sobre os acontecimentos no mundo.

Agradeço ainda a Harry Rhodes, Tony D'Amelio e aos demais integrantes do Washington Speakers Bureau. Eles realizam um excelente trabalho para mim e para os demais clientes, e são realmente espetaculares. Um reconhecimento especial para Karen McMahon e Joy Nagle que, por caber-lhes a tarefa mais ingrata, ficaram trancadas no escritório organizando a minha agenda de palestras e aturando as minhas inúmeras histórias sobre a falta de cortesia com que nos deparamos nas viagens aéreas atuais.

E, acima de tudo, continuo a expressar a minha gratidão à Marinha dos Estados Unidos por todas as oportunidades que me foram proporcionadas e pela fantástica tripulação do USS *Benfold*.

SUMÁRIO

Agradecimentos 7
Introdução 11

Capítulo 1
Primeiro-Tenente Buddy Gengler Pede Ajuda e Salva as Suas Tropas.   29

Capítulo 2
CEO Trish Karter Promove o Sucesso da Dancing Deer   69

Capítulo 3
CEO Roger Valine Exige Muito de Todos — e Retribui na Mesma
Medida 99

Capítulo 4
Capitão-de-Mar-e-Guerra Al Collins Segue o Líder para Ser Líder   125

Capítulo 5
Vice-Presidente Laura Folse — a Alquimista da BP   167

Capítulo 6
Delegado Ward Clapham Transforma os *Mounties*, a Polícia Montada
do Canadá 193

Epílogo 237

INTRODUÇÃO

A minha nova vida como comandante do USS *Benfold* começou em um dia de luminosidade bruxuleante na baía de San Diego. Um sol já alto aquecia o ar impregnado de sal a 24°C; o horizonte azul-claro, salpicado com velas brancas, confundia-se harmoniosamente com um mar azul-violeta. E lá estava eu no passadiço de um navio de guerra de 1 bilhão de dólares, um mestre do universo de 36 anos ocupando a poltrona do Comandante, preparando-me para levar o meu navio para o mar pela primeira vez.

O *Benfold* era uma fantástica máquina de combate — um contratorpedeiro equipado com os mais avançados mísseis teleguiados, um sistema de radares capaz de rastrear um objeto do tamanho de um pássaro a 50 milhas náuticas [cerca de 90 quilômetros] de distância e uma tripulação presumivelmente de escol de 310 homens e mulheres. Com quatro propulsores acionados por turbinas a gás na ponta dos dedos, eu podia impelir esse leviatã de 8.300 toneladas a mais de 30 nós — pelo menos 55 quilômetros por hora — deixando na sua esteira o que parecia um imenso rabo de galo.

Eu era adrenalina pura. O momento que eu estivera esperando durante toda a minha carreira havia chegado. Os rebocadores estavam a contrabordo do navio, aguardando a ordem para afastar-nos do cais.

Apesar de toda essa potência e da maquinaria sofisticada, e por mais habilidoso que o Comandante possa ser como condutor do navio, ainda precisamos da ajuda de rebocadores para atracação e desatracação. Atracar e desatracar são duas manobras das mais difíceis. Vários acidentes podem acontecer — podemos arremessar o navio contra o cais ou contra embarcações que estão atrás de nós, e podemos também encalhá-lo. Se um desses acidentes acontecesse, eu poderia ser exonerado praticamente no ato; a minha cabeça rolaria antes mesmo do início das investigações.

Além disso, logo embaixo da proa está o enorme bulbo com o domo do sonar, coberto por um dispositivo de proteção de borracha preta. Imagine-o como um pneu radial com cinta de aço de 5 milhões de dólares. Se ele roça o meio-fio (leia *cais*), o sonar pode ter a sua capacidade de detecção de submarinos reduzida. Ou, pior ainda, podemos perfurar a blindagem protetora e esvaziá-lo completamente. Por isso, a prudência recomenda que se usem rebocadores para afastar o navio do cais.

No momento, com os propulsores apenas roncando em marcha lenta, seus imensos reservatórios de força controlados, nós nos preparávamos para partir. Que emoção! Eu não cabia em mim de orgulho. Mal conseguia esperar para alcançar o mar aberto e ordenar máquinas adiante a toda força.

Dei a ordem para largar todas as espias, pedi aos rebocadores que começassem a nos afastar lentamente do cais, e então, como o ar sibilando à saída de um balão, o meu "cruzeiro do ego" terminou antes mesmo de iniciar. Subitamente, o *Benfold* perdeu a propulsão. Suas turbinas pararam de girar. Num instante, ele se transformou em 8.300 toneladas de aço com possibilidade de encalhar ou de atingir outro navio. No silêncio inquietante, lâmpadas vermelhas de alarme começaram a piscar em toda parte. Precipitei-me para o interior do passadiço, manuseando confusamente telefones de emergência, pedindo informações. Naquele momento, senti-me profundamente aliviado e grato pelos rebocadores estarem próximos, como pais vigilantes correndo ao lado de um filho numa bicicleta nova. Ordenei que eles nos empurrassem de volta ao cais enquanto investigávamos o problema.

Quando um navio perde propulsão subitamente, dispomos de quatro tentativas para evitar um desastre. Podemos efetuar novo arranque disparando um jato de ar de alta pressão nas turbinas. Como uma manivela antiga, o choque do ar produz o giro dos motores e nova ignição. Se esse procedimento fracassar, dispomos de três balões de ar de emergência para mais três tentativas. Se essas falharem, porém, fim — o navio está morto na água, um casco inútil e perigoso que precisa ser rebocado até o porto. Essa é a desgraça das desgraças; rara, mas não inédita.

O *Benfold* perdeu propulsão e acabou com o meu dia porque pelo menos um dos operadores não seguiu os procedimentos. Quando um navio está em movimento, operadores monitoram constantemente mostradores e indicadores no passadiço e na praça de máquinas [duas entre diversas outras divisões administrativas do navio chamadas "Estações de Serviço", guarnecidas por grupos de pessoal chamados de "Quartos de Serviço"] para garantir a sincronia de todos os componentes da enorme e complexa embarcação. Percebendo alguma anormalidade, eles precisam reagir a tempo para evitar outros danos e falha dos motores. Como os operadores do *Benfold* não reagiram a tempo, vários eventos em cascata tiveram início — à semelhança do enorme apagão de energia elétrica ocorrido na Costa Leste no verão de 2003 — e os motores se desligaram para evitar danos graves. Com o navio prestes a largar os cabos dos rebocadores no estreito canal, em poucos segundos o desastre seria total.

Tivemos sorte. O pessoal de Máquinas acorreu e acionou novamente os motores em cerca de cinquenta segundos. A minha mente se movia na mesma velocidade: eu aprendera que um Comandante deve estar sempre alerta, preparado para qualquer incidente que possa ocorrer em uma determinada situação. Antes ainda de nos afastar do cais, eu deveria ter previsto todos os cenários possíveis e planejado ações apropriadas para enfrentá-los. Seja por inexperiência juvenil ou por pura petulância de velho, não fiz nada disso. Simplesmente tivemos muita sorte pelos rebocadores ainda estarem lá para nos salvar do desastre. Contar com a sorte, porém, não é uma boa estratégia para o sucesso.

Com o tempo eu chegaria a compreender que é fácil ser Comandante em tempos de tranquilidade. Mas verdadeiros líderes precisam também se preparar para as eventualidades dos tempos difíceis. Às vezes é preciso manobrar um navio grande perto de águas rasas, e isso exige habilidades extras. O maior desafio do Comandante é ter capacidade de navegar com inteligência em quaisquer circunstâncias, esperadas ou não.

Por que eu estava tão despreparado para uma crise que poderia acontecer a qualquer momento? Como eu deveria treinar a mim mesmo e a minha tripulação para a inevitável próxima ocorrência?

Em pouco tempo eu aprenderia que me era possível ordenar a execução de uma missão, mas que não poderia determinar grandes resultados. Verdadeiros líderes assentam a pedra angular ao redor da qual uma equipe se reúne para produzir resultados de qualidade superior. Uma missão baseada na sorte ou na esperança não se sustenta a longo prazo.

Se tivesse conduzido a desatracação e a partida do *Benfold* como líder vencedor, eu teria agido de forma muito diferente. A verdadeira liderança consiste em entregar-se com tanta dedicação ao que está sob a sua responsabilidade — um navio, digamos — que você se prepara para o sucesso desse navio tanto nos momentos favoráveis como nos desfavoráveis. Como Comandante principiante do *Benfold*, descobri rapidamente a importância de certificar-me de que cada marinheiro a bordo entendesse que era também compromisso dele assegurar a prontidão do *Benfold* para a guerra, para a paz ou para qualquer outra situação intermediária.

Como você deve ter lido no meu primeiro livro, *Este Barco Também é Seu*,* descobri cedo como é difícil — e gratificante — transformar 310 marinheiros em companheiros de equipe realmente comprometidos com a missão. Não indivíduos com a mentalidade "eu em primeiro lugar", mas verdadeiros colaboradores. Vencedores em qualquer circunstância. Desde que deixei a Marinha há quase quatro anos, percebi que é possível alcançar a mesma vitória na vida civil, desde que entendamos os componentes necessários para garantir o sucesso.

Em primeiro lugar, é preciso ter uma boa estratégia empresarial que valorize a competência técnica. Você até pode adquirir competência técnica sozinho. Mas resultados realmente valiosos só aparecem quando todos os membros da equipe não só acreditam na importância do que estão fazendo, mas também entendem que produzir cada dia grandes resultados é vantajoso para eles mesmos. Com a estratégia correta e uma liderança de qualidade, quase todo empreendimento humano pode chegar à vitória. É por isso que escrevi este livro: para partilhar histórias reais de líderes desconhecidos que atuam tanto nos meios militares dos Estados Unidos como nos mais diversos campos e organizações, públicas e privadas.

A minha própria reeducação como líder começou como consequência do meu aborrecimento comigo mesmo, uma reação enérgica ao meu despreparo quando o *Benfold* perdeu a propulsão naquela bela manhã em San Diego. A partir de então, exercitei-me e reexercitei-me para emergên-

---
* Publicado pela Editora Cultrix, São Paulo, 2006.

cias, para aqueles solavancos súbitos em que não há tempo para pensar e é preciso passar para o piloto automático. Para que essa passagem seja bem-sucedida é necessário um repertório de reflexos. Planejamento prévio é essencial. Para minimizar danos, você precisa antecipar e ensaiar os primeiros passos a ser dados numa situação de crise. Eu não havia feito isso. Além do mais, eu havia esquecido que a ação corretiva deve começar com o Comandante — eu.

Durante todo o período em que exerci o Comando, sempre procurei imaginar os piores cenários e como eu reagiria. Eu era compulsivo? Sem dúvida! Mas não porque quisesse ser promovido. Eu poderia viver sem promoções, mas não poderia conviver comigo mesmo se um dos membros da minha equipe se ferisse gravemente ou morresse no meu turno de serviço por causa da minha falta de preparo. Eu sei que os líderes militares atualmente na ativa, em sua maioria, têm a mesma atitude. Espero e rezo para que os nossos líderes civis no Pentágono também alimentem esse sentimento.

Sempre me preparando para enfrentar problemas, tornei-me um banco de dados ambulante de planos de contingência para tudo, desde homem ou mulher ao mar até a Terceira Guerra Mundial. Mísseis, epidemias, terroristas, ataques cardíacos — eu imaginava tudo isso e muito mais. Certa madrugada, cheguei a acordar suando frio depois de sonhar que terroristas haviam roubado o meu uniforme de gala branco, deixando-me apenas com a roupa de baixo, bem no momento em que o presidente dos Estados Unidos era recepcionado a bordo para inspecionar o *Benfold*. Saí imediatamente e comprei um segundo conjunto branco — apenas por precaução.

Os meus marinheiros às vezes achavam que eu era doido. Com os olhos à espreita de possíveis terroristas sempre que o *Benfold* chegava a algum porto do Oriente Médio, aumentávamos o número de estações de serviço no porto para proteção. Era 1997, um ano depois de uma bomba terrorista ter explodido fora do setor americano do complexo habitacional Khobar Towers na Arábia Saudita, matando dezenove membros das forças armadas e ferindo centenas de outras pessoas, civis e militares. Encontrando-me na cratera de cento e vinte metros aberta pela explosão, e sempre consciente da perda de vidas, absolutamente sem sentido, tomei a decisão de que não seríamos apanhados desprevenidos.

Mesmo depois de receber um e-mail de um Comodoro recomendando-me relaxar, eu não conseguia. Não havia um histórico de ataques terroristas a navios da Marinha no porto, lembrava-me ele, e nenhuma informação do serviço de inteligência que levasse a acreditar que uma investida estivesse sendo tramada. Talvez não, mas não era com a equipe dele que eu estava preocupado. O ataque mortal ao USS *Cole* aconteceu três anos depois.

Toda essa pesquisa, sempre à mão, dava resultados, especialmente quando eu perguntava aos meus marinheiros mais preparados como lidariam com as situações adversas que eu imaginava. Exemplo: Vamos supor que estamos rebocando um sonar de hidrofones de 1 milhão de dólares em uma patrulha antissubmarino, e o cordão umbilical, não descendo a uma profundidade suficiente, emaranha-se nos hélices [no jargão da Marinha, termo usado no gênero masculino]. O que devemos fazer? Resposta: Nada — já é tarde demais. É preciso evitar essa situação a todo custo. Isso significa que se há perda de propulsão enquanto a estrutura está sendo deslocada, é preciso correr até a popa e rebobinar manualmente o cabo, que pode ter até uma milha náutica [cerca de 1.500 metros] de comprimento, antes que ele possa se enroscar nos hélices.

Às vezes, a tripulação dava respostas que não me haviam ocorrido. Outras vezes, ninguém tinha a menor ideia. Mas eu providenciava para que todos se planejassem com antecedência e treinassem para extrair o melhor do pior. Quanto mais eles se envolviam, claro, maior a aposta no resultado. Pude ver isso ocorrer quando alguns marinheiros mais influentes deixaram de lado os seus sorrisos constrangidos e começaram a apresentar ponderações argutas sobre o problema sob análise. Nós não éramos colegas e não poderíamos sê-lo. Eu era o Comandante deles. Mas a minha tripulação começou a formar uma verdadeira equipe, todos trabalhando juntos em algo além deles próprios.

Isso foi um alívio. Um Comandante na Marinha não pode estimular o desempenho distribuindo grandes bônus e opções da bolsa. As recompensas e incentivos à minha disposição eram principalmente intangíveis — mais responsabilidade, elogio público, liberdade extra, uma medalha, respeito. No entanto, essas coisas são muito cobiçadas no mundo fechado da cultura de bordo. Um Comandante que vive recompensando marinheiros por sua excelência, em vez de puni-los pela mediocridade, pode aos poucos encaminhar toda a tripulação na direção certa. É por isso que eu estava sempre atento aos marinheiros que faziam as coisas bem para poder premiá-los.

Não que isso fosse fácil. Eu não poderia apenas ordenar que os meus marinheiros se tornassem modelos de perfeição. Eu lidava com 310 indivíduos, e eles tinham a sua cota de desacertos. De forma sutil, precisei recorrer à adulação, a muito afago, e inclusive à velha e clara politicagem.

Veja um dos meus principais problemas — o departamento de máquinas do *Benfold*. Com algumas honrosas exceções, os meus maquinistas eram muito menos qualificados do que presumi que fossem quando assumi o Comando. Antes da minha chegada, o navio falhara em sua inspeção de máquinas, fato praticamente inaudito em se tratando de um navio de guerra de primeira grandeza e quase novo. E mais, o *Benfold* mal conseguira ser aprovado em nova inspeção de eficiência. Se o navio tivesse fracassado novamente, uma atmosfera já envenenada ficaria ainda mais deletéria.

O elo mais fraco do meu navio era o departamento de máquinas. E para piorar as coisas, eu não havia servido nesse departamento e tinha pouca experiência técnica a oferecer. O trabalho do chefe de máquinas é o mais espinhoso a bordo. Na melhor das hipóteses, servir nessa posição em um navio de guerra é tão desgastante, mental e fisicamente, que em geral o tempo de embarque dura apenas dezoito meses, momento em que o chefe de máquinas típico sai trôpego do navio, ombros caídos e cérebro praticamente frito. Mas o nosso pobre e atormentado maquinista serviu no *Benfold* numa época em que a Marinha enfrentava uma escassez aguda de oficiais de máquinas, fazendo com que o seu embarque se prolongasse por três anos. Quando conheci o homem, vi diante de mim um fumante inveterado, com mãos trêmulas e olhos exauridos. Não tive muita certeza se ele sobreviveria à noite.

Acabei descobrindo que o principal problema desse maquinista era o fato de todos o culparem, desde longa data — e injustamente, como vim a perceber — por tudo o que acontecia de ruim, especialmente pelas inspeções em que o *Benfold* fracassava com monótona regularidade. Com demasiada frequência apressamo-nos a incriminar pessoas, em vez de corrigir o problema. Eu queria resolver o problema. Mesmo uma análise superficial me mostrou que o maior obstáculo estava em algumas funções importantes subordinadas ao chefe de máquinas e desempenhadas por pessoas que não possuíam as habilidades técnicas necessárias para executar a sua tarefa. Mas ele era um líder muito bom, e como tal não atribuía a culpa a terceiros. Ele a carregava toda sobre os próprios ombros.

Imagine todo esse rancor multiplicado por dez, pois essa era a situação quando a requalificação estava para acontecer. Como os maquinistas estavam ocupados operando os equipamentos, não tiveram tempo de limpar o porão, uma tarefa suja feita nas entranhas estreitíssimas do navio. Mas ninguém dá pontos extras para manobras difíceis em um espaço restrito. O porão precisa estar limpo para passar na inspeção, ponto final. Com os maquinistas envolvidos em outras atividades, os demais membros da tripulação deviam interromper o que estavam fazendo e ajudar. Eles passaram assim várias semanas, odiando cada minuto. Como você pode imaginar, todos acabaram culpando o chefe de máquinas, não só pelo fracasso da primeira qualificação, mas também pelo sofrimento de preparar-se para a nova avaliação.

O *Benfold* foi aprovado na inspeção de eficiência na segunda vez devido ao trabalho heroico de algumas almas incansáveis. Mas o resultado foi tão apertado que a reputação do departamento afundou ainda mais. Quando assumi o Comando, os maquinistas estavam despidos de todo orgulho que poderiam ter colhido com as suas atribulações. Eles largaram os seus remos, dizendo, "Caramba, não precisamos mais fazer isso por dois anos". Mais especificamente, e mais ainda para prejuízo próprio, abandonaram rapidamente todo conhecimento e ambição que tinham adquirido para passar no teste.

Infelizmente, isso acontece com certa frequência. Muitos navios tendem a dar pouca atenção à regulamentação até o momento da inspeção aprazada; então os membros da tripulação trabalham sem parar 24/7 [24 horas por dia, 7 dias por semana] para dar conta do recado. Na minha opinião, é preciso fazer a tripulação visualizar o panorama geral: a inspeção estabelece os parâmetros para operar o navio corretamente todos os dias. Em vez de altos e baixos de desempenho, você precisa de um estado de excelência constante. O seu objetivo é estar preparado para qualquer inspeção, a qualquer dia, sem aviso prévio.

E nunca se deve depender de uma pessoa excepcional para obter êxito. O preço é alto demais para esses heróis: não só os colegas lerdos de quem eles se destacam não conhecerão o prazer da realização, mas o navio inteiro correrá riscos se o herói for ferido ou transferido. Em outras palavras, você precisa de uma equipe que saiba claramente quem é o dono do navio: o dono do navio é a equipe toda. E quando alguém possui algo tão magnífico como o *Benfold*, ele não só vigia, conserta, pinta, lustra e o melhora. Ele também o ama.

Sem dúvida nenhuma, eu precisava de uma equipe de máquinas renovada o mais rápido possível. Eu precisava dessa equipe reestruturada desde a quilha, ou pelo menos desde o porão logo acima da quilha. Eu queria maquinistas obcecados em manter esse navio complexo deslizando como uma Ferrari bem sincronizada sob quaisquer condições climáticas, maquinistas que fossem respeitados por seus companheiros. E eu queria que o nosso chefe de máquinas vivesse feliz daí em diante (que é como ele vive desde que conseguiu o Comando do próprio navio).

Acredite ou não, a maioria dos meus sonhos realmente se tornou realidade. O *Benfold* acabou se tornando um navio premiado, um modelo de prontidão para o combate que elevou os padrões de toda a Esquadra do Pacífico. Uma embarcação antes disfuncional, operada por um grupo de marinheiros mal-humorados e ressentidos, transformou-se em uma máquina coesa, funcionando harmoniosamente, com uma tripulação de solucionadores de problemas inspirados que se empenhavam em superar cada parâmetro da Esquadra do Pacífico — e normalmente superavam. Com efeito, a nossa habilidade e competência extraordinária com mísseis de cruzeiro *Tomahawk* alçou-nos a uma categoria própria e fez de nós o navio de referência nos problemas em efervescência do Oriente Médio no final da década de 1990. Mas especialmente estimulante para mim foi o sucesso que obtivemos com o realistamento: ao contrário da tendência predominante na Marinha, os marinheiros do *Benfold* realistaram-se em níveis inéditos. E por que não? Depois de compreender que o navio pertencia a *eles*, não a mim, os membros da tripulação perceberam a importância do trabalho que realizavam e encheram-se de orgulho por suas realizações. Como resultado, o *Benfold* podia legitimamente reivindicar o título de melhor navio da Marinha.

Como isso aconteceu? Você encontra a história completa no *Este Barco Também é Seu*, um *best-seller* que narra a minha carreira na Marinha. Mas no presente livro, bem diferente daquele, vou apresentar lições de liderança colhidas em diversos campos e aplicáveis a empresas em toda parte.

Uma das principais lições que aprendi na Marinha é que o treinamento — o treinamento constante — é essencial para um desempenho de excelência em qualquer empresa, quer você seja um neurocirurgião, um pianista de concerto ou um Almirante do Corpo de Fuzileiros Navais. Com esse objetivo, a Marinha conta com um excelente sistema para introduzir práticas que podem levar um navio ao sucesso. Conhecida como Comissão de Planejamento de Treinamento [PB for T — *Planning Board for Training*], ela agenda uma reunião semanal para os oficiais superiores e para os suboficiais que representam cada programa importante do navio para planejar as atividades da semana seguinte e definir prioridades. No *Benfold*, o meu objetivo era fazer com que as reuniões dessa Comissão deixassem de ser uma obrigação rotineira maçante e se transformassem em verdadeiras promotoras de um desempenho de excelência.

Se a verdadeira liderança consiste em grande parte em detectar e neutralizar problemas, o sistema representado pela Comissão de Planejamento de Treinamento da Marinha é o exercício perfeito. A ideia que o inspira é a de antecipar problemas antes que comecem a se manifestar. É também um poderoso antídoto para a queixa muito frequente de que os líderes passam muito tempo reagindo a crises que poderiam evitar, bastando para isso que apenas se dessem ao luxo de observar e planejar com antecedência.

O sistema de planejamento pode ser tão elaborado ou tão elementar quanto o Comandante o desejar. Na minha opinião, o *Benfold* teve sucesso em grande parte porque o nosso programa foi inclusivo e interativo. Presidida pelo meu Imediato, a Comissão incluía os cinco chefes de departamento e os representantes de cada programa, do controle de avarias ao uso de drogas, abarcando todo o navio. O planejamento era abrangente. Os maquinistas, por exemplo, sabiam quando precisavam estar preparados com potência adicional por ter sido programado um exercício com os sistemas de combate, enquanto o enfermeiro-chefe sabia quando um período mais tranquilo permitiria que membros da tripulação marcassem consultas médicas e odontológicas. As pessoas começaram a fazer planos de curto prazo apenas no contexto de objetivos de longo e de médio alcance. Quanto mais elas se envolviam, menos éramos apanhados por surpresas súbitas.

Mas isso não aconteceu de imediato. No primeiro mês ou pouco mais depois da perda de força, a reunião semanal muitas vezes terminava em discussões porque as pessoas tinham seus próprios programas e não conseguiam entender-se a respeito das prioridades para o navio como um todo. Subordinar os interesses individuais ao bem comum era tarefa difícil. Para mim, era um pouco como consolidar um novo país.

Foi difícil superar antigas implicâncias relacionadas ao departamento de máquinas. Um contratorpedeiro da classe *Aegis*, como o *Benfold*, é elegante e sensual, com uma variedade de brinquedos atraentes, ao passo que os maquinistas, que labutam de acordo com métodos consagrados pelo tempo, eram vistos como ultrapassados. Tradicionalmente, o treinamento em máquinas ocupava o segundo ou terceiro lugar, depois de treinamentos como disparo de torpedos ou de mísseis *Tomahawk*. Navios tendem a programar operações mais interessantes durante o dia, e o chefe de máquinas tem o seu tempo de treinamento programado da meia-noite às 6 horas. Isso significa que o seu pessoal trabalha o dia todo apoiando os exercícios de outros departamentos, depois do que trabalha também durante toda a noite. Enquanto isso, o Comandante e o Imediato dormem um sono profundo, alheios à oportunidade de ajudar os maquinistas a melhorar o seu treinamento.

É difícil imaginar uma atmosfera mais deprimente e negativa. Você não pode tratar maquinistas como ineptos e depois esperar que tenham um desempenho irrepreensível. Se você trata mal as pessoas, elas responderão com um mau desempenho. Trate-as bem e você se surpreenderá com o que elas conseguem realizar. É muito fácil reconhecer o trabalho, as habilidades e a importância das pessoas. Por que um Comandante faria menos que isso? Sem esses incríveis homens e mulheres, o seu colossal e bem-sucedido navio seria uma barcaça impotente encalhada na areia.

O meu cérebro precisou de algum tempo para processar e assimilar esses sentimentos perfeitamente lógicos. Como muitos Comandantes, eu me dava por satisfeito em deixar as máquinas entregues aos maquinistas. O que me interessava não era examinar o que estava sob o "capô" do navio. O meu forte era o mundo dos sistemas de combate em campo aberto e o manejo do navio. Deixei as habilidades específicas de máquinas à própria sorte.

Mas a perda de propulsão no porto de San Diego havia abalado a todos nós. Por isso, tomamos rapidamente a decisão de destinar tempo diurno suficiente para os maquinistas extraírem proveito máximo do seu treinamento. Houve uma compensação: o navio talvez tivesse de se contentar com apenas 99% do seu desempenho em operações de combate, mas a máquina elevaria o seu índice de aprovação de 50 para 80%. A alteração do horário também me possibilitou observar o treinamento dos maquinistas e demonstrar um interesse pessoal pelo que eles faziam.

O departamento era formado por 110 pessoas, pouco mais de um terço da tripulação, e controlava todos os principais sistemas da embarcação. Ele reunia eletricistas, mecânicos, operadores dos geradores, equipe do controle de avarias e o próprio responsável pelo sistema de esgoto do navio — cada uma dessas pessoas precisava saber perfeitamente como reagir de forma rápida e inteligente a cada possível contingência.

Nós desenvolvemos uma sequência impressionante de exercícios destinados a identificar continuamente — e a controlar — os cenários mais complicados, de modo a ter certeza quase absoluta de que poderíamos enfrentar qualquer situação mais simples. Para testar o estado de alerta de um maquinista no exercício das suas funções, por exemplo, programamos um computador para emitir um comando de queda súbita da pressão do óleo de um dos motores principais. Se o operador não percebesse e reagisse corretamente, toda a praça de máquinas desligaria automaticamente. (É claro que, por precaução, outros maquinistas eram avisados com antecedência e ficavam preparados para evitar qualquer colapso. Se realmente ocorresse uma oscilação forte de potência — no momento em que o sistema de radares estivesse operando, por exemplo — os danos poderiam ser enormes.) Todo esse treinamento era maçante e demorado, mas todos concordavam que essa era a prioridade número um do navio.

Um retorno imediato foi a descoberta de que os maquinistas que participavam do treinamento eram operadores altamente qualificados, mas treinadores inaptos. Depois que desenvolveram as suas aptidões pedagógicas, o departamento de máquinas avançou a saltos gigantescos. Nós não tínhamos pessoas incapazes, apenas processos ineficientes. Logo começamos a trabalhar com os olhos voltados para a situação ideal em que quase todo especialista teria um substituto capaz de realizar as suas tarefas em caso de doença, acidente, transferência ou outra alteração inesperada. Isso equivalia a duplicar as nossas habilidades, um processo que foi aperfeiçoando continuamente a prontidão da tripulação para praticamente qualquer situação.

Uma recompensa memorável por todo o nosso árduo trabalho veio alguns meses mais tarde, quando estávamos sendo avaliados em um exercício de fundeio ao largo de San Diego. Essa é uma operação realizada em mar aberto. Você escolhe um ponto em sua carta e tenta chegar o mais próximo possível desse ponto para largar o ferro com precisão. Trata-se de um teste importante para a marinharia e para a navegação, exigindo conhecimentos e capacidade de interpretação relacionados ao vento, às marés, às correntes locais e às características do navio. O exercício exige tanto que se o navio consegue realizar o fundeio de precisão com sucesso, tem-se como definitivo que ele também pode executar todas as tarefas mais simples de atracação, como as manobras para entrar numa carreira — local onde são efetuados consertos — ou para atracar a contrabordo de outro navio.

Ao se aproximar do ponto escolhido, a umas quinhentas jardas [cerca de 450 metros] de distância, você para máquinas e navega com seguimento um pouco além do ponto, e em seguida dá máquinas atrás lentamente até o local exato. Assim é o procedimento porque se você está se movimentando para vante quando a âncora unha, a amarra pode danificar o domo do sonar. Atento ao vento que sopra em uma direção e à maré que empurra o navio para outra, à corrente na superfície e à corrente contrária quinze metros abaixo, à profundidade da água e à velocidade de descida da âncora, você pode largar o ferro. Idealmente, ela chegará ao fundo dentro de um raio de 25 jardas [cerca de 23 metros] do ponto escolhido. Você freia a amarra e deixa a âncora penetrar no fundo; em seguida, você ajusta a amarra, aciona os mordentes para firmá-la e desliga os motores: você está fundeado com segurança.

Mas antes de chegar ao ancoradouro, você precisa preparar a âncora para soltá-la. A âncora é enorme — a do *Benfold* pesava 4,5 toneladas — e a amarra a que está presa é uma corrente mortal de elos do tamanho de uma bola de futebol, cada um pesando uns vinte quilos. A amarra é dividida em segmentos de 15 braças [cerca de 27 metros] chamados quartéis, pintados de cores diferentes próximo à extremidade para indicar o número de quartéis que restam no paiol da amarra quando esta é liberada. O penúltimo quartel é amarelo e o último é vermelho, que nunca se quer ver porque

23

indica problemas: a amarra alcançou uma distância tão grande que pode danificar o casco do navio, ou pior ainda, quebrar o seu último elo e saltar do paiol com força suficiente para decapitar quem possa estar nas proximidades.

Quando o navio está em movimento, a âncora é firmada por vários conjuntos de freios, mordedores e boças que impedem que ela se solte acidentalmente. Mas ao preparar-se para largar o ferro, todos esses dispositivos à prova de falhas são desconectados, um a um, até restar apenas o freio principal da amarra.

Nessa ocasião, estávamos a cerca de 1.500 jardas [1.400 metros] do ponto de fundeio e navegando a 15 nós, quando o freio principal falhou e a âncora soltou-se. Eu vi do passadiço quando a âncora de repente mergulhou na água, a amarra chicoteando atrás dela. Ordenei imediatamente ao timoneiro que desse máquinas atrás a toda força para evitar um acidente. Mas a amarra ainda saía a toda velocidade do paiol, e uma extremidade vermelha desgovernada poderia matar alguém na passagem para fora do navio.

Quem nos salvou foi o treinamento persistente e incessante. Esse era um acidente bizarro, mas havíamos ensaiado procedimentos para uma ocasião como essa. Quando dei a ordem para inverter as máquinas, todos ocuparam os seus postos e executaram a sua tarefa. O timoneiro cumpriu a ordem imediatamente e os maquinistas se prepararam para completar a manobra manualmente, caso os controles automáticos falhassem. O *Benfold* reverteu tão rápido que a âncora, ainda deslizando, estava agora à nossa frente, e não embaixo do navio.

O homem que parou a amarra foi o sargento especializado em marinharia Scott Moede, um sujeito encorpado, trabalhador, simpático, antebraços à Popeye. Moede correu até o paiol da amarra e começou a movimentar o volante manual que funciona como freio de emergência. A amarra voava de três a quatro metros por segundo, produzindo um verdadeiro estrondo; Moede girava o volante furiosamente, os olhos prontos para o amarelo. Faltavam só três ou quatro segundos para o primeiro elo amarelo aparecer quando o freio brecou, a amarra diminuiu de velocidade e o desastre foi evitado.

Moede foi o herói do dia. Mas o que é ainda mais importante, enfrentamos bem a situação porque todos, inclusive os maquinistas, sabiam exatamente o que fazer e agiram automaticamente. Com exceção do estrépito causado pela amarra que descia a toda velocidade, houve um silêncio mortal no navio à medida que todos se concentravam para acompanhar o cenário que tínhamos ensaiado. E além de salvar a âncora e a amarra, impedimos que o domo do sonar sob o bico de proa fosse esmagado pela corrente desgovernada. O Almirante ficou tão impressionado, que enviou mergulhadores da Marinha para investigar o nosso feito, confirmando que o navio não sofrera nenhuma avaria. Não havia de fato nada a investigar. Tudo graças às medidas preventivas, à disciplina e ao treinamento.

No meu barco, o sucesso resultou da magia da motivação de pessoas comuns para abraçar uma boa causa, aplicar-lhe os seus melhores esforços e assim produzir resultados extraordinários. A principal lição foi clara e simples: a partir do momento em que o seu pessoal tem realmente conhecimento pleno das suas funções, eles se apropriam delas e se esforçam para executá-las com excelência. A minha tripulação se tornou tão possessiva que fazia o impossível para tornar o *Benfold* o melhor navio da Marinha dos Estados Unidos. Levando em consideração a situação existente quando começaram, eles operaram um verdadeiro milagre ao transformarem o *Benfold* — por citação oficial — no melhor navio da Esquadra do Pacífico.

A nossa experiência pode se repetir em outros lugares e circunstâncias? Pode e se repete: a cada dia, centenas de milhares de pessoas em nossas forças armadas realizam proezas fenomenais. Depois de ter publicado um livro sobre o meu passado na Marinha, constatei que havia muito mais a dizer sobre liderança em organizações de todos os gêneros, não apenas militares. Comecei a recolher exemplos tanto da área militar quanto civil. Logo descobri que os exemplos de liderança mais estimulantes envolviam não os CEOs corporativos extremamente bem pagos cujos nomes dominam as manchetes, mas, sim, líderes desconhecidos, pessoas notáveis com histórias notáveis que nunca recebem a atenção e publicidade da mídia. Espero que você goste dessas pessoas tanto quanto eu as admiro. É preciso dizer que o elevado desempenho que demonstram recebe invariavelmente o levedo do encanto encabulado e da ausência de pretensão, o que significa que é fácil identificar-se com elas: poderiam ser nós e nós poderíamos ser elas.

O que segue é um conjunto de lições extraídas da experiência dessas pessoas e da minha própria. Cada capítulo apresenta brevemente uma dessas pessoas modelares e em seguida examina os seus princípios de liderança mais interessantes e como chegaram a eles. Eis uma síntese dos líderes anônimos que eu quero que você conheça.

- Buddy Gengler, 26 anos, foi para o Iraque em março de 2003, assim que a guerra começou. Graduado em West Point e primeiro-tenente do Exército dos EUA, Buddy estava habituado ao trabalho duro e a tempos difíceis. Mas, logo que chegou ao Oriente Médio, viu-se diante de um desafio inesperado e angustiante: designado para comandar um pelotão de lançadores de foguetes, ele descobriu que os soldados sob seu comando atuariam não de acordo com o treinamento recebido, mas como uma força de reação rápida em combate de rua — uma missão extremamente perigosa para a qual nem bem tinham sido treinados. No capítulo 1, você vai ver como Buddy passou por um teste extremo de liderança em que conquistou o respeito tanto dos seus soldados como dos seus superiores.
- Trish Karter, 47 anos, é cofundadora e diretora da *Dancing Deer Baking Company*, sediada em uma das áreas mais pobres de Boston. Descobri a *Dancing Deer* quando morava em Boston. Eu adoro os seus produtos e fiquei encantado com a empresa em si e com o que a torna tão especial depois que comecei a fazer algumas pesquisas. Trish trocou as belas-artes pelo setor empresarial movida pelo desejo de ajudar pessoas necessitadas. Primeiro, quando a empresa do seu pai estava sendo reorganizada segundo as diretrizes do Capítulo 11 [Nova Lei de Falências Americana], ela abandonou os estudos na Faculdade Wheaton e trabalhou com o pai para reerguer a empresa. Depois, quando Suzanne Lombardi, administradora de uma pequena padaria em que Trish e seu marido haviam investido, expandiu o negócio, Trish foi trabalhar com ela. Hoje a *Dancing Deer* é famosa nacionalmente por sua linha diferenciada de bolos e biscoitos integralmente naturais que os fregueses consideram tão pecaminosamente saborosos quanto ecologicamente puros. Resultado: a *Dancing Deer* fatura atualmente 5 milhões de dólares por ano, com as vendas aumentando rapidamente. Isso não é tudo: Trish Karter e os colegas doam quase 10% das suas receitas (não é erro de digitação) para os

vizinhos carentes da padaria. Para conhecer melhor a empresa capitalistamente incorreta de Trish Karter e o que podemos aprender com ela, leia o Capítulo 2.

- Roger Valine é um sociólogo de 55 anos que passou a exercer a função de diretor-geral. O seu respeito *démodé* e o seu interesse pelos funcionários ajudaram a fazer da *Vision Service Plan* (VSP), uma organização provedora de benefícios com sede em Sacramento, Califórnia, um modelo de relações empregador-empregado civilizadas. Nestes dias de terceirização e de postos de trabalho operando 24 horas por dia, sete dias por semana, Roger não vê motivo para que um homem de empresa não possa ser também um homem de família, e ele estimula os seus funcionários a seguir o seu exemplo, proporcionando-lhes vantagens e benefícios que tornam a vida mais fácil e ajudam a estabilizar as famílias. Mas isso não significa que ele seja ingênuo e condescendente com um desempenho de baixa qualidade. Pelo contrário, Roger exige desempenho de excelência de cada membro da sua equipe e o consegue: sob sua liderança, a VSP passou de uma empresa regional com faturamento de 500 milhões de dólares para uma organização nacional com mais de 2 bilhões de dólares em vendas, com crescimento em expansão. No Capítulo 3, você tem mais informações sobre a aguda visão de Roger Valine e da VSP.

- O meu amigo Capitão-de-Mar-e-Guerra Al Collins, hoje com 48 anos de idade, negro, nasceu e cresceu pobre na zona rural da Geórgia e se alistou na Marinha em 1972. Al destacou-se desde o início, passando rapidamente a primeiro-sargento e assumindo muitas funções normalmente reservadas a oficiais. Ele frequentou cursos universitários nas horas de folga e foi promovido a oficial em um programa especial. Foi nomeado Comandante de dois navios de guerra da Marinha dos EUA, um dos quais, o USS *Fitzgerald*, como o USS *Benfold* antes dele, ganhou o cobiçado Troféu Spokane como o navio mais preparado para o combate de toda a Esquadra do Pacífico. Na crise do Iraque, Al serviu na força-tarefa do Estado-Maior Conjunto, preparando os relatórios para o presidente George W. Bush sobre o andamento diário da guerra. Ele é um dos melhores homens que já conheci e um modelo para líderes de todo o mundo, como você verá no Capítulo 4.

- Laura Folse, 45 anos, vice-presidente de tecnologia da BP PLC (*British Petroleum*), é uma raridade no território de domínio decididamente masculino da exploração de petróleo e gás. Mas Laura vem palmilhando o caminho inexplorado desde que era menina crescendo numa pequena cidade do Alabama. Liberada pelos pais dos limites típicos impostos às mulheres naquele lugar e tempo, ela trabalhou e estudou ao lado de garotos e homens maduros desde muito cedo. Sua inteligência e trabalho árduo valeram-lhe diplomas universitários em Geologia pela Universidade Auburn e pela Universidade do Alabama, e outro em Administração pela Stanford. É preciso mais do que capacidade intelectual para ter sucesso, porém, e Laura tem demonstrado um talento raro para um estilo de liderança arrojado e ao mesmo tempo compassivo que faz dela um destaque na BP. "Não há nada melhor do que trabalhar com um grupo de pessoas em direção a um objetivo comum", disse-me Laura. No Capítulo 5, ela divide conosco os seus métodos e filosofia para formar equipes coesas e de excelência.
- Ward Clapham, 45 anos, ingressou na Real Polícia Montada do Canadá em 1980. Da sua primeira atribuição em um lugarejo isolado ao norte de Alberta à sua atual função como superintendente do destacamento de 215 membros na cidade de Richmond, Colúmbia Britânica, Ward tem mostrado um pendor natural para a liderança e a interação comunitária. Quando a Polícia Montada passou a se interessar oficialmente pela filosofia do policiamento comunitário em 1991, Clapham foi um dos primeiros a aderir e a se tornar um difusor eloquente desse sistema. Ele proferiu palestras sobre o tema em três continentes e é autor de inúmeros artigos correlatos. Como Ward lhe dirá, no entanto, comunidade e polícia só podem integrar-se com sucesso depois que o líder conquista a adesão e o respeito dos homens e mulheres sob seu Comando. O Capítulo 6 relata as técnicas adotadas por Ward no trabalho com a lendária Polícia Montada em inúmeras operações em todo o Canadá.

É tempo de suspender a âncora e navegar a toda força para o deslumbrante mar dos meus líderes favoritos ainda desconhecidos.

CAPÍTULO 1

PRIMEIRO-TENENTE BUDDY GENGLER PEDE AJUDA E SALVA AS SUAS TROPAS

> Desembarcam o seu pelotão no meio de uma zona
> de guerra, sem treinamento adequado para a missão
> que lhe foi atribuída. Como você reage?
> Você faz até o impossível para garantir que esse
> pequeno grupo de irmãos de armas sobreviva.

O que é um líder? Cada um de nós tem ideias próprias a esse respeito. Para alguns, é fácil imaginar um Arnold Schwarzenegger, um indivíduo orientado para a ação, como líder. Outros podem inconscientemente procurar sinais que denotam prestígio — sapatos caros, um corte de cabelo da moda e ternos bem talhados com tecido de qualidade. Mas nas forças armadas dos Estados Unidos, onde sapatos, cortes de cabelo e uniformes são todos iguais, outro indicador que alguns estudos sobre o tema abordam pode ser mais confiável: um olhar firme. Nós, americanos, valorizamos um olhar que parece absorver e processar tudo o que a vista alcança (e também algumas coisas que não alcança).

Pensei sobre essa questão intrincada atinente ao reconhecimento de um líder enquanto assistia a um DVD caseiro enviado pelo Primeiro-Tenente Gabriel J. "Buddy" Gengler III. Constituído de fotos fixas e de imagens em movimento em que Gengler e outros integrantes da sua unidade militar figuram como personagens principais, o DVD retrata o seu turno de serviço no Iraque — desde a época em que cruzou a fronteira do Kuwait e chegou a Bagdá através do deserto, até retornar aos Estados Unidos. Nos doze meses de março de 2003 a março de 2004, Buddy registrou cenas da vida em barracas, comboios assolados por tempestades de areia, ataques noturnos de foguetes, incursões militares pelas ruas de Bagdá, jogos de softbol entre soldados, visitas com alunos do Iraque, e muito mais. É a guerra vista de uma perspectiva de 360 graus que os noticiários de TV não podem reproduzir.

Nos três ou quatro primeiros minutos do vídeo, eu não conseguia distinguir a figura de Buddy. As cenas eram muito rápidas no aglomerado de soldados em camuflagem de deserto para que eu pudesse identificar o posto ou ler a etiqueta de identificação. Eu ainda não conhecia Buddy pessoalmente, apenas por correspondência. Eu ouvira relatos do sucesso dele como líder militar e das técnicas que havia adotado para formar uma unidade de combate coesa depois que ele leu *Este Barco Também é Seu*. Talvez parte de mim estivesse à procura do astro de futebol de corpo robusto ou talvez as suas proezas tivessem formado em mim a imagem mental de uma figura muito mais velha, calejada. Seja qual for o motivo, só reconheci Buddy Gengler quando comecei realmente a observar os rostos. Então, de repente, Buddy se destacou, um sujeito jovem com olhar determinado, o olhar de um líder.

E que líder ele é: enviado ao Iraque para comandar um pelotão treinado para operar um sistema de lançamento de foguetes múltiplos, Buddy logo descobriu que o exército planejava utilizar a sua unidade como força de reação rápida, em combates de rua, para perseguir criminosos, apreender armas ilegais e combater terroristas e rebeldes em mais de oito pontos operacionais importantes, abrangendo uma área desde a fronteira oriental do Iraque, perto do Irã, até o nordeste e toda a região central do Iraque. Tanto ele como as suas tropas só haviam recebido pouco mais do que o treinamento básico para esse tipo de combate. No exército, porém, não compete a você escolher as suas missões.

Buddy não se queixou nem protestou, apenas pôs-se a trabalhar, submetendo os seus homens a exercícios simulados de ataque após ataque, com o objetivo de aguçar os instintos deles e melhorar as probabilidades de sobrevivência ante o que estava por vir. No final, o pelotão de Buddy ficou famoso como uma das forças de ataque mais bem-sucedidas na região, especialmente quando se tratava da apreensão de armas ilegais. Milagrosamente, nenhum membro da unidade se perdeu ou ficou gravemente ferido.

Este capítulo contém vários relatos de como Buddy protegeu os seus homens, conquistou-lhes o respeito, ajudou-os a se superar e os recompensou pelo sucesso alcançado.

Pensando em Buddy Gengler, eu me pergunto quantas vezes grandes líderes inicialmente passam despercebidos ou não são reconhecidos só porque não se enquadram no estereótipo predominante. Eu mesmo me culpo disso. O meu coração esmoreceu quando conheci o meu imediato no *Benfold*, Capitão-de-Corveta Jeff Harley (desculpe, Jeff). Estávamos entre seis Comandantes em perspectiva e seis prováveis Imediatos participando de um curso e treinamento sobre sistemas de armas do Aegis. Trata-se de um curso de quatro semanas destinado a treinar Comandantes e Imediatos para as suas exigentes funções. Se me tivessem pedido para escolher um dos seis para ser o meu Imediato, o escolhido certamente não teria sido Jeff. Aí estava o homem que seria o meu braço direito, e ele em nada se parecia com o tipo que você escolheria para falar sobre futebol bebericando uma cerveja no bar da esquina. De gestos suaves e usando óculos, ele parecia mais um professor do que um marinheiro. Tive dificuldade de me ver ligado a alguém tão diferente de mim.

O Imediato é uma espécie de vice-presidente do navio. Cabe ao Comandante decidir se esse vice vai ser fraco ou forte — um Dan Quayle ou um Dick Cheney. Se o Imediato possuir as qualidades necessárias para exercer influência, ele será um multiplicador de forças para o Comandante. Caso contrário, bem, pelo menos você terá alguém que tome conta das tarefas administrativas.

Jeff chegou ao USS *Benfold* três meses antes de mim, pois eu devia participar de outros treinamentos. Precipitadamente, eu lhe atribuíra um perfil administrativo, e assim o meu primeiro impulso foi mantê-lo atrás da escrivaninha. Antes de tomar essa decisão apressada, porém, resolvi telefonar para um amigo, o Capitão-de-Mar-e-Guerra Dallas Bethea, com quem Jeff servira no USS *Cowpens* como oficial de operações. A minha impressão inicial não poderia estar mais equivocada. Dallas só tinha referências excelentes sobre Jeff, e o seu entusiasmado relato abriu um pouco a minha mente fechada. Sou eternamente grato a Dallas por isso.

Quando a minha mente se abriu por inteiro, o que vi alterou toda a minha percepção a respeito de Jeff. Ele tinha resposta para toda pergunta que eu fizesse, mesmo para aquelas que eu mesmo precisava consultar quando era Imediato. Ele conhecia detalhes minuciosos sobre as operações do *Benfold* e se revelou uma verdadeira enciclopédia de informações sobre os meus colegas Comandantes — quem deles já estava no Oriente Médio; quem, como nós, seria mobilizado em breve; e como cada um gostava de trabalhar. Eu estivera fora da região e fora do circuito por três anos, e por isso os conhecimentos de Jeff me pouparam muito tempo e trabalho braçal.

No meu espírito logo se dissiparam quaisquer resquícios de dúvida ainda resistentes quanto à possibilidade de esse homem modesto ser um Imediato ativo e influente que conquistaria o respeito da tripulação. Jeff tinha um modo peculiar e admirável de se portar que deixava a todos mais do que felizes em segui-lo — além de tecnicamente competente, ele era simpático e autêntico. A tripulação daria tudo de si por Jeff. Tudo o que ele precisava fazer era pedir.

No início da sua carreira como oficial, Jeff servira no USS *David R. Ray,* um contratorpedeiro com o desagradável hábito de ser reprovado em suas inspeções de eficiência. Dois chefes de máquinas sucessivos haviam sido exonerados antes da chegada de Jeff, o terceiro a ocupar o cargo. Nessa época, ele não tinha nenhuma prática em máquinas. Mas era dotado de vontade e energia, o que foi suficiente para recomendá-lo para a função. Acredito que o novo Comandante de Jeff também o julgou apressadamente no início. Mas, sendo um homem persistente, ele simplesmente se pôs a trabalhar com todo afinco, procurando aprender tudo o que pudesse sobre o novo posto de trabalho.

Um dia, o Comandante chamou Jeff e lhe comunicou que o banheiro da câmara estava com defeito. Jeff deveria dirigir-se ao local e lá permanecer até que o sanitário estivesse consertado. Acontece que o espaço era exíguo. Jeff acabou passando o dia inteiro sentado no banheiro do Comandante, com a agenda nas mãos, vendo quem devia fazer o que e quando, e usando o telefone do comandante para dirigir o departamento de máquinas. (Quando Jeff descreve essa cena, todos explodem em gargalhadas.) Depois que as peças necessárias finalmente chegaram e o banheiro foi consertado, Jeff foi liberado — mas só depois de o Comandante testar o seu WC recuperado.

Depois de ouvir a história de Jeff, ninguém perderia a oportunidade de trabalhar com ele — eu inclusive.

Jeff Harley revolucionou o departamento de máquinas do *David R. Ray* e transformou essa proeza em duas promoções que o levaram ao *Benfold*. Dado o seu profundo conhecimento, a sua experiência e as suas qualidades de liderança, fiquei muito feliz em torná-lo o meu administrador número um e o meu combatente número dois. Foi uma decisão que resultou numa enorme compensação, como você verá daqui a pouco. Antes, porém, quero dividir com você algumas lições de liderança que aprendi nas minhas conversas com Buddy Gengler.

LIÇÃO: Se necessário, consulte quem sabe.

Como todo bom líder, o Primeiro-Tenente Buddy Gengler credita às suas tropas o excelente desempenho no Iraque. Seus liderados não poderiam ter feito nada sem ele, é claro, mas ele não deixa que a fama obscureça uma dura verdade: há muitas coisas que Buddy Gengler não sabe; por exemplo, como transformar um grupo de lançadores de foguetes em uma força de reação rápida. Um dos seus pontos fortes é a sua disposição — determinação, até — de buscar conhecimentos especializados fora do grupo.

Se esse núcleo de sabedoria parece demasiado óbvio para causar alvoroço, pergunte-se quantas vezes você ouviu um líder dizer: "Não tenho capacidade suficiente para ensiná-los a fazer isso. Vou procurar alguém mais capaz". De fato, foi isso que Buddy Gengler disse aos seus soldados quando, pegos de surpresa, tiveram de assumir uma tarefa inteiramente nova e muito perigosa no Iraque.

Dizer a verdade exige coragem. Requer também um elevado nível de autoconfiança e aceitação em ser visto como menos do que o líder que sabe tudo — duas qualidades que muitas pessoas no exercício de funções de autoridade não possuem. A ironia é que os subordinados podem perceber esse medo de exposição, e quando isso acontece, perdem o respeito por seus líderes. Por outro lado, ter coragem de admitir a própria ignorância e sabedoria para buscar ajuda, como fez Buddy, atrai a admiração dos que estão sob o seu comando.

Logo que soube da mudança de planos para o seu pelotão, Buddy começou a procurar alguém com experiência sólida no que o exército chama de operações militares em terreno urbano [*MOUT: Military Operations in*

Urban Terrain]. Um oficial especializado em comandos militares, integrante do batalhão de Buddy e que preenchia os requisitos, concordou em treinar o pelotão nos exercícios necessários, ensinando os soldados a dar cobertura uns aos outros sob fogo inimigo e a aplicar inúmeras técnicas de combate similares.

No primeiro dia de atuação como pelotão de reação rápida, enquanto aguardavam nervosamente notícias de uma explosão que os obrigaria à ação, Buddy aproveitou a oportunidade para falar aos seus homens sobre o modo de tratar possíveis prisioneiros. Ele recebera algum treinamento em West Point, mas estava longe de ser um especialista. Ao lado do pelotão de Buddy, também esperando, estavam os operadores dos veículos blindados Bradley, próprios para transporte. Um dos operadores dava sinais claros de que estava atento ao que Buddy dizia, então Buddy perguntou se ele tinha alguma coisa a acrescentar. Ocorre que o homem havia servido na polícia dos Fuzileiros Navais e tinha experiência em lidar com prisioneiros de guerra. Satisfeito, ele logo começou a dar orientações importantes sobre o modo de confinar prisioneiros, de revistá-los para encontrar armas ou explosivos e de manusear os seus pertences.

O fuzileiro naval mal acabara de falar quando chegou a ordem para entrar em ação. Os *Bradleys* rapidamente deixaram o pelotão de Buddy na esquina de uma rua que estava cercada. "A adrenalina jorrava, tiros eram disparados, e eu logo vi os meus soldados executar à perfeição um trabalho que nunca haviam realizado antes. Fiquei profundamente impressionado", lembrava Buddy. Com o fim do tiroteio, o pelotão contou trinta e oito prisioneiros e mais de cinquenta armas, incluindo morteiros, apreendidas em sua primeira missão. Melhor de tudo, ninguém do pelotão teve sequer um arranhão.

Para Buddy, a experiência dessa primeira missão reforçou algo que ele já sabia: "Quando há ideias ou referências especializadas por perto, você precisa ter condições de usá-las e dispor-se a usá-las. Eu não poderia fazer nem faria outra coisa no Iraque com a vida dos meus soldados em jogo, mas as coisas vão além disso. Muitos líderes que conheci em situações muito menos perigosas não se dispunham a pedir ajuda. Colocavam o orgulho pessoal em primeiro lugar. É um grande erro".

Enfrentei a minha própria vaidade numa noite escura em janeiro de 1998, quando o *Benfold* seguia um contrabandista iraquiano na costa do Irã. Essa foi a única noite em que, por necessidade, não estive no comando da situação.

Estávamos procurando um navio iraquiano de 125 a 150 pés, um navio-tanque pequeno que contrabandeava óleo combustível para evitar as sanções impostas contra Saddam Hussein pelas Nações Unidas. Normalmente, esses contraventores descarregavam o petróleo em um porto dos Emirados Árabes Unidos. Depois de deixar as águas territoriais iranianas perto do Estreito de Ormuz, restava uma distância de apenas umas 10 milhas em águas internacionais até o território dos Emirados. Foi aí que começou o jogo de gato e rato para tentar interceptar o navio do contrabandista.

Nessa noite em particular nós sabíamos exatamente onde o navio estava, mas não sabíamos quando ele sairia das águas iranianas e se lançaria a todo vapor em direção aos Emirados Árabes. Quando ele, de repente, se pôs em movimento, o *Benfold* e um cruzador britânico receberam ordens de ir à caça.

Corri para o passadiço, sabendo que tínhamos uma oportunidade, uma única, de pegar o sujeito. Ao subir para supervisionar a situação em meio a todo aquele tumulto, percebi que estava desnorteado. Eu não tinha ideia de onde estávamos em relação à terra e não conseguia ver nada por causa da lua cheia e do fulgor ofuscante da luz de fundo vinda da terra e dos outros navios na área. Até os meus olhos se ajustarem, senti uma desorientação espacial que nunca sentira antes — como um piloto que não consegue distinguir entre o ar e a água ou entre as estrelas e as luzes da cidade. Deve ter sido algo semelhante à vertigem de piloto que em 1999 levou John F. Kennedy Jr. a mergulhar acidentalmente o seu avião nas águas do Atlântico ao largo da costa de Massachusetts, perto de Martha's Vineyard.

Para piorar as coisas, eu estava ansioso. Era tarefa minha capturar aquele traficante antes que ele entrasse nas águas dos Emirados Árabes, o que poderia acontecer em menos de trinta minutos. Cada segundo de desorientação aumentava o meu pânico, e quanto maior o pânico, maior era a minha dificuldade de me reorientar.

Finalmente, percebi que eu precisava de ajuda, por isso engoli o meu orgulho e me virei para Jeff Harley, meu Imediato. "O garoto é seu", eu disse.

"Você está com a manobra" — querendo dizer que ele estava no controle para manobrar o *Benfold*. "Assuma a responsabilidade... porque não consigo fazer isso neste momento".

A visão noturna é fundamental quando você está conduzindo um navio, e nem sempre você dispõe dos poucos minutos necessários para ajustar os olhos à escuridão. A Marinha procura neutralizar o problema instalando luzes vermelhas nos camarotes e corredores. Depois que escurece, as luzes brancas se apagam e as vermelhas se acendem. Eu costumava passar as noites na minha câmara à luz vermelha amortecida, para o caso de precisar subir ao passadiço. Dessa forma, os meus olhos podiam se adaptar rapidamente.

Nessa noite em particular, eu fizera exatamente isso. Ironicamente, eu estava muito bem preparado para a escuridão. A lua cheia e o clarão da terra deixavam o mundo lá fora bem mais brilhante do que eu esperava — certamente mais brilhante do que a minha câmara. Jeff permanecera no passadiço durante horas, por isso estava bem. Não fiquei satisfeito em me ver temporariamente incapacitado e inabilitado de comandar naquele momento, mas estava orgulhoso por ter um líder tão valioso para me substituir. Não era natural entregar o comando ao meu Imediato — essa foi a primeira e a última vez que precisei deixar alguém assumir o controle. Mas foi absolutamente a coisa certa a fazer.

Eu gostaria de poder terminar a história dizendo que Jeff teve um desempenho impecável e que pegamos o contrabandista, mas essa seria apenas uma meia-verdade. Jeff executou a tarefa com perfeição, mas o contrabandista conseguiu escapar. A única maneira de podermos parar o sujeito era abalroando-o, e não iríamos colocar em risco um navio de 1 bilhão de dólares batendo numa lata velha enferrujada. Assim, o cruzador britânico começou a fazer disparos de advertência. Infelizmente, o *Benfold* estava na linha de fogo no lado oposto. Pensei em pegar o telefone e dizer aos britânicos, "Eu me rendo, parem de atirar em nós". Mas eu não queria ser o primeiro navio de guerra moderno dos Estados Unidos a render-se aos britânicos — mesmo em tom de brincadeira. Não tivemos outra escolha senão recuar e observar o contrabandista afastar-se para realizar novos atos ilícitos num outro dia.

Quando penso em incidentes como esse, agradeço às minhas estrelas da sorte por ter tido o bom senso de não julgar Jeff Harley pela primeira impressão. Felizmente, esperei para ver não só quem ele era, mas o que poderia vir a ser. De inúmeras formas, das mais simples às mais complexas, preparei o meu Imediato para assumir a autoridade que eu queria que ele assumisse. Líderes devem às suas organizações o preparo de outros para o comando. Se estivéssemos sendo reabastecidos por um petroleiro, por exemplo, eu me informava com Jeff a respeito da nossa posição. Em público, enquanto os outros olhavam e esperavam que eu tomasse uma decisão, eu me virava para Jeff e dizia: "O que você acha?" Desse modo, eu aumentava o prestígio de Jeff no navio. Dizer que ele era o segundo em comando não era suficiente; eu precisava viver essas palavras todos os dias se quisesse levar a equipe a acreditar que Jeff era, de fato, o meu braço direito.

Coloquei a minha fé também de forma escrita. As avaliações favoráveis que redigi sobre o desempenho de Jeff ajudaram-no a conseguir o seu próprio navio, o USS *Milius*, que se tornou o melhor contratorpedeiro baseado em San Diego. O que eu registrei nessas avaliações? Simplesmente que Jeff Harley era o melhor oficial que eu havia observado em toda a minha carreira. E isso é verdade. Recentemente, ele foi promovido a Capitão-de-Mar-e-Guerra e vai comandar o seu próprio cruzador. E mais, eu gostaria de tomar uma cerveja com ele um dia desses.

LIÇÃO: Desafie o seu grupo a ser o melhor; todos irão corresponder.

Você já reparou como muitas pessoas parecem dividir o mundo em duas categorias de indivíduos, um pequeno grupo de empreendedores, no qual elas naturalmente se incluem, e uma grande maioria de acomodados, os que fazem o mínimo para sobreviver? Na visão dos empreendedores, os acomodados simplesmente aceitam seu destino e empregam seu tempo em algum trabalho subalterno. Eles podem espernear e gemer, mas isso não servirá para nada. Afinal, faltam-lhes habilidades especiais e têm pouca ou nenhuma ambição. Esses atributos pertencem à categoria dos empreendedores e realizadores.

Uma advertência de amigo: se você comunga dessa visão de mundo e age de acordo com ela em relação às pessoas sob o seu comando, você criará uma profecia autorrealizável — e você e a sua empresa serão os mais prejudicados. Por quê? Por causa da enorme energia e criatividade latentes nesses assim chamados "folgados", apenas esperando ser ativadas por um líder que os desafie e os inspire a dar o passo decisivo e a aceitar uma responsabilidade maior.

Claro que há riscos, tanto para você como para as pessoas que você instiga — o fracasso pode ser embaraçoso e frustrante. Mas, acredite, os aspectos positivos superam em muito os negativos.

Buddy Gengler esteve nos dois lados. Ele desafiou outros a afirmarem a si mesmos, e ele próprio foi desafiado. Ele viu alguns progredir e alcançar o que ele esperava deles, enquanto outros malograram. Mas do processo todo emergiu um campeão que acrescentou inúmeras vitórias ao seu cinturão. Com efeito, a ordem que Buddy mais gosta de dar contém apenas quatro palavras: "Você está no comando".

Como líder de um pelotão responsável pela operação de um sistema de lançamento de foguetes múltiplos, a principal tarefa bélica de Buddy era efetuar o reconhecimento prévio e assegurar uma área de operações segura (ou seja, sem a presença de nenhum inimigo) para que os lançadores pudessem avançar. Em comboios, o veículo de Gengler era sempre o primeiro, à frente inclusive dos seus comandantes, e estava equipado com um sistema de armamento próprio, um artilheiro e um sargento motorista. Esse sargento era também responsável pela boa conservação tanto do veículo como do sistema de armas, e devia tomar medidas para que os seus soldados estivessem sempre prontos para qualquer missão de emergência.

Buddy atribuiu ao sargento notas medianas — um bom soldado, mas longe de se destacar no desempenho de suas funções, pouco exigentes, aliás. O veículo nem sempre estava pronto em momentos de necessidade; às vezes a munição não estava no devido lugar, junto ao sistema de armas; um para-brisa sujo frequentemente turvava a visão de Buddy — uma situação pouco recomendável para um oficial em reconhecimento. "O sargento poderia executar melhor as suas funções", disse-me Buddy. E logo acrescentou: "Mas acho que ele não foi desafiado para isso".

Então Buddy providenciou para que isso acontecesse.

Quando o pelotão recebeu novas atribuições logo depois de chegar ao Iraque, Buddy precisou dividi-lo para cobrir um período de 24 horas. Seu plano era ele próprio comandar um dos grupos e designar um sargento para o outro. Mas antes Buddy precisava encontrar alguém para desempenhar as funções fundamentais e complexas do sargento do pelotão na base de operações, o que implicava providenciar comida, água e tudo o mais para os soldados no campo a fim de que pudessem operar com eficiência máxima. A substituição precisaria também garantir a segurança durante as 24 horas, uma vez que a base era vulnerável a possíveis ataques a qualquer momento.

Pensando que o seu sargento-motorista apático poderia desenvolver algum potencial oculto, Buddy designou-o para a função de sargento do pelotão operacional. "Eu sei que esse não é o seu trabalho, mas preciso que você assuma e garanta que tudo corra bem aqui, para que eu possa me concentrar nos preparativos para a próxima missão", disse-lhe Buddy.

Buddy não se decepcionou. Poucos dias depois, a base estava operando normalmente. Na verdade, os suprimentos começaram a chegar aos seus destinos mais cedo, e as armas e veículos estavam mais limpos e em melhores condições de manutenção — tudo isso por iniciativa de um indivíduo que parecia não conseguir manter um único veículo em ordem pouco tempo antes. De repente, o sargento estava "andando por aí com um novo ar de confiança que eu nunca tinha visto", disse Buddy. "Sua reputação no pelotão mudou completamente".

O fato quase milagroso foi a influência que o sargento do pelotão temporário exerceu sobre os demais integrantes do grupo, cujo moral estivera desoladoramente baixo. O correio chegava irregularmente, quando chegava, a água era tão escassa que os soldados faziam marcas em suas garrafas para racioná-la, e as tropas tinham de suportar temperaturas escaldantes. Quando voltavam de uma patrulha, exaustos e encharcados de suor, a única coisa que a maioria queria fazer era dormir. Mas de algum modo, o sargento, tendo assumido total responsabilidade pelo próprio trabalho, conseguiu motivar os soldados a assumirem as obrigações deles. Estimulava-os a limparem as armas e em seguida a se manterem em estado de prontidão para um possível ataque. Não há nada como um novo convertido para inspirar as massas.

O desempenho surpreendente do sargento nunca teria acontecido se Buddy não lhe tivesse dado uma oportunidade para se superar. Ele provocou o sargento a chegar a um ponto que ele nunca alcançara antes, e o sargento não desperdiçou a ocasião. Esse foi o impulso inicial para que mais adiante o sargento recebesse uma promoção.

A partir do momento em que um líder reconhece o potencial de alguém para dar mais de si, disse Buddy, é seu dever ajudar o acomodado a se superar. Este poderá se sentir constrangido ou nervoso com a nova função, com o fato de agora estar à frente; caberá então ao líder transmitir a confiança de que a pessoa precisa para avançar.

Como mencionei, Buddy esteve em ambos os lados do desafio. Seu Comandante pediu-lhe que assumisse as funções de líder de um pelotão de reação rápida depois que ele chegou ao Iraque preparado para outra missão. Mas Buddy não hesitou, mesmo sendo solicitado a sair da sua área de especialização. Ele estava pronto e ansioso para aprender algo novo e para assumir um papel de liderança mais amplo, o que, em si, é a marca de um grande líder.

"Foi uma solicitação corajosa", disse ele a respeito da decisão do seu Comandante de designar um oficial jovem e inexperiente para o cargo. "Podia não ter dado certo. Nos negócios, tomando uma decisão errada, você perde dinheiro. Tomando uma decisão errada no exército — designando alguém para um posto na hora errada ou no lugar errado — o que você percebe em seguida é que está escrevendo uma carta para os pais do designado".

Mas, dentro ou fora das forças armadas, desafiar os membros da sua equipe a assumirem papéis de maior responsabilidade é um aspecto fundamental e necessário não só da liderança, mas também da formação de novos líderes. Para Buddy, a decisão do Comandante de ampliar suas responsabilidades mudou a sua vida. "Pelo fato de ele ter-me proporcionado aquelas experiências, tenho hoje uma confiança sólida diante de tudo o que enfrento como líder, porque sei que nada superará em dificuldade o que enfrentei no Iraque", disse Buddy. E em razão da confiança que recebeu, ele se tornou mais disposto a delegar poder e a confiar nos seus soldados. "Sei muito bem que sou eu que vou ter de dar satisfações ao meu superior, se as coisas derem errado; não obstante, farei isso porque é assim que bons líderes agem", concluiu Buddy.

Eu fiz algo semelhante no *Benfold* quando permiti que todos os operadores qualificados das estações de serviço, independentemente do posto, tivessem acesso ao sistema de rádio-telefonia (R/T) — o sistema de rádio receptor-transmissor entre navios que permite aos membros de um grupo de batalha nucleado em navio-aeródromo comunicar-se uns com os outros. Anteriormente, apenas os oficiais podiam usar o sistema de R/T no *Benfold*. Mas eu achava que todo operador de uma estação de serviço devia ter acesso a esse sistema de comunicação entre navios se as suas tarefas assim o exigissem.

No entanto, eu era extremamente exigente com relação à mensagem propriamente dita. Ninguém no meu navio iria ligar o microfone e dizer algo tolo como, "Ei, *Nimitz*, aqui é Bob, no *Benfold*". De todas as tradições que procurei defender, falando clara e concisamente sobre o sistema de R/T, estava a de não abrir espaço para concessões. Eu esperava um desempenho de excelência de todos. Você representava o USS *Benfold* toda vez que ligava aquele rádio, então devia saber de antemão exatamente o que iria dizer.

A câmara do Comandante no *Benfold* era o próprio pequeno centro nevrálgico do barco. Eu podia ver o radar, monitorar o convés de voo e, sim, sintonizar o sistema de R/T. Eu montara circuitos extras (contrários à regulamentação da Marinha, na verdade) para poder acompanhar conversas em três rádios ao mesmo tempo. E se ouvia algo que me desagradasse, algo que soasse pouco educado e profissional, eu agia rápido e implacável. Ligando o meu intercomunicador, eu expressava claramente a minha insatisfação, trovejando como a voz de Deus.

Ninguém, nunca, fez nada de terrível. Mas às vezes o pessoal não se esmerava o suficiente para que o *Benfold* causasse boa impressão. Você sabe como uma comissária de bordo às vezes liga o microfone no avião com a melhor das intenções de dizer algo inteligente, mas acaba soando como uma completa idiota — com todos os passageiros dando risadinhas? Foi isso que aconteceu com alguns membros da minha tripulação. Lembro-me de um em particular, um técnico de sonar da maior competência, chamado Drew Martinez. Extraordinário no rastreamento de submarinos, ele não fora treinado para ser um comunicador. Quando falava em rede, ele dava voltas e voltas, enrolava e enrolava, demorando muito para chegar ao ponto. Era então que eu interferia e expressava o meu desagrado. "Sargento

Martinez", eu dizia, "a sua última transmissão não me deixou satisfeito". Os marinheiros sentados diante dos seus consoles, fones no ouvido, temiam que o Comandante entrasse em rede para criticar as suas transmissões publicamente. Normalmente, eu não era daqueles que fazia isso. No entanto, o mundo externo forma uma opinião a respeito de sua organização com base no que os seus porta-vozes dizem. Eu queria que aqueles operadores soubessem que eram os nossos representantes.

Comunicações claras, concisas e profissionais são indicação de compromisso com o seu trabalho. Eu acredito que se você presta atenção à forma como se comunica, esse é um bom indício de que também presta atenção a todos os outros aspectos da sua função. Comunicação sofrível não é um indicador absoluto de outros problemas relacionados ao trabalho, mas muitas vezes, quando começa a ligar os pontos, você descobre outras áreas que precisam ser trabalhadas. Hábitos de linguagem desleixada eram uma das coisas que me deixavam aborrecido e, curiosamente, a minha tripulação logo começou a manifestar o mesmo sentimento. Martinez acabou se tornando um comunicador em rede R/T excelente, e ficou muito feliz em se juntar ao restante da tripulação na censura a outros navios quando as mensagens deles eram obscuras ou simplesmente bobas.

Bem no fundo, porém, ainda assim os meus marinheiros, aparentemente, desejavam que eu parasse de implicar com eles. Sei disso pelo seguinte: havia no passadiço uma lista das dez palavras e frases mais preferidas e menos preferidas que o querido Comandante deles, eu, empregava. A primeira na lista das favoritas era o meu pedido feito à noite pelo interfone: "Passadiço, vocês poderiam, por favor, baixar o volume dos meus rádios?" Era sinal de que eu me preparava para dormir e não estaria na escuta por algumas horas. O barco dava um suspiro coletivo de alívio. A frase menos preferida? "Passadiço, vocês poderiam, por favor, aumentar o volume dos meus rádios?" Significava que estava começando um novo dia e o Comandante estava novamente na escuta.

LIÇÃO: Não julgue apressadamente.

Você já não ouviu dizer que a sujeira sempre rola morro abaixo? Em nenhum lugar isso é mais verdadeiro do que no serviço militar. Sempre que um Almirante, um General ou um Comandante está incomodado com alguma coisa, o segundo em comando é o primeiro a conhecer o inferno, seguido pelos chefes de departamento, e por último, mas não menos importante, são os escalões inferiores que sentam na cadeira elétrica. Raramente um superior interrompe a sequência para perguntar: "O que mesmo aconteceu aqui? Por que, exatamente, deu tudo tão errado?"

Sendo eu produto genuíno do meu treinamento, juntei-me ao corpo de oficiais capaz de esbravejar e espezinhar como os melhores deles. Mas ao longo de dezesseis anos de atuação em terra e no mar, aos poucos aprendi a parar de xingar e a começar a fazer perguntas. O tempo e a experiência me ensinaram o que deveria ter sido óbvio: se eu não conseguia os resultados desejados, era porque eu não definia claramente a tarefa que devíamos realizar ou então não proporcionava o tempo, o treinamento e os recursos para executar a tarefa adequadamente. Quando finalmente parei de praguejar e passei a buscar respostas, no entanto, surpreendi-me com o fato de as pessoas se sentirem pouco à vontade. Isso acontece porque o comportamento abusivo em relação aos subordinados está indelevelmente gravado nos militares. Quando não se age assim, ninguém sabe ao certo como reagir. Mas quando eles começam a acreditar que os problemas serão tratados com respeito e mente aberta, o clima melhora visivelmente — e mesmo os que têm desempenho medíocre revelam novas atitudes.

Para mim, a luz surgiu quando percebi que estava lidando com algumas pessoas admiráveis, inteligentes, cujos objetivos e padrões eram exatamente iguais aos meus. Algumas tinham habilidades ou talentos ocultos, como aquele garçom que você conhece num restaurante e descobre que ele está concluindo a tese para a Escola de Economia de Londres. Outras vinham de ambientes mais precários, mas tinham cérebro e energia para alcançar grande sucesso. Ninguém, muito menos um líder, deve repelir uma pessoa com base em estereótipos ou na sua condição socioeconômica.

No *Benfold*, aprendi que todos têm uma história, e a minha tarefa como Comandante era conhecer o maior número possível dessas histórias. Esse conhecimento me ajudou não só a atribuir a função correta para cada indivíduo, como também a entender por que as coisas davam errado, como inevitavelmente acontecia.

Ao longo dos anos e a duras penas, compreendi que provavelmente 80% dos equívocos cometidos não são causados por falta de vontade ou de capacidade, mas por alguma coisa que distrai as pessoas que falham. Todos esbarram em quebra-molas na vida. Eu passei por um divórcio doloroso em 1995, pouco antes de ir para o *Benfold,* e havia dias em que era muito difícil concentrar-me no trabalho. Nunca perdi um dia de serviço, mas tenho certeza de que o divórcio afetou o meu desempenho. Antes disso, eu nunca entendera como alguém podia deixar que um problema pessoal afetasse a sua vida profissional. Nunca havia acontecido comigo. Mas quando aconteceu, isso me fez mudar.

Hoje, quando não consigo os resultados que espero de alguém, não grito mais; pergunto-me o que eu poderia ter feito de forma diferente. Essa atitude nunca deixa de desconcertar as pessoas — elas ficam imaginando por que me mantenho tão calmo! E quando alguém não realiza o que lhe compete, tenho sempre consciência da possível presença de um componente emocional, algo desde uma doença, uma preocupação financeira, até um transtorno pessoal, como o meu divórcio. A adversidade definitivamente fez de mim um ouvinte melhor. Provavelmente também me tornou uma pessoa melhor e um líder mais forte.

Buddy Gengler precisou de uns dezesseis anos para aprender essas lições, mas, ao contrário de mim, não foram dezesseis anos da sua carreira. Algumas das suas lições mais indeléveis sobre liderança ele as aprendeu nos primeiros dezesseis anos da sua vida.

Buddy era segundanista no ensino médio quando sua mãe recebeu o diagnóstico de câncer. Ela imediatamente pediu ao marido e aos sete filhos que não mencionassem a doença a ninguém. Ela não queria a simpatia de estranhos. Durante os meses que antecederam a morte da mãe, as notas de Buddy despencaram. Ele vivia cansado e apático — um astro no time de beisebol da escola que de repente não conseguia apanhar ou rebater uma bola sequer. Professores e colegas lhe perguntavam o que havia, mas ele não queria contrariar a vontade da mãe. Surgiram rumores de que estava ficando indolente ou deprimido, provavelmente ambas as coisas.

Uma tarde, o seu treinador de beisebol finalmente o procurou, determinado a descobrir o que o estava aborrecendo. A essa altura, a mãe de Buddy entrava no estágio final da doença, e o pobre garoto não conseguia mais conter o seu sofrimento interior. Ele começou a chorar assim que passou a contar a trágica história. Sem perder tempo, o treinador visitou cada um dos professores de Buddy, explicando que diariamente o menino saía direto da escola para casa, a fim de ficar ao lado da mãe. Ele não estava dormindo à noite. Não conseguia se concentrar nas tarefas escolares, no beisebol, em nada além da mãe. O treinador solicitou aos professores, como lembrava Buddy, que "dessem um tempo ao garoto". Eles atenderam ao apelo.

Após a morte da mãe, aos poucos Buddy começou a voltar ao seu antigo modo de ser. Ele jamais esqueceu o que o treinador fizera por ele — ou como é fácil julgar mal as pessoas com base num comportamento inexplicável.

"Quando um soldado adormece durante o seu turno de vigia ou demonstra um desempenho insatisfatório, muitos são os motivos possíveis", disse-me Buddy. "Sim, esse soldado deveria cumprir a sua tarefa da melhor maneira possível, a despeito do que estivesse acontecendo, mas a vida não é assim. As pessoas caem no sono. Elas têm altos e baixos. Estão sob tensão por causa do combate ou talvez porque telefonaram para casa e uma voz estranha atendeu. Antes de começar a esbravejar, examine a situação. Ninguém quer perder um bom soldado por um ato passageiro ou reversível."

Quando alguém está se debatendo com uma situação difícil, como assinalou Buddy, geralmente há indícios reveladores. Talvez um bom soldado se apresente atrasado ou com a barba por fazer e com o uniforme sujo, ou quem sabe entregue um relatório medíocre. Quando interpelado, ele pode negar que está tendo algum problema porque a situação é embaraçosa ou porque não quer parecer fraco. Buddy mencionou o caso de um soldado que apresentava um desempenho sofrível porque estava sendo acossado por credores e perdendo o sono por causa disso. Ele não conseguia resolver a situação porque o escritório estava fechado na hora que ele saía do trabalho. Tudo o que o rapaz precisava era de um dia útil livre para resolver os seus problemas financeiros, mas era orgulhoso demais para pedir dispensa.

Em geral são necessários alguns estímulos insistentes — e mente aberta para não formular perguntas acusatórias — de uma pessoa com autoridade para obter a história verdadeira. Buddy me disse, "Fui educado a pensar que se você não executa a sua tarefa, é sinal de caráter defeituoso. Ainda preciso lutar comigo mesmo para não julgar". E como a maioria de nós, ele às vezes falha, como quando se precipitou e repreendeu duramente os seus soldados em Fort Hood, Texas, onde serviu de janeiro de 2002 até outubro de 2003.

Um Coronel viu casualmente alguns integrantes do pelotão de Buddy lançando uma bola de basquete de um lado para o outro durante um período de exercícios físicos. O coronel censurou o superior de Buddy por permitir que os seus homens praticassem um esporte organizado quando deviam fazer flexões, abdominais, exercitar-se na barra fixa e coisas semelhantes. O Major abordou Buddy imediatamente, querendo saber por que ele havia permitido essa violação flagrante de regras básicas. Buddy, por sua vez, sem perder tempo, descompôs o seu pessoal: Que tipo de parvos jogariam basquete durante os exercícios físicos? Não sabiam desde o início que era proibido praticar esportes organizados? Como podiam esquecer uma norma tão elementar?

Quando Buddy interrompeu para retomar o fôlego, um dos homens pediu um aparte: eles não estavam jogando basquete, absolutamente. Para animar uma sessão de práticas enfadonhas, haviam acrescentado um detalhe extra à rotina: o soldado que tentasse encestar a bola e não conseguisse era obrigado a correr uma distância a mais e fazer um número adicional específico de abdominais e flexões.

Buddy sentiu-se péssimo por ter perdido o controle. "Eles estavam errados até pelo fato de andar por aí com uma bola de basquete, mas presumi que simplesmente estavam infringindo uma regra que conheciam, esperando não ser surpreendidos. Fui tão grosseiro quanto o coronel, concluindo e agindo sem antes verificar os fatos. Gastei muita energia numa coisa com que não precisava me irritar", concluiu Buddy. Pior ainda, Buddy perdeu a oportunidade de construir um relacionamento melhor com seu pelotão e arriscou-se a perder a confiança deles — tudo porque não procurou conhecer todos os fatos antes de agir.

Eu também fiz algo semelhante certa vez, só que pior. Seis anos depois, ainda me sinto mal com o que aconteceu.

O *Benfold* estava operando no Golfo Pérsico, e nós havíamos passado vários dias no meio de uma frota pesqueira, esquivando-nos de embarcações árabes. Evitar colisões é questão de boa marinharia, evidentemente, mas também questão de segurança. O Comandante do navio-aeródromo USS *John F. Kennedy* foi dispensado por justa causa no verão de 2004, quando o seu navio atingiu e afundou um "dhow", um barco árabe típico de madeira, movido a vela. Os pequenos dhows podem estar carregados com explosivos capazes de destruir um navio. Assim, sempre que um dhow ou qualquer outra embarcação pequena entra num raio de três quilômetros e meio, o passadiço notifica o Comandante, que pode optar por ir ao passadiço para acompanhar a situação.

Pouco antes do incidente que estou para relatar, estive subindo e descendo as escadas do passadiço durante toda a noite, supervisionando todo esse ziguezague em torno dos dhows. Eu não havia pregado o olho. No dia seguinte, durante os exercícios de homem ao mar e de preparação para possíveis missões mais tarde no mesmo dia, eu me sentia realmente péssimo. Eu não tinha a mínima paciência enquanto observava Oscar, o nosso boneco de homem ao mar, ser içado pela lateral. Oscar ainda estava na água à espera de resgate quando chegou um telefonema mandando-nos procurar alguns navios de contrabando iraquianos. Era quase possível ver fumaça saindo pelas minhas ventas — por que não poderíamos terminar esses exercícios e em seguida iniciar a busca?

É preciso manobrar com muita habilidade para reverter uma direção e posicionar um navio de aproximadamente 150 metros, particularmente com a destreza e a velocidade necessárias para resgatar uma única pessoa em um dispositivo de flutuação antes que a hipotermia se instale. Todo oficial precisa fazer a sua tentativa, e o tempo que ele leva para recuperar o boneco é uma questão de orgulho pessoal. Todos lembram o seu recorde de tempo.

A oficial subalterna que teve a infelicidade de estar conduzindo o navio quando chegaram as ordens não iria superar nenhum recorde. Ela falhou na primeira passagem, gastando mais oito minutos para posicionar-se novamente. Se havia uma estratégia por trás do que ela estava fazendo, eu não consegui compreender. Quanto mais tempo passava, mais quieta ela ficava, provavelmente porque sabia que precisávamos pôr-nos em movimento o mais rápido possível, e a atuação dela não nos estava ajudando em nada. Exausto a mais não poder e irritadiço, eu fumegava. Antes mesmo de me dar conta, esbravejei: "Não compreendo por que alguém neste navio não consegue entender como se resgata um homem ao mar. Até onde vai a sua incapacidade?"

Então eu piorei as coisas ainda mais, ordenando o arriamento da flâmula de comando. Essa flâmula indica que o navio está oficialmente em operação, e todos os navios incorporados à Armada dos EUA que estão em serviço ativo mantêm uma delas hasteada 24 horas por dia. Arriá-la foi o mesmo que dizer: "Vocês, rapazes, são um vexame; é uma vergonha até mesmo dizer que este navio está em comissão". Eu já tinha visto outro Comandante fazer isso uma vez e, no meu cansaço e irritação, não tive o bom senso de interromper a minha encenação.

Ela começou a chorar, e todos que estavam no passadiço presenciaram o fato. Não precisei mais do que alguns segundos para perceber que eu fora tomado pelo destempero, de modo tão infantil e inútil como um idiota protestando e esbravejando no balcão de uma companhia aérea. Uma explosão de nervosismo não funciona lá, e também não funcionou aqui.

Então, pedi desculpas. A estratégia da minha oficial para "dar máquinas atrás", ou seja, recuar o navio era pouco convencional e parecia exigir uma rotação maior da embarcação do que eu achava necessário, mas teria dado certo. Eu poderia ter percebido a manobra se não estivesse tão cansado e impaciente, e eu disse isso a ela.

Mesmo os bons líderes fazem às vezes coisas estúpidas, especialmente quando estão cansados ou sob *stress*. Se você tem uma história e as pessoas sabem que a sua explosão é inusitada, elas lhe darão o benefício da dúvida. Mas se você perde o controle repetidamente, elas vão começar a não lhe dar a devida atenção, mesmo quando você tem motivos válidos para exasperar-se. Essa é a linha tênue sobre a qual você anda quando se permite explosões de humor.

Para aqueles de nós que assumiram o comando nos anos 1980 e antes, foi uma caminhada longa e árdua até aprender que os métodos antigos nem sempre são os melhores. Temos um ditado em nossa comunidade que diz que nós destruímos os nossos jovens. Não consigo entender, absolutamente, por que teríamos orgulho de algo assim. Resolvi que já era tempo de mudar as coisas, com atraso, aliás. Precisamos sair das nossas zonas de conforto, olhar ao redor e aceitar que todas as evidências apontam para resultados melhores quando gritamos menos e ouvimos mais. Mas a nova geração de oficiais militares está quebrando o código. Um treinamento melhor está ajudando os Buddy Genglers a se tornarem líderes melhores em idade mais jovem. O serviço militar será o melhor para isso. Opa, ele já *é* o melhor.

LIÇÃO: Aprenda com as suas experiências negativas.

Uma das piores experiências da minha carreira naval foi também uma das melhores. Recebi o prêmio "Ship Handler" do ano em 1983, um prêmio muito cobiçado pelos profissionais da Marinha, e eu o consegui em um dos ambientes menos estimulantes que se poderia imaginar.

Logo ao sair da escola de oficiais, fui designado para servir em uma lata velha enferrujada, o USS *Albert David*. Era uma fragata, uma classe de navio caça-submarino de baixa potência projetado nos anos 1960 principalmente para economizar dinheiro. Acredite, você recebe pelo que paga. Nessa comissão, eu não tinha muitas alternativas. Na Marinha, a parte do leão cabe aos oficiais que alcançam as melhores notas na Escola Naval; a minha opção era sentar-me e aguardar que um navio de melhor qualidade concluísse o seu período de manutenção geral ou então assumir o *Albert David*. Eu não queria esperar sentado.

Mas assim como os melhores oficiais novatos vão para os melhores navios, o mesmo acontece com os melhores oficiais mais antigos. Isso significava que o *Albert David* também não era a primeira opção dos oficiais mais antigos designados para servir nele. Na verdade, o ambiente era tão humilhante e abusivo que a maioria dos jovens oficiais nem sequer queria manobrar o navio. Não havia nenhum incentivo, nenhuma tolerância por algum equívoco ocasional. Você ficava lá observando os motores trabalhando enquanto o Comandante microgerenciador gritava ordens nos seus ouvidos, ordens essas que você devia repetir. Ou talvez ele ficasse lá em absoluto silêncio, deixando que você desse as ordens de manobras, até que ele percebesse alguma falha e irrompesse numa torrente inesperada de obscenidades.

Eu não gostava do que acontecia mais do que os outros, mas adorava conduzir o navio, por isso suportava a situação. Se a crítica que recebia se justificava, eu a aceitava. Caso contrário, fazia ouvidos moucos. Mas operar nesse ambiente de pressão forte fez com que eu me transformasse num condutor de navio muito bom. Tornei-me responsável pelas operações de entrada e saída do *Albert David* do porto e também pelas manobras mais difíceis do navio.

Naquele ano, dez oficiais subalternos da Esquadra do Pacífico receberam o Ship Handler do ano. Eu fui um eles, e isso foi uma grande honra para mim. Provavelmente devo esse certificado, em parte, à deplorável atmosfera reinante no *Albert David*.

O que aprendi, porém, é que os líderes, para o bem ou para o mal, são também professores. Eles nos ensinam o que não fazer, bem como o que devemos fazer. Embora eu tenha sobrevivido e obtido sucesso naquele ambiente, prometi que nunca imitaria estilos de liderança abusivos. Precisei desenvolver um estilo de gestão que fosse mais adequado para mim e para os meus marinheiros.

Buddy Gengler aprendeu a mesma lição como cadete em West Point, onde foi capitão auxiliar do time de beisebol. O treinador tratava os jogadores como crianças. Ele era um microgerente que dava ordens arbitrárias e se recusava a atribuir aos capitães auxiliares tarefas que ajudassem a dirigir a equipe. Ele desestimulava a apresentação de sugestões por parte dos jogadores e ignorava as que, mesmo assim, eram oferecidas. "Eu odiava a maneira como ele nos dirigia. Nós jogávamos apesar dele, jogávamos uns pelos outros", disse-me Buddy.

Mas havia uma coisa que Buddy apreciava. O treinador estimulava a atitude de jamais desistir: "Desafie-me. Não vou desistir. Não vou sucumbir diante de nenhuma situação. Não vou ter medo de ser grande". Alguns jogadores ficavam nervosos e indecisos quando precisavam arriscar um lance decisivo em algum momento da partida, e principalmente no fim. O treinador os instigava, repetindo que esses momentos de desafio máximo eram os maiores presentes da vida e deviam ser acolhidos e buscados.

Atualmente Buddy diz, "Vou dar conta de qualquer desafio que puserem na minha frente" — e ele deve essa atitude de vencedor, em grande parte, àquele treinador de beisebol.

Como a maioria de nós, Buddy cresceu e sofreu sob o domínio de diversos líderes medíocres. Seu Comandante em Fort Hood lhe deu muitos exemplos de liderança negativa, ligeiramente abrandada com a inclusão de um ou outro comentário positivo aqui e ali. Por exemplo, Buddy é grato a esse Comandante por ele lhe ter dado a oportunidade de chefiar uma nova missão no Iraque. Mas, de modo geral, ele considera o comportamento desse homem um estudo sobre liderança de baixa qualidade.

"Ele não conseguia lidar com as pessoas. Não perguntava aos subordinados sobre o andamento das coisas ou como deviam ser feitas. Ele dava ordens, e isso era tudo. Ele sufocava a iniciativa. Como coroamento, era rude e petulante, humilhando líderes auxiliares diante das tropas."

O moral da bateria desceu tanto que alguns soldados pensavam em deixar suas famílias para trás e transferir-se praticamente para qualquer lugar para ficar longe dele, disse Buddy. Por fim, Buddy procurou o Comandante depois de um grave desentendimento. Ele não o poupou, dizendo-lhe: "Você isolou totalmente o pessoal; os homens prefeririam sair desta bateria a ter de vê-lo todos os dias". Os comentários de Buddy foram inicialmente encarados com indiferença. Em seguida, o Comandante se colocou na defensiva, sugerindo que os seus subordinados eram menos qualificados e não tão capazes quanto ele de compreender o papel da liderança.

Depois desse confronto, a atitude do Comandante melhorou um pouco, disse Buddy, mas não o suficiente. Ele ainda conseguiu levar um soldado ao desespero — e o fez durante os primeiros dias após a chegada ao Iraque. Buddy me falou sobre o dia em que um jovem perturbado quase enlouqueceu.

Exauridos pelo calor intenso, alguns soldados estavam sentados e conversando ao acaso quando esse colega de repente carregou a arma e levantou-se. "Os olhos dele estavam vermelhos e com aparência selvagem", lembra Buddy. "Aonde você vai, soldado?" Buddy perguntou-lhe.

"Não consigo mais suportar tudo isso", ele respondeu. "O Comandante representa tudo o que está acontecendo de ruim na minha vida."

Buddy convenceu o soldado a voltar a sentar-se e a entregar a arma. Quando o rapaz começou a falar, Buddy descobriu que ele estava totalmente estressado, em parte pelo combate, em parte pelo que estava acontecendo em casa — sua esposa tivera um aborto espontâneo —, mas principalmente pela atmosfera criada pelo Comandante na bateria. Buddy perguntou-lhe quanto, numa escala de zero a dez, ele estava disposto a realmente cometer algum ato drástico contra o Comandante.

A resposta: "Nove".

Quando o soldado se acalmou, Buddy procurou o Comandante e lhe disse que ele chegara perto de ser assassinado por um de seus próprios soldados. Por incrível que pareça, o sujeito só encolheu os ombros e escarneceu: "É por isso que uso o meu colete de proteção".

Ele estava tão alienado como líder, que nem sequer chegou a pensar na possibilidade de ser um dos personagens importantes em uma tragédia muito próxima. "Ele só imaginou que o problema estava com o soldado."

Mas Buddy não deixou o incidente passar em branco. Demonstrando coragem e a profundidade do seu compromisso com o seu pelotão, ele entrou em contato com uma equipe de saúde mental do exército que estava a noventa minutos de distância da sua base. Os terapeutas concordaram em examinar as condições na bateria, entrevistando alguns soldados sobre suas atitudes com relação ao Comandante e o moral do grupo em geral. O soldado cuja angústia inspirou os esforços de Buddy foi avaliado imediatamente e enviado para uma base de apoio para um período de relaxamento longe da zona de combate. Os soldados de Buddy ficaram tão sensibilizados pela intervenção da equipe de saúde que alguns precisaram conter as lágrimas no momento de lhe agradecer.

No final, os terapeutas disseram ao Comandante muitas das coisas que Buddy já lhe falara. Dessa vez, porém, ele pareceu entender a mensagem e melhorou o comportamento em relação às tropas.

Buddy saiu dessa experiência difícil com uma maior compreensão do enorme impacto que os líderes podem ter, para o bem ou para o mal, sobre seus liderados. Ele pôde realmente avaliar o efeito sobre o seu pelotão de cada ordem arbitrária do Comandante, de cada recusa a ouvir os conselhos de seus oficiais, de cada insulto. Essa não foi a primeira experiência de Buddy com liderança de baixo nível, mas ainda assim foi para ele um sinal de alerta.

LIÇÃO: Saiba quando ignorar as regras e esteja preparado para aguentar as consequências.

Regras e regulamentos são a essência das forças armadas americanas. Eles compõem a base da disciplina militar, que apoia a autoridade de comando.

Às vezes também emperram o serviço, quando são servilmente seguidos por pessoas que não têm coragem suficiente para ser líderes verdadeiros.

Pelo que posso ver, muitas empresas são como os militares, cheias de pessoas que seguem as regras e não pensam em fazer outra coisa. Não há como negar que regras e regulamentos podem ser um guia útil e nos proporcionam uma sensação de segurança. Dizendo-nos como *não* nos comportar e definindo limites dentro dos quais podemos concentrar a nossa mente e as nossas energias, eles facilitam o nosso trabalho. Ao mesmo tempo, podemos nos sentir seguros sabendo que, enquanto seguirmos pela cartilha, teremos maiores possibilidades de permanecer empregados, recebendo um salário e, com sorte, um dia, até descontar um cheque de pensão mensal.

O problema é que agir com cautela não é a melhor forma de administrar uma empresa ou a Marinha. O mundo está num movimento muito rápido e são frequentes as ocasiões em que a melhor solução para os problemas que surgem está fora dos limites estabelecidos. Inúmeras oportunidades foram perdidas porque alguém replicou: "Não fazemos desse jeito por aqui". De fato, uma definição de um grande líder poderia muito bem ser a de alguém que tem a capacidade de escolher o momento certo para ignorar as regras e abrir novos caminhos.

Na minha carreira na Marinha, eu procurava inovar constantemente, desenvolvendo novas abordagens que iam além da norma; se forçavam ou excediam a minha presumida autoridade de comando, paciência. Cada vez, é claro, eu corria o risco de quebrar a cara — e algumas vezes acabei com uma ou duas escoriações. Mas no geral os aspectos positivos, para mim e para a Marinha, ultrapassavam em muito os negativos.

No entanto, eu não comecei com a disposição de quebrar regras. Essa aptidão se desenvolveu com o tempo, com a experiência e, especialmente, com as palavras penetrantes do meu primeiro Comodoro, Pat Slattery. Slattery mal chegara a me conhecer quando precisou apresentar o primeiro relatório de capacitação a meu respeito. Ele estivera em uma missão durante seis semanas, depois em férias e, de repente, faltavam apenas quinze dias para a minha primeira avaliação. Algumas pessoas podem achar que é o emprego dos sonhos trabalhar sem nunca ver o chefe, mas não eu. Eu sabia que entre os seis Comandantes que Slattery estava supervisionando, ele quase certamente me classificaria em sexto lugar. O que mais ele poderia fazer? Eu era novo no cargo, e ele mal cruzara comigo.

Como eu esperava, a minha avaliação foi péssima. Fiquei em sexto lugar realmente, mas comuniquei a Slattery que eu pretendia ser o número um na avaliação seguinte. O Comodoro não era um homem sociável, e em geral quase ninguém de nós conseguia entendê-lo. Mas ele esbravejou um conselho simples que mudou a minha maneira de ver regras e regulamentos. Ele me disse: "Se você quer ser classificado em primeiro lugar, assuma o comando. É para isso que lhe pago. Não espere que eu faça o trabalho por você".

E continuou se queixando de que os outros Comandantes da esquadra levavam todos os seus problemas a ele, em vez de eles mesmos tomarem as decisões. "Vou estar aqui, caso você precise de ajuda para derrubar alguma barreira ou contornar algum obstáculo", assegurou-me. Mas eu estava sendo pago para comandar, e era isso que ele queria que eu fizesse.

Muito justo. Posso seguir a sugestão.

E levei Slattery ao pé da letra. Nem uma única vez pedi-lhe que tomasse uma decisão por mim. Mas também nunca lhe pedi permissão. Restaurando um antigo acrônimo da marinha — UNODIR (*unless otherwise directed*, salvo disposição em contrário), eu o mantinha informado, mas nunca procurava o seu consentimento. Na verdade, posso ter ido um pouco longe demais com isso. Ouvi mais tarde, durante uma das crises no Oriente Médio, que Slattery se queixava, "Eu gostaria que Abrashoff telefonasse ou escrevesse, informando-me sobre o que está acontecendo". Ele próprio logo foi enviado para o Oriente Médio e para fazer bem o seu trabalho precisava de informações minhas. Um Comodoro também tem superiores a quem deve dar satisfações.

Comecei a me manifestar mais frequentemente, elaborando relatórios quinzenais da situação, o que parecia uma boa média. Como chefe, ele sabia o que estava acontecendo e seu desempenho podia ser suficientemente bom para recomendá-lo a promoções. Mas eu ainda mantinha total controle sobre o meu trabalho e não pedia a ele que o fizesse por mim. Nunca contei ao Comodoro Slattery a influência que ele exerceu sobre mim com apenas três palavras simples: assuma o comando.

O uso criterioso do UNODIR pode realmente criar um ambiente em que a produtividade geral e a eficácia melhoram — tudo porque alguém ousou assumir uma posição de risco. Fiz exatamente isso quando apresentei a outro Comandante do meu grupo de batalha, um Capitão-de-Mar-e-Guerra, relatórios de situação que identificavam o navio dele como a origem de um problema de computador que atormentava todo o grupo.

O problema envolvia o que chamamos de *link*, uma cadeia aberta de dados que circulam entre navios até que todos no grupo de batalha estejam interligados. Basicamente, o link era uma forma de conectar o alcance de 200 milhas do radar do *Benfold* ao alcance de 200 milhas do navio seguinte, e do terceiro, e assim por diante, aumentando desse modo a nossa capacidade tática. Embora crucial para a nossa eficiência operacional, individual e coletivamente, o link era sempre problemático. Isso ocorre porque ele requer milhões de linhas de código de computador, e cada navio ou estação em terra envolvidos tem a sua própria plataforma eletrônica, o que exige uma enorme variedade de tecnologia e software.

O sistema devia supostamente dar condições de operabilidade a todos os integrantes do grupo, mas na realidade era uma confusão. Os problemas de compatibilidade estavam fora de controle. A qualidade era ótima num dia e terrível no dia seguinte. Então, a minha equipe começou a observar que sempre que um determinado navio estava fora de serviço, a conexão melhorava. A tripulação desse navio não estava fazendo nada de errado; tratava-se apenas de uma anomalia em um programa de computador fornecido pela Marinha. Mas, obviamente, havia algum problema relacionado com a plataforma do navio.

Nada nas regras me estimulava a tomar uma atitude com relação ao problema, especialmente porque o Comandante do navio que apresentava o defeito poderia vê-la como constrangedora (o que não era). No entanto, em vez de emitir uma mensagem para todo o grupo de batalha dizendo que a origem do problema estava naquele navio, comecei a enviar ao Comandante relatórios particulares sobre a situação, informando-o a respeito do que a minha equipe e eu tínhamos observado. Eu poderia ter sido recriminado e rebaixado por interpelar um Capitão-de-Mar-e-Guerra prestes a se tornar Almirante. Felizmente, o Comandante era um indivíduo consciente e reconheceu que eu só estava tentando ajudá-lo a fazer melhor o seu trabalho, o que, por sua vez, permitiria ao grupo todo apresentar uma maior eficácia. Ele logo tomou para si a incumbência de identificar publicamente o problema que as transmissões estavam causando, o que deu aos programadores da Marinha condições de trabalhar sobre o programa instalado no navio dele e corrigir o defeito. Ele, então, conectou-se através de outro navio, produzindo resultados muito melhores para todos os navios envolvidos.

Durante o período em que esteve no Iraque, Buddy Gengler aprendeu muito sobre o UNODIR, mas os problemas do dia a dia eram muito mais imediatos e graves do que uma conexão ruim de um computador. Quando o seu grupo combatia os partidários de Saddam Hussein, efetuava incursões a refúgios de rebeldes, fazia prisioneiros e se livrava de emboscadas, Buddy via-se muitas vezes em situações em que as regras ditavam um conjunto de ações e seu cérebro (ou coração) exigia outro.

"Frequentemente as ordens diziam para não entrar numa área específica ou não empreender um determinado tipo de ação, mas, como uma força de reação rápida, estávamos lá para tirar as armas da rua. Se suspeitávamos que houvesse armas em áreas proibidas ou em prédios, nós entrávamos. Simplesmente invadíamos. Podia dar errado. Podíamos cair numa emboscada. Mas operávamos com muito cuidado e dava certo. Nós fazíamos o nosso trabalho."

E não é exatamente disso que se trata — executar o trabalho? Líderes tomam a iniciativa, e comandantes e chefes inteligentes reconhecem e recompensam esse comportamento, especialmente quando é bem-sucedido. "Quando voltávamos dessas missões, com os caminhões cheios de armas que ninguém mais usaria contra os soldados americanos, todos batiam nas nossas costas", disse Buddy. "Poucas pessoas irão castigá-lo por tomar a iniciativa quando você tem no coração e na mente a coisa certa a fazer." Quando os riscos são altos, e o objetivo alcançável, acrescentou, é melhor pedir perdão do que permissão.

Regras fazem todo sentido quando são escritas, mas nem a vida nem os negócios são estáticos. Ao contrário, são dinâmicos e estão em constante mudança. O valor que nós, como líderes, agregamos, é a interpretação dessas regras — a intenção do comandante, se você quiser — de acordo com o que está acontecendo no campo de batalha e em seguida a adaptação das nossas ações para conseguir os melhores resultados.

Uma das regras de combate do exército é que o líder do grupo nunca é a primeira pessoa a atacar uma posição inimiga. O objetivo é preservar a liderança no campo de batalha. É fácil entender a lógica por trás da regra; se o líder cai, toda a equipe, para não dizer a missão, pode ficar comprometida. Buddy quebrou essa regra quando o seu coração lhe disse que precisava fazê-lo, mas estava totalmente consciente das possíveis consequências e preparado para assumi-las.

Certa noite, o pessoal de Buddy encontrava-se perto de um abrigo subterrâneo onde, segundo se acreditava, escondia-se um grupo de rebeldes armados. O grupo podia ver que a casamata era um cômodo espaçoso, acarpetado, aparentemente construído pouco antes do início da guerra, mas as luzes estavam apagadas. Buddy podia ouvir pessoas falando no escuro. Ele ordenou ao Cabo que o segurasse firme por uma faixa presa às suas costas para que ele pudesse inclinar-se um pouco mais no espaço. Um foco na extremidade da sua arma permitia que ele examinasse a situação e atirasse rapidamente, caso necessário. Mas ao sondar, Buddy viu que não havia necessidade de atirar: a sala abrigava um grupo de iraquianos civis — homens, mulheres e crianças que tinham se refugiado no subterrâneo na esperança de sobreviver ao caos que assolava a superfície.

Quando a equipe retornou à base, o Cabo se aproximou de Buddy: "Tenente, o senhor não pode fazer isso; o senhor não deve tomar a frente desse jeito", disse-lhe. Buddy simplesmente ponderou que o Cabo tinha três filhos e ele não tinha nenhum.

"Regras são regras", disse-me Buddy. "Eu sei disso. Se houvesse alguém sentado naquela casamata com uma arma engatilhada na mão, eu teria sido morto. Mas eu estava disposto a aceitar o fato, contanto que o Cabo pudesse voltar para casa e para junto dos filhos."

Todos os grandes líderes que conheço não seguem ordens cegamente. Eles fazem o melhor que podem para compreender a intenção do comandante e aplicá-la em cada situação. É onde os líderes agregam valor. Fazer algo diferente significaria que não somos mais do que cumpridores de ordens, e cumpridores de ordens não assumem uma causa como se ela lhes pertencesse. Eles não dão segurança ao seu pessoal em um mundo selvagem e cruel. Basta perguntar a Buddy Gengler.

LIÇÃO: Saiba quando exercer autoridade e quando relevar.

Buddy é o nome dele e um "cara legal" (*buddy*) é o que ele é — mas não para os homens e mulheres que ele comanda. Buddy Gengler sabe que há uma linha que ele não pode cruzar: líderes não devem ser "caras legais".

Esse não chega a ser um grande problema para alguns oficiais e empresários que conheço. Eles definitivamente pertencem à velha escola: são distantes, põem-se acima das pessoas, dão ordens de cima. Atualmente, na Marinha e também em postos corporativos, enfatiza-se muito a questão do "relacionamento" com os membros do grupo. Até que ponto essa relação deve chegar, no entanto, ainda é objeto de debate. Para mim, ela deve ser restrita. O Sargento do Comando, Bob Scheeler, que serviu comigo no *Benfold*, me ajudou a entender o porquê.

Como a vida militar em toda parte, a Marinha é administrada por escalão, antiguidade e disciplina militar, e alguns oficiais realmente gostam disso. Eles sentem a necessidade de manter os seus baús cheios de medalhas e se deliciam com continências e outras formalidades. Eu mantinha o meu ego afagado sabendo que os marinheiros sob o meu Comando trabalhavam no melhor navio da Marinha. Às vezes, porém, a minha atitude deixava Scheeler frustrado, e ele me dizia por que isso acontecia.

Scheeler era a imagem do marinheiro típico — um grandalhão tatuado, de Laramie, Wyoming, cabelo cortado rente e bigode. E por causa da sua posição como praça mais antiga [no jargão da Marinha, termo usado no gênero feminino] ele representava todo o pessoal subalterno perante o Comandante e o Imediato, e tinha grande peso no *Benfold*.

O Sargento do Comando, em seu papel de praça mais antiga e conselheiro, é uma invenção interessante da Marinha, e todos os navios e submarinos em operação têm um mestre. Scheeler era maquinista de profissão, mas o Sargento do Comando podia ser oriundo de qualquer das várias categorias — técnico em turbinas a gás; técnico em casco de navio; praça do controle de avarias, que ajuda a apagar incêndios e a controlar alagamentos; especialista em operações; especialista em guerra eletrônica, e assim por diante. Tudo depende de quem gostaria de assumir a função — muitos preferem nem falar no assunto, pois esse cargo exige mais do que apenas habilidades técnicas. O Sargento Scheeler, por exemplo, precisava se preocupar com todo o navio, não apenas com os motores a diesel que ele conhecia como a palma da mão.

As atribuições do Sargento do Comando não estão totalmente definidas e podem ser estabelecidas de acordo com as necessidades do Comandante e do Imediato. Mas o Comandante que não usa plenamente os talentos dessa praça nunca terá um grande navio. Da mesma forma, você nunca verá um bom navio que não tenha um grande Sargento do Comando. O *Benfold* não era apenas um bom navio; era um grande navio, e o Sargento Scheeler merecia um enorme quinhão desse crédito. Ele passou toda a sua carreira esforçando-se ao máximo.

Um dia Scheeler apareceu para contestar a minha ordem de que o pessoal não precisava pôr-se em prontidão cada vez que eu entrava numa sala. Eu ficava chateado com isso e achava que as constantes interrupções no trabalho sempre que eu passasse casualmente por algum lugar eram um total desperdício de tempo e de dólares dos contribuintes. Scheeler pensava de modo diferente. Ele me disse que eu estava comprometendo a disciplina do navio. Ele temia que os marinheiros começassem a não me dar o devido valor e a perder o respeito pela minha autoridade.

Como eu valorizava a experiência e o discernimento de Scheeler, segui o seu conselho e, em retrospecto, fico feliz por tê-lo ouvido. Continuo não gostando de toda a pompa e circunstância, mas entendo que um líder precisa manter certa altivez para estimular os seus companheiros de bordo a aderir à sua causa.

Por definição, líderes devem dizer aos seus liderados o que fazer. Quer você tome decisões baseado na intuição, na lógica pura e simples ou por consenso, no final das contas ainda é você quem deve dar as ordens. Se essas ordens devem ser obedecidas prontamente, os membros da equipe devem ter um respeito saudável pela autoridade de quem as dá. Isso significa que você precisa estar separado deles, num grau maior ou menor, e acima deles. Se essa distância respeitosa não for levada em consideração, você terá dificuldades para liderar — como Buddy Gengler descobriu pouco depois de ser designado líder do pelotão de lançamento de foguetes e constatar que os seus novos soldados estavam despreparados.

Uma operação de rádio eficiente é fundamental para garantir a transmissão acurada em dois sentidos, de ordens de cima e de informações de baixo. Não demorou muito para que Buddy amargasse sérios problemas. Em mais de uma ocasião, quando ele acompanhava o fluxo de mensagens da sede do batalhão para a sala de comunicações do pelotão, Buddy ouviu versões deturpadas encaminhadas ao Comandante. Ao investigar o que acontecia, descobriu que os soldados de serviço no setor de comunicações liam revistas, escutavam música em seus fones de ouvido e, em geral, não estavam atentos à tarefa.

Como chegou a saber, o novo pelotão de Buddy gozava de péssima reputação no âmbito do batalhão, por causa da má liderança e da ineficiência. Entre outras coisas, muitos soldados estavam em péssima forma física. A busca das causas dessa situação levou Buddy diretamente ao sargento do pelotão. O sargento se tornara tão próximo dos homens e mulheres sob o seu comando, tão igual aos integrantes do grupo, que perdera o respeito deles como líder.

Queda de braço, jogos de cartas, brincadeiras — "Tudo isso arruinou a credibilidade dele entre os soldados. Eles não o respeitavam porque não havia a linha que separa o eu sou seu chefe do eu sou seu amigo", disse Buddy. Quando um soldado se apresentava desarrumado, adormecia no posto de vigia ou cometia outros deslizes, o sargento deixava passar. Ele nunca repreendeu o seu pessoal com firmeza quando isso era necessário. Previsivelmente, eles relaxaram, faziam o mínimo possível e perderam todo senso de orgulho de si mesmos e da sua unidade. Com efeito, os soldados disseram a Buddy: "Precisamos de um líder que nos faça prestar contas".

O sargento ficou chateado quando Buddy lhe descreveu a situação. Ele se via como um líder gentil e compassivo, um amigo fiel dos seus soldados. "O problema é que isso simplesmente não funciona", diz Buddy. "Cuidar de soldados em combate significa verificar que as suas armas estejam limpas, e que eles estejam acordados e atentos. Não se trata de dar as mãos e cantar 'Kumbaya'. É preciso responsabilizá-los."

O mesmo vale para as pessoas na sua empresa ou organização. Provavelmente elas não vão precisar de alguém que as faça manter as armas limpas, mas quase todos nós precisamos às vezes de um estímulo para fazer o que precisa ser feito. E todos nós precisamos de "ordens" se queremos servir à empresa com eficácia. Se você não agir como o comandante do navio, mantendo as mãos firmes no leme, o seu negócio certamente ficará à deriva.

O sargento do pelotão foi designado para outra tarefa, substituído por alguém que comungava da mesma filosofia de liderança de Buddy. Cada soldado então foi informado do que se esperava dele, e os que não correspondiam às expectativas eram advertidos. Um soldado que dormiu em serviço, por exemplo, acabou recebendo o que se chama de Artigo 15 (incluído no relatório), que pode terminar em punição e até mesmo em corte marcial se a infração for muito grave. Esse soldado em particular chegou perto de perder as suas divisas.

"Os olhos de todo o pessoal se abriram. Eles finalmente compreenderam que a coisa era séria. Com isso o pelotão todo deu uma guinada e em pouco tempo a nossa reputação era tão boa ou melhor do que qualquer unidade do batalhão", concluiu Buddy.

Tudo isso não significa que você não possa estar junto do seu pessoal num evento social. Há momentos em que faz sentido ignorar o posto. O truque está em discernir a ocasião certa, e manter essas ocasiões ao mínimo.

Buddy usava o time de softbol da bateria para interagir informalmente com os seus soldados. No campo, as pessoas tendem a esquecer o posto, ele disse. Todo mundo brinca com todo mundo; todos estão lá só para se divertir. O time de Buddy, formado de uma bateria de apenas 110 soldados, jogou contra equipes de unidades quatro vezes maiores e ganhou o torneio da divisão. "Aquilo foi realmente fantástico", disse Buddy, sorrindo.

Depois ele ofereceu uma grande festa em que, novamente, havia igualdade entre todos, e onde o seu grupo forjou uma união que se revelou inestimável depois que foi destacado para o Iraque. "Momentos assim, em que você quebra as formalidades e percebe quem o outro é realmente sem farda, só aprofundam uma relação que você já tem no local de trabalho", explicou Buddy. Esses laços ajudaram a aliviar a tensão da panela de pressão no Oriente Médio.

Mas mesmo enquanto falava sobre o companheirismo da festa — as brincadeiras, os braços nos ombros, a eliminação de barreiras — Buddy acrescentou enfaticamente: "Fui um igual aos rapazes por uma noite. No dia seguinte, porém, voltamos ao trabalho, e a linha entre mim e eles estava devidamente demarcada. Eles conheciam essa linha. Eles a conheciam perfeitamente".

Uma organização enfraquece quando os líderes se tornam demasiadamente íntimos dos seus liderados. O seu pessoal nunca deve esquecer quem manda. Caso contrário, a disciplina se quebra e as tropas podem questionar o seu julgamento e se recusar a seguir o seu comando quando você dá uma ordem para fazer algo que elas não querem fazer. Entre os militares, a insubordinação põe em risco a sobrevivência das tropas.

No *Benfold*, nunca convivi socialmente com a tripulação além das atividades comuns, como as saídas do grupo todo para um jogo de beisebol, a sessão de jazz das quintas-feiras à noite ou o jantar no convés de voo. Eu precisava manter certa distância entre nós. O maior desafio nesse sentido surge quando você é promovido de dentro das fileiras e, de repente, torna-se líder dos seus colegas de equipe. Onde, até então, vocês eram apenas companheiros, agora você está no comando. Como você lida com esse tipo de situação? Se você se reunia socialmente e saía com eles antes, acho que você não precisa necessariamente parar totalmente com isso. Mas tanto você quanto eles precisam entender quem é o chefe, de modo que quando você precisa tomar uma decisão, eles o apoiarão sem questionar.

Também é fundamental você não ter preferidos. Se você tinha um ou dois amigos em particular com quem estava envolvido antes, e agora você é responsável por, digamos, vinte pessoas, será uma péssima mensagem se você continuar favorecendo apenas um ou dois. Todos começarão a se perguntar se você não estará tendo preferência por eles.

Depois que deixei o *Benfold*, trabalhei principalmente com civis. Em uma empresa, todas as noites um dos diretores saía para a *happy hour* com dois ou três dos seus funcionários. E, não tenha dúvida, essas pessoas eram expansivas e muito divertidas como companhia. Mas isso dava aos outros funcionários a impressão de que esses poucos escolhidos corriam na pista mais interna quando chegasse o momento das promoções e seriam tratados de modo diferente dos demais. Mesmo eu, com ou sem razão, entenderia assim.

Então, se você vai para a *happy hour* ou se tem um convívio social de outras formas com as pessoas que lidera, você deve convidar a todas elas e deixar claro que elas são realmente bem-vindas. Qualquer suspeita de favoritismo irá destruir totalmente o moral e a eficácia.

Buddy Gengler pensava desse modo. Claro, você pode jogar beisebol com o seu pessoal ou sair para tomar uma cerveja, desde que todos sejam convidados a juntar-se ao grupo. Mas se você passar o tempo apenas com um, dois ou três preferidos, arrisca-se a afastar todos os demais. Você precisa ser sensível ao que os que ficam de fora vão pensar. Um dos nossos grandes desafios como líderes é não demonstrar qualquer favoritismo e certificar-nos de que todos recebam o mesmo tratamento.

LIÇÃO: Empenhe-se pelo seu pessoal.

Na minha experiência, nada vincula mais os membros da sua equipe a você, nada reforça mais o comprometimento deles com a sua causa, como a sua disposição de lutar por eles — mesmo quando você sabe que provavelmente não pode vencer. O tempo e a energia que você emprega ajudando o seu pessoal é um investimento que jamais cessa de render dividendos.

Durante a permanência de Buddy no Iraque, um membro do seu pelotão o procurou com um problema. Por intermédio da Cruz Vermelha, ele acabara de saber que um ente querido estava gravemente doente, e queria permissão para ir para casa. Buddy lembra que o relacionamento, conquanto muito próximo, definitivamente não incluía problemas com a família imediata como critério para autorizar a saída de uma zona de guerra, mesmo que por razões piedosas.

O soldado estava compreensivelmente chateado. Ele lembrou a Buddy que o pelotão estava prestes a terminar o seu tempo de serviço e ser embarcado de volta para casa. Também explicou como a doença da pessoa estava afetando os filhos dele. Buddy resolveu que precisava dar o melhor de si, mesmo que fosse algo bastante difícil de resolver.

Para começar, ele reuniu relatórios do superior imediato do soldado que mostravam seu desempenho acima da média e copiou o texto que descrevia os prêmios que o soldado havia recebido. Ele elaborou um longo memorando relacionando as qualidades de compaixão, autossacrifício e automotivação do soldado, além das suas realizações.

Quando a pasta ficou pronta, Buddy chamou o soldado ao seu escritório e pediu-lhe que lesse o que ela continha. "Eu disse a ele que não podia garantir que daria certo, mas que pretendia enviar a pasta para o Comandante e que faria tudo para que ele pudesse voltar para a sua família. As lágrimas brotaram nos olhos dele. Ele não conseguia acreditar que alguém dedicaria tempo e esforço para coletar todo aquele material."

Como Buddy temia, o recurso foi negado. Ironicamente, um dos principais motivos para a negativa foi a partida da unidade para casa, prevista para breve. Como o soldado era especialista em manutenção, a sua presença seria necessária para reparar os veículos quando a unidade partisse. Mas o Comandante concedeu ao soldado privilégios com relação ao telefone, que ele usava para tentar confortar a esposa durante a sua ausência.

Esse episódio criou um vínculo especial entre Buddy e o soldado. "Tudo o que eu precisava", disse Buddy, "ele fazia, e o fazia acima e além do padrão. Ele ultrapassava os padrões em tudo o que fazia. Acredito realmente que isso foi um resultado direto do fato de eu ter tirado tempo e provado que estava disposto a andar um quilômetro a mais por ele."

Não chama a atenção como a disposição de lutar pelo rapaz acabou por torná-lo um soldado melhor? Não era essa, porém, a motivação de Buddy. "Eu agi assim porque me preocupo com cada um dos meus soldados, e essa era a coisa certa a fazer."

LIÇÃO: Pergunte ao seu pessoal o que há de errado com o barco.

Se você não tem uma ideia clara do que os membros da sua equipe estão pensando, você terá dificuldades para envolvê-los na sua causa. Você pode querer motivá-los a trabalhar mais e melhor, mas como saber por onde começar se você ignora os sentimentos deles com relação a você, à função que exercem e à organização como um todo? Eles não vão assumir responsabilidade pelo trabalho, por exemplo, se você não dá atenção às queixas deles — ou, nesse aspecto, se nem sequer se preocupa em descobrir quais são essas queixas. Naturalmente, a partir do momento em que passa a conhecer a situação do seu pessoal, você precisa examiná-la e procurar resolvê-la.

Pedir informações, mas depois não dar atenção a elas transforma a liderança numa piada.

Quando Buddy recebeu o Comando do pelotão de lançamento de foguetes em Fort Hood, Texas, ele sondou cada um dos seus novos companheiros sobre quatro assuntos:

- Diga três coisas boas sobre o pelotão.
- Diga três coisas ruins.
- Diga três coisas que poderiam melhorar o seu moral.
- Quais são os seus objetivos na vida?

Com o levantamento em mãos, Buddy passou de quinze a vinte minutos com cada soldado analisando as respostas dadas. Ele achou os resultados espantosos.

Para começar, os soldados estavam descontentes porque os seus líderes não os responsabilizavam mais, não fixando um padrão de desempenho nem instando-os a alcançá-lo. O pelotão estava sendo ridicularizado por causa da manutenção desleixada dos veículos, da pontuação baixa nos testes de condicionamento físico e das derrotas das equipes de esportes — tudo isso os deixava envergonhados.

Buddy me disse: "No exército, há muito disparate com relação ao seu pelotão, se é bom ou ruim, e sobre quem vence quem nos esportes. Os meus rapazes queriam se superar em todos os aspectos".

Houve outras surpresas. Os soldados queriam um torneio de xadrez e queriam obter créditos universitários. Buddy ouviu com atenção, e em seguida respondeu.

Primeiro, ele priorizou a responsabilidade. Cada indicador de desempenho no pelotão — da manutenção dos veículos ao treinamento físico, à limpeza dos dormitórios, até a questão da vigilância — era identificado e pontuado mês a mês. O índice de deficiências do pelotão baixou rapidamente de 75 para 25%.

Em seguida, Buddy organizou um torneio de xadrez e ofereceu como prêmio uma chamada telefônica para casa com duração de quarenta minutos. Ele também organizou torneios de damas, de jogos de cartas e de futebol americano de toque. "Foi tudo muito divertido para os rapazes, e o moral e o orgulho de si mesmos e do pelotão realmente saltou."

Enquanto isso, os soldados que pretendiam obter créditos universitários foram orientados a fazê-lo através do ensino a distância — e também instruídos com relação aos procedimentos a seguir para que o exército pagasse a conta. "Eles nem sequer sabiam que havia essa opção", disse Buddy.

No fim, um pelotão medíocre acabou se transformando num grupo da melhor qualidade comprometido com um objetivo comum de excelência — tudo porque o seu líder teve o bom senso de perguntar aos membros do grupo o que eles queriam.

LIÇÃO: Mostre o caminho com as suas próprias ações.

O meu dicionário define o verbo *liderar* nos seguintes termos: "Mostrar o caminho para outros, em geral estando à frente deles". Nada impressiona mais os seguidores do que a visão do seu líder a postos, vivendo de acordo com os padrões de desempenho por ele definidos. Líderes que ficam sentados atrás da escrivaninha, porta fechada, mexendo em papéis para cá e para lá, não cabem nessa definição. Eles não inspiram o seu pessoal a dar o melhor de si pelo grupo.

Buddy deu um exemplo extraordinário do tipo de lealdade que você pode inspirar quando lidera. Comandando uma missão que tinha por objetivo desocupar uma casa de rebeldes suspeita no Iraque, ele e um grupo do seu pelotão foram transportados para o local num veículo blindado Bradley. Ao descer do veículo, logo perceberam que estavam bastante longe da casa que era alvo do ataque.

Buddy começou a correr, seguido por seus homens. Como os demais membros do grupo, ele estava vestindo um colete pesado e levando munição e a sua arma. Quando chegou à casa, porém, ele se virou e viu os seus homens tentando formar a retaguarda, muito lentamente — ainda estavam a uns sessenta metros atrás dele. Durante alguns segundos, até ser alcançado pelos seus homens, Buddy ficou sozinho e exposto.

A missão em si foi um sucesso, mas naquela noite ele reuniu a tropa e leu para eles o ato de motim. "Vocês quase me custaram a vida hoje", disse-lhes. Disse também que sabia que não haviam agido desse modo por malícia; o problema é que "vocês não tiveram fôlego ou força física para me acompanhar e proteger". Todos esbugalharam os olhos; Buddy continuou, "Como se dissessem: 'Sempre nos disseram para estar em forma, mas nunca nos disseram por quê. Agora sabemos por quê.'"

Embora o treinamento físico fosse uma atividade obrigatória, o pelotão não o levara a sério — com exceção de Buddy, que estava em condições físicas excelentes. Antes de sair dos Estados Unidos, disse Buddy, eles comiam como se "cada noite fosse a última ceia". Nas semanas seguintes, enquanto esperavam para entrar no Iraque, ficavam a bordo em navios no Mediterrâneo e acrescentavam mais alguns quilos. Uma vez em combate, voltavam para a base transpirando e exaustos. Era muito fácil protelar os exercícios físicos.

Depois de Buddy escapar por pouco, porém, todos passaram a ter sessões de educação física pela manhã. "O calor era insuportável, mesmo de manhã. Mas todo o pelotão se apresentava, inclusive os rapazes que sairiam em patrulha naquele dia", disse Buddy. Pouco tempo depois, os soldados de Buddy haviam perdido uma grande quantidade de peso e melhoraram consideravelmente a sua resistência.

Buddy poderia ter feito palestras para o seu grupo sobre a importância da educação física até ficar rouco, e mesmo assim talvez nunca os convencesse a se comprometer e entrar em forma. Mas como as condições físicas dele contrastavam visivelmente com a falta de condicionamento deles — e porque estavam assustados por ter colocado Buddy em perigo — o exemplo acabado que ele deu não só manteve o grupo estimulado como também reforçou constantemente as recompensas positivas a ser obtidas com o alcance dos padrões de desempenho.

Foi uma grande honra e um enorme prazer para mim ao longo dos anos servir com muitos jovens como o Primeiro-Tenente Budy Gengler. As forças armadas dos Estados Unidos sempre atraíram o melhor que este país tem a oferecer. Inteligentes, perspicazes, cheios de amor e orgulho por seu país, e devotados às suas tarefas, esses jovens possuem habilidades de liderança extraordinárias. A maioria deles, como Buddy, cumpre diariamente suas funções com poucas queixas e pouco reconhecimento fora da sua esfera imediata de atuação. Eles têm muito a nos ensinar sobre o tipo de líder que pode estimular um grupo de irmãos e irmãs de armas a nos seguir a qualquer lugar.

LIÇÕES

- Se necessário, consulte quem sabe.
- Desafie o seu grupo a ser o melhor; todos irão corresponder.
- Não julgue apressadamente.
- Aprenda com as suas experiências negativas.
- Saiba quando ignorar as regras e esteja preparado para aguentar as consequências.
- Saiba quando exercer autoridade e quando relevar.
- Empenhe-se pelo seu pessoal.
- Pergunte ao seu pessoal o que há de errado com o barco.
- Mostre o caminho com as suas próprias ações.

CAPÍTULO 2

CEO TRISH KARTER PROMOVE O SUCESSO DA DANCING DEER

> Sem dúvida, bom sabor significa bom dinheiro. Mas o sucesso mais saboroso dessa padaria decorre das suas condições de trabalho — um ambiente que estimula o apetite do quadro de pessoal por bom alimento, bom gosto e boa diversão.

Todo empreendimento humano alcança maior sucesso quando é inspirado por um sentido de missão. Quando eu estava na Marinha dos Estados Unidos, era bastante comum ver oficiais e também praças apenas cumprindo o seu tempo de serviço, alheios aos problemas e esperando se aposentar com uma bela pensão militar. Mas eu queria que a minha tripulação assumisse a minha causa: transformar o USS *Benfold* no melhor navio da Marinha. Durante dois curtos anos, trabalhamos movidos por essa perspectiva porque nos dedicávamos a algo que estava muito além do simples recebimento do contracheque. E isso se aplica também ao mundo empresarial. Claro, ganhar dinheiro é necessário e maravilhoso, mas não é a recompensa verdadeira. O dinheiro é o critério para medir o sucesso; a dedicação, o entusiasmo e a alegria são as recompensas.

De qualquer ângulo que se olhe, a Dancing Deer Baking Company é uma história de sucesso florescente. Em apenas dez anos, a padaria, com sede em Roxbury, Massachusetts, um distrito decadente no centro de Boston, conquistou um mercado próspero para os seus bolos e biscoitos sofisticados em pontos de venda que atendem a apreciadores de todo o país. As receitas da empresa chegaram a 5 milhões de dólares no ano fiscal de 2004, com previsões indicando que ultrapassariam em muito essa marca no ano fiscal de 2005, em parte porque a crescente comercialização dos produtos via internet foi muito elogiada por todos os veículos da mídia nacional, inclusive pelo programa *Today* da NBC.

Dancing Deer é a criação de um trio de pessoas talentosas: Suzanne Lombardi, padeira especializada que criou muitas das receitas permanentes; Ayis Antoniou, físico, estrategista empresarial e cozinheiro amador entusiasta, e Trish Karter, artista, empresária e ambientalista apaixonada. Suzanne e Ayis passaram a se dedicar a outros interesses, enquanto Trish, que fora casada com Ayis, acabou administrando a empresa e tornando-se uma líder excepcional.

Dancing Deer foi concebida em 1994 como forma de aproveitar a então nova onda de recentes cafés *gourmets*, fornecendo produtos de padaria e confeitaria naturais e muito saborosos para frequentadores de restaurantes e cadeias de cafeterias, como a Starbucks. Originalmente sediada em uma antiga pizzaria, numa esquina movimentada de Roxbury, Dancing Deer ocupa atualmente uma cervejaria readaptada, do início do século, localizada na Shirley Street, nº 77.

Logo depois que a Dancing Deer introduziu a sua linha de produtos embalados, em 1996, a sua equipe de padeiros e confeiteiros impregnava a rua com aromas tão tentadores que os transeuntes se viam obrigados a entrar na loja. Num piscar de olhos, os fundadores eram proprietários de um varejo e de um atacado, ambos exalando o doce aroma do sucesso. Com efeito, apenas dois anos depois, os irresistíveis biscoitos de melaço e cravo da Dancing Deer conquistaram o prêmio na convenção da National Association of Specialty Food Trade — equivalente ao Oscar de Hollywood na indústria alimentícia. Mais de uma dúzia de produtos de padaria receberam prêmios e honrarias empresariais nos anos seguintes, incluindo seis "Oscars" adicionais para delícias de dar água na boca como o bolo de gengibre escuro, os bolos de chocolate expresso e as bolachas de tangerina e açúcar mascavo. Fortalecida pelo reconhecimento público (a Dancing Deer dá um novo sentido à publicidade boca a boca), as vendas por mala direta e online da empresa começaram em 1999 e desde então só aumentaram. Ao longo do caminho, a Dancing Deer tem canalizado regularmente um montante significativo de dólares para a filantropia, especialmente através do seu Sweet Home Project para, entre outras coisas, ajudar pessoas desabrigadas em Roxbury.

Tudo isso prova que mesmo no país das grandes cadeias alimentícias ainda é possível para uma empresa que surgiu do nada como a Dancing Deer alcançar o sucesso com a pureza dos tempos antigos. Sua linha de produtos perecíveis começa do zero, usando somente ingredientes naturais, sem conservantes artificiais, e embalados com requinte com o que a empresa chama de "desconsideração caprichosa pelo esperado".

Mas os produtos e as embalagens por si só não contribuem muito para o sucesso da empresa. Se esse fosse o caso, eu poderia ter passado uma camada de tinta no *Benfold,* navegado rumo à vitória em uma ou duas competições e dar a isso o nome de carreira. Não, uma organização vencedora se constrói com líderes — e não apenas com os que estão no topo — mas também com os que se distribuem em toda a organização. Trish Karter compreende isso perfeitamente. Ela também entende que liderança significa reunir as pessoas em torno de uma causa comum. Desde o início, a Dancing Deer Bakery conta com pessoas que juntam mãos e coração para alcançar um pequeno rol de objetivos comuns.

Ninguém chega à Dancing Deer sem amor pelos alimentos em geral e pelas delícias de confeitaria em particular. Em segundo lugar, mas muito próximo do primeiro, está o compromisso apaixonado da equipe com um trabalho benfeito, o que significa que não existe isso de um dia de expediente limitado entre as nove da manhã e as cinco da tarde nessa empresa em rápido crescimento. Como vou descrever com mais detalhes algumas páginas adiante, outro pré-requisito para os recrutas da Dancing Deer, e que eu endosso com todo entusiasmo, é a disposição para se comunicar. Personalidades passivo-agressivas não dão certo. "Deers", como eles se autodenominam, precisam conversar, trocar ideias e até suportar um pouco de conflito, pois é disso que se necessita para criar e perpetuar a excelência.

Com esses atributos como matéria-prima, em muito pouco tempo a Dancing Deer conseguiu alcançar todos os seus objetivos de crescimento e lucratividade. Mais importante ainda, talvez, essa forte mistura também possibilitou à empresa realizar o sonho mais acalentado dos seus fundadores, ou seja, construir algo que transcendesse um mero negócio, uma empresa que mensura as suas realizações por uma escala maior do que lucros obtidos ou perdas sofridas. Organizações sem fins lucrativos valorizam os benefícios advindos da busca de um objetivo maior, é claro, e o mesmo acontece com ex-militares como eu. Mas para muitas organizações, o sucesso de uma empresa como a Dancing Deer pode ser um chamado de atenção que já deveria ter ocorrido há muito tempo.

Trish diz que não tem uma receita pronta para o sucesso. Mas há um ingrediente essencial — mais importante ainda do que farinha e açúcar — a liderança. Entre as lições que ela aprendeu:

LIÇÃO: O sucesso transcende o resultado financeiro.

Desde o início, a Dancing Deer incorporou o conceito de que viver implica muito mais do que apenas ganhar dinheiro. Suzanne Lombardi, a confeiteira cujas receitas e energia empreendedora forneceram a centelha de vida, estava determinada a criar produtos de panificação excepcionais usando apenas ingredientes naturais, métodos ecologicamente saudáveis e embalagens recicláveis, tudo intensificado por normas mercadológicas éticas e por sua convicção de que todo empreendimento deve ser divertido. Embora Suzanne deixasse a padaria em 2000 para iniciar uma empresa de doces orgânicos, os princípios originais, que Trish adotou como seus, ainda animam a Dancing Deer. (Outro dos legados de Suzanne é o nome da padaria. Ele foi tomado de empréstimo de um antiquário de sua avó em Bar Harbor, Maine, enquanto a inspiração para o bolo de gengibre escuro, o produto mais vendido da empresa, veio do livro de receitas da avó.)

"Nós nos agarramos realmente aos nossos valores", disse-me Trish. É o senso artístico e a direção de Trish que estão por trás da aparência das embalagens e do website da Dancing Deer e, como observado, foi a perspicácia empresarial de Trish que ajudou Suzanne a transformar seu hobby em panificação numa empresa de fato. Trish, que conheceu Suzanne quando esta estava apenas começando, convenceu o marido, Ayis Antoniou, um físico e consultor empresarial apaixonado por alimentos, a apoiar o empreendimento. E quando o sucesso começou a sobrecarregar Suzanne, Trish ofereceu-se para introduzir estrutura e sistemas administrativos para organizar as operações da Dancing Deer.

A empresa quase quebrou, porém, quando o casamento de Trish começou a desmoronar. O esforço para manter a empresa operando esgotou-a emocionalmente, disse-me Trish, e a convenceu da importância de a Dancing Deer ser "algo mais do que apenas um meio de ganhar a vida".

Os princípios da alimentação natural e a preocupação com o meio ambiente ainda orientam a Dancing Deer, e o senso de propriedade é incutido em todos os setores da empresa. Trish sente orgulho por contratar e formar um grupo de trabalhadores de diferentes culturas, recrutados nas proximidades de Roxbury e em outros bairros de Boston, por ajudá-los a aprender inglês e por dar-lhes oportunidades de crescer e progredir. Cada empregado permanente tem ações ou participação na empresa. E, como mencionado anteriormente, a Dancing Deer também tem o compromisso de devolver uma parte significativa dos seus ganhos para a comunidade. Por exemplo, ela é uma das principais colaboradoras financeiras do programa One Family, uma associação de organizações sem fins lucrativos dedicada a resolver o problema dos sem-teto. O grupo ajuda famílias a alcançar uma vida economicamente estável e a ter casa própria através de diversos programas de ação direta. Trinta e cinco por cento das vendas de varejo da linha de produtos Sweet Home da Dancing Deer são revertidos para o projeto dos sem-teto. "Ajudamos as pessoas com alegria", explicou Trish. "Eu quero que a Dancing Deer seja um modelo de como a força de uma pequena empresa pode ser positiva."

E, de fato, essa é uma das razões por que eu queria incluir Trish Karter neste livro. As pequenas empresas se tornaram o motor do aumento de empregos neste país, mas os proprietários dessas empresas nem sempre têm tempo ou dinheiro para investir em ferramentas que possam ajudá-los a chegar ao nível de liderança seguinte.

Como você pode ver, a Dancing Deer é efetivamente tanto uma causa como uma corporação, e o seu sucesso dá consistência ao conceito de que os produtos melhoram na proporção do amor que os trabalhadores dedicam ao que fazem. Líderes autoritários que incutem medo em vez de amor protestarão com veemência. Mas quando se trata da Dancing Deer Baking Company, a prova é tão real que você pode saboreá-la, literalmente.

Não existem diretrizes de gestão empresarial que digam que a Dancing Deer deve apoiar a comunidade de Roxbury. Trish Karter e a sua empresa fazem isso simplesmente porque é a coisa certa a fazer. Toda empresa digna desse nome — e isso inclui a Marinha dos Estados Unidos — assume alguma responsabilidade para reduzir o total da miséria no mundo.

A Marinha faz isso, em parte, através do Projeto Handclasp, um programa criado em 1962 para promover a compreensão e o respeito mútuos e a boa vontade entre os marinheiros dos Estados Unidos e as pessoas de outras nações. Com sede em San Diego, meu porto-sede de longa data, o Projeto Handclasp aceita doações de empresas, de pessoas físicas e de organizações religiosas e de serviço — tudo, de brinquedos a ferramentas — e os navios da Marinha as distribuem para as pessoas pobres ao redor do mundo.

Quando ficávamos sabendo que o *Benfold* zarparia para um porto em particular, entrávamos em contato com o Projeto Handclasp para ver se havia donativos que pudéssemos levar. Eu acreditava que o que fazíamos era, pura e simplesmente, a coisa certa a fazer, mas também estava consciente de que, como líder, eu devia dar exemplo para a minha tripulação. Eu não só esperava que eles fossem hábeis em suas tarefas e resistentes o suficiente para enfrentar qualquer coisa que pudesse vir do inimigo, mas também queria que reconhecessem que havia outros critérios pelos quais uma tripulação e seu Comandante poderiam ser julgados. A compaixão contava.

Então, quando visitamos Puerto Vallarta, na costa oeste do México, entregamos máquinas de costura e brinquedos do Projeto Handclasp para um orfanato. Mas esse foi apenas o começo. Em Puerto Vallarta, como também em outros lugares onde entregávamos materiais e equipamentos doados, os marinheiros logo perceberam a situação. O que viram foi uma instituição decadente numa área desesperadamente pobre, sem nada parecido com o mínimo necessário para cuidar dos seus jovens fardos. Assim, meus marinheiros puseram-se a trabalhar com pincéis, serras e martelos, investindo horas do seu tempo para melhorar o local.

Afora a aquisição de tinta ou de outros materiais, eu não interferia em nada nessa parte das visitas. Os próprios marinheiros organizavam os grupos de trabalho, envolvendo provavelmente 20% de toda a tripulação. Como muitos dos meus marinheiros não haviam recebido quase nada quando eram pequenos, eles pareciam especialmente sintonizados com a necessidade de ajudar essas áreas pobres.

Na viagem a Puerto Vallarta, o marinheiro Attila Yilmaz foi um dos organizadores, como de costume. Rapaz inteligente e técnico talentoso que mantinha os nossos equipamentos de guerra eletrônicos em perfeitas condições, Attila havia passado os primeiros anos de vida em lares adotivos. Ele sabia o que significava ser pobre e não ter família. Ele poderia facilmente ter crescido e se tornado um homem mesquinho e avarento, mas não foi o que aconteceu. Em vez disso, ele era movido pela compaixão — e um líder em formação.

Em sua maioria, as pessoas ignoram que o apoio à comunidade faz parte, de modo muito concreto, do conjunto de ações de todas as forças armadas dos Estados Unidos; soldados e marinheiros doam generosamente à United Way. No *Benfold*, promovíamos sorteios e outros eventos de arrecadação de fundos com o objetivo de repassar a renda obtida à comunidade maior através da United Way ou à nossa própria comunidade de serviço através da Navy-Marine Corps Relief Society. Eu nunca registrei os marinheiros que faziam ou não faziam doações, e nenhum deles recebia pontos para promoção com base nesse critério; no entanto, esses jovens, homens e mulheres, que não ganham muito, coletavam anualmente cerca de 15 mil dólares para a United Way e cerca de 20 mil dólares para a Relief Society, constituindo um fundo para empréstimos de emergência e subvenções para marinheiros, fuzileiros navais e suas famílias. Digamos que você esteja de serviço em um contratorpedeiro como o *Benfold* e que a sua esposa esteja em casa; de repente, o carro dela apresenta um problema. Ela precisa do veículo para ir ao trabalho, mas não tem dinheiro disponível para o conserto. A Relief Society oferece um empréstimo para ajudar nessa emergência.

Se você precisa de mais provas da generosidade dos nossos jovens soldados norte-americanos, limite-se apenas ao Iraque, onde muitos sacrificam o seu tempo livre para consertar ou construir escolas e mantê-las funcionando ou para trabalhar em outros projetos comunitários nas cidades onde estão baseados. Envolvidos na perigosa e muitas vezes ingrata tarefa de tentar manter a paz, eles lhe dirão de bom grado o quanto apreciam a oportunidade de interagir com os iraquianos de forma positiva. Eles esperam que os serviços comunitários que prestam possam ajudar a mudar atitudes negativas com relação aos Estados Unidos e às suas tropas.

Esse é apenas um exemplo de como a prática do bem pode inclusive trazer benefícios tangíveis. Construir a boa vontade em uma comunidade local sempre beneficia toda espécie de organização. Faz sentido para os militares dos Estados Unidos fazer amigos na região porque é melhor levedar o medo provocado pelo nosso poder técnico com uma dose saudável de respeito por nossas atitudes e valores. Pela mesma razão, é benéfico para os negócios que uma empresa devolva algo à comunidade, não apenas porque é a coisa certa a fazer, mas porque cria um ambiente positivo no qual ela pode operar. E quando uma empresa investe em projetos educacionais locais, por exemplo, os benefícios são diretos e tangíveis na forma de uma força de trabalho local mais preparada.

Líderes de sucesso como Trish Karter sabem concretamente que suas conquistas não são medidas em promoções ou rentabilidade apenas. O investimento do coração é tão importante quanto o investimento do cérebro.

LIÇÃO: Não seja um gargalo.

O início de Trish Karter nos negócios não foi fácil. Na metade do seu último ano como estudante de história da arte na Wheaton College, ela abandonou os estudos para ajudar o pai a reorganizar a sua cambaleante empresa do setor de reciclagem com base nos procedimentos do Capítulo 11 (Reestruturação da Lei de Falências).

"Pai da moderna reciclagem de garrafas e latas" era como Trish o chamava, mestre do seu navio e herói da sua filha. Peter Karter, fundador da Branford, Resource Recovery Systems, com sede em Connecticut, compreendeu que a maioria das pessoas nunca realizaria conscientemente a tarefa de limpar latas e garrafas de vidro usadas e de separar vidros pela cor; por isso, inventou uma tecnologia segura para fazer esse trabalho. O processo produzia torrentes de cacos de vidro tão limpos e consistentes que podiam ir direto para os tanques de fusão dos fabricantes de garrafas. "Toda a família se envolvera profundamente com o empreendimento e com a causa", explicou Trish, e quando ele soçobrou, "Eu entrei nele como uma universitária jovem e idealista. O resultado foi que aprendi muito sobre fluxo de caixa e equipamentos, investidores e mercadologia. Desde então, de uma forma ou de outra, faço parte desse mundo".

A primeira lição de Trish no mundo dos negócios foi a importância de fazer uma folha de pagamento. Às vezes, ela ajudava a jogar pazadas de vidro no caminhão de entrega para completar a carga, dirigia o caminhão até a balança do comprador, levava o recibo ao escritório dele e recebia o cheque; em seguida, corria até o banco para depositar o cheque em tempo para cobrir a folha de pagamento do dia seguinte. Qualquer pessoa que já transpirou para fazer a folha de pagamento conhece a ansiedade que a tarefa envolve.

Mas a lição mais importante de Trish dizia respeito à liderança. Ela descreveu o pai, filho de imigrantes gregos pobres, como "um líder carismático, um otimista, e apaixonadamente dedicado à sua causa". Sentindo o seu profundo comprometimento e a sua inabalável confiança no que ele fazia — marcas de um verdadeiro líder — outras pessoas se prontificaram a confiar-lhe o seu dinheiro, tempo e esforço. "Não há substituto para esse tipo de liderança por esforço heroico", ela me disse. Mas isso apenas não basta e "não se pode realmente operar nesse ritmo a longo prazo", concluiu.

Trish aplicou essas ideias em 2003, quando se sentia esgotada e exausta por estar sobrecarregada com o peso da Dancing Deer. "A empresa estava crescendo, e estávamos indo bem", lembra ela, mas "no ritmo em que eu andava, com toda a responsabilidade que me cabia, achei que não conseguiria levá-la para o nível seguinte. Às vezes eu simplesmente não conseguia processar as coisas com a rapidez necessária. Eu estava em muitos lugares. Eu estava impedindo o nosso avanço". Então ela examinou atentamente as suas aptidões verdadeiras e aos poucos começou a achar um substituto "para aquilo que, na minha percepção, eu não era suficientemente apta. Reestruturei a organização removendo a mim mesma como gargalo, e fui bem-sucedida nisso".

A constatação de que ela não podia fazer tudo sozinha levou Trish a contratar um diretor de marketing para assumir dois canais de vendas da Dancing Deer. Para uma posição tão crucial para a continuidade do sucesso da empresa, Trish pretendia fazer uma pesquisa ampla, por isso divulgou seu interesse por candidatos por meio de e-mails. Currículos chegaram às centenas. Trish conversou pessoalmente com quase todos os candidatos, temendo de alguma forma deixar passar a escolha perfeita. "Beijei muitos sapos", brincou. Mas quando o príncipe finalmente chegou, em quarenta e cinco minutos Trish soube que era ele.

A decisão de Trish de dividir algumas das suas funções fortaleceu a empresa. "Eu era muito crítica com relação a inúmeras peças da organização;

hoje não sou mais", comentou Trish. Para alguém com mais ego e menos autoconfiança, dizer que "as pessoas não sentem falta de mim" poderia ser devastador, mas Trish reconhece que ter colaboradores capacitados que podem integrar-se ao grupo e fazer o que ela fazia é bom para a empresa — e bom também para ela pessoalmente. "Eu poderia ausentar-me por semanas; isso não faria realmente nenhuma grande diferença para as atividades do dia a dia da empresa", disse ela, com mais alívio do que remorso.

A história de Trish me lembra a situação que encontrei no USS *England*, onde o meu Comandante era responsável por dois horríveis gargalos — um na entrada, outro na saída.

Quando cheguei, o navio passava por inspeção de eficiência para ser enviado para o Oriente Médio. Eu era o oficial de ação tática alocado no centro de informações de combate, que contava com inúmeros rádios e fones de ouvido espalhados pela sala. Como o *England* era um navio equipado para múltiplas missões, cada rádio estava ligado a um circuito diferente para receber chamadas do coordenador de defesa aérea, do Comandante da guerra de superfície e do coordenador de combate antissubmarino. Durante a inspeção, as chamadas chegavam rápidas e tempestuosas em todos os rádios. O problema era que ninguém respondia essas chamadas. Por quê? Porque a administração do navio designava apenas uns poucos oficiais selecionados para operar os rádios. Nesse dia em particular, apenas uma pessoa na sala tinha autorização para atender as chamadas — eu.

Eu corria de um telefone para outro, anotando uma chamada do Comandante do grupo de batalha, recebendo outra com instruções sobre como manobrar o navio e outra com ordens para atacar um alvo simulado. Os integrantes do quarto de serviço simplesmente ficavam lá parados enquanto eu corria veloz como o Papa-Léguas, personagem dos desenhos animados, suando e incapaz de realizar a minha tarefa verdadeira de orientar as ações deles com base nas mensagens recebidas. Eu estava atarefado demais recebendo chamadas para dizer alguma coisa a alguém. O bom senso me dizia que o pessoal do quarto de serviço devia estar nos telefones, relatando as mensagens para mim. Eu de fato parecia muito, muito idiota.

Quando se tratava de enviar alguma mensagem do *England*, o Comandante era incrivelmente obstinado. Ele não apenas corrigia os erros gramaticais, mas também reescrevia frases e períodos inteiros — não para alterar o conteúdo, mas para melhorar o ritmo. Se você escrevesse *alegre*, ele mudava para *feliz*. Falar sobre gargalo! Oficiais podiam passar horas todos os dias esperando para enviar uma mensagem enquanto o Comandante fazia a edição. O que piorava as coisas era a sua insistência em explicar ao redator do texto por que ele, Comandante, havia feito todas aquelas alterações. Nós não nos importávamos com isso; queríamos apenas ir para casa. Ele precisava trabalhar até as oito horas todas as noites porque três horas de todas as tardes eram desperdiçadas dessa maneira.

Quando assumi o Comando do *Benfold*, jurei que jamais me tornaria um gargalo. Eu queria que todas as comunicações do navio fossem corretas, é claro, mas se alguém cometesse algum deslize, eu não reescrevia o texto só para adaptá-lo ao meu estilo. Tomei uma decisão consciente: em vez de deixar que os meus oficiais desperdiçassem horas a mais tentando ser perfeitos na área da comunicação escrita, eu ficava feliz e ao mesmo tempo alegre se eles ficassem livres para dedicar mais tempo ao nosso verdadeiro objetivo final — a prontidão para o combate.

LIÇÃO: Faça tudo em equipe.

Caso você esteja sempre formando comissões para implementar novos projetos, você não está agindo de acordo com o modelo da Dancing Deer. "O conceito aqui é que *nós somos* uma equipe", explicou Trish. "É o nosso modo de pensar; faz parte de tudo o que fazemos."

Os Deers têm papéis e responsabilidades individuais, mas ninguém está fechado num feudo. Para eles é natural participar ativamente para enfrentar um novo desafio ou prevenir uma crise que se anuncia. No auge da temporada de férias, por exemplo, quando a empresa aumenta em 25% o seu volume anual de vendas em apenas três semanas, há "exigências eventuais de heroísmo", disse Trish. "Todos para o setor de embalagens!" poderia ser a letra de uma melodia de férias da Dancing Deer. À convocação, todos os que podem deixam tudo para ajudar a embalar doces em caixas de férias.

Consequentemente, alguém que chegue à Dancing Deer com uma mentalidade do tipo "nove da manhã até as cinco da tarde" ou "não é problema meu", não vai aguentar muito tempo. Quem rejeita a noção de responsabilidade partilhada "não se adapta à cultura do lugar", disse Trish. "Vou ouvir do pessoal que essa pessoa não tem qualificação."

No início do seu funcionamento, a Dancing Deer, caracteristicamente, contratou pessoas inteligentes, jovens, entusiastas que queriam aprender e não esperavam receber um salário próximo do máximo estipulado pelo mercado. "À medida que fomos crescendo, aumentamos os salários e todos ficaram satisfeitos." Como coroamento do aumento salarial, os empregados permanentes recebem uma participação acionária na empresa e os funcionários de todos os níveis recebem opções de ações.

No entanto, as recompensas financeiras são apenas parte do que motiva o trabalho em equipe. No *Benfold,* onde eu não tinha controle sobre o quanto a tripulação recebia, as recompensas intangíveis por fazer parte de uma equipe eram pelo menos tão cobiçadas e importantes quanto as tangíveis. A mesma coisa acontece na Dancing Deer, que procura pessoas que "querem fazer parte de uma empresa na qual acreditam", disse Trish. "Elas querem movimento à frente, oportunidade, divertimento, emoção. Elas querem ter orgulho de quem são, do que fazem e do que a empresa representa."

O trabalho em equipe também implica a atitude de que todo trabalho é importante e de que ninguém é tão importante para não fazer o que precisa ser feito. A própria Trish muitas vezes entra na linha de produção na alta temporada, e Lissa McBurney, na sua primeira semana como gerente de produção, substituiu um supervisor que adoecera. Lissa impressionou os seus fortes e dedicados padeiros colombianos e salvadorenhos movimentando tonéis de melaço de mais de trinta quilos e arremessando sacos de farinha de vinte e cinco quilos com os melhores deles. Depois disso ninguém questionava a autoridade dessa ex-captadora de fundos de 30 anos que chegou à Dancing Deer levada pelo fascínio que nutria pela indústria alimentícia, intensificado durante os anos em que ela própria passou aprendendo o básico como padeira profissional. Lissa foi aceita como a nova chefe, alguém que havia pago o seu ônus e podia operar em uma linha de produção de biscoitos — e, sim, impor respeito.

Lissa é responsável por mais da metade da empresa em termos de número de empregados, mas é apenas uma na equipe executiva de cinco membros que se reportam a Trish. O setor de Lissa fica no térreo, na padaria; o andar superior é ocupado por Trish e por seus gerentes de vendas, de marketing e de finanças. Duas mulheres não poderiam ser mais diferentes. Trish fala num tom aconchegante, quase confidencial, ao passo que Lissa é franca, decidida e objetiva. A paciência aparentemente inesgotável de Trish e a sua abertura a novas ideias contrasta com o comportamento pragmático, determinado e, como ela mesma diz, "não totalmente avesso a conflitos" de Lissa.

O que congrega essas duas mulheres e os demais integrantes da equipe em um esforço conjunto é o bem-estar de todos os que trabalham na Dancing Deer. Trish contrata ótimas pessoas, já tendo em mente a tarefa em que suas aptidões se expressarão com maior eficiência e eficácia. Lissa passa a conhecê-las como indivíduos e protege ferrenhamente o sustento de todas. Numa indústria em que o trabalho em tempo parcial é a norma e a redução das horas ou mesmo as dispensas temporárias são um mal necessário, elas fazem o que podem para evitar essas medidas. Os funcionários permanentes sabem que podem cumprir o seu horário normal de trabalho, mesmo que talvez tenham de esfregar o piso para preencher o tempo. Mas todos sabem que em equipe todo trabalho é importante. A atitude é: "Ei, esse é o piso; podemos esfregá-lo todos os dias até brilhar", disse Lissa.

Em troca dessa fidelidade, as pessoas dão tudo de si sempre que necessário. Elas fazem horas extras quando as vendas aumentam ou aceleram. Elas se dedicam intensamente a projetos importantes, como o esforço para manter boas relações com a padaria *kosher*. E assumem responsabilidade pessoal quando problemas surgem e precisam ser solucionados.

Para mim, a verdadeira pergunta relacionada à liderança é esta: A sua força de trabalho está pronta para o combate? Ela consegue realizar o trabalho nas situações mais críticas e cruciais? A Dancing Deer pode responder com um sonoro "Sim, senhor!" Naturalmente, há também uma questão preliminar para a gerência: Você fez o que é preciso para desenvolver uma força de trabalho que irá combater em seu nome? Aqui Trish e Lissa podem expressar o seu "Sim!" a plenos pulmões. E como você vai descobrir em seguida, a força de trabalho que elas comandam recompensa-as com um estado de prontidão para enfrentar qualquer problema.

LIÇÃO: Esteja sempre preparado para inspeções inesperadas.

Na Marinha, somos inspecionados à exaustão. Há tantas certificações que é praticamente impossível registrar. As cozinhas do navio eram inspecionadas, assim como o meu salário e os registros do pessoal. Eu dispunha de um correio no navio, e então as pessoas vinham e inspecionavam o número de selos que havia em estoque porque se exigia que eu mantivesse tantos selos de um centavo, tantos de dois centavos, de três e de trinta e sete centavos. A enfermaria era inspecionada para confirmar se oferecíamos cuidados de saúde adequados aos marinheiros. Éramos avaliados até com relação ao número de cáries da tripulação. Assim, lá estava eu, um Comandante responsável por manter um contratorpedeiro de 1 bilhão de dólares em prontidão constante, precisando perguntar-me também se os meus marinheiros estavam usando escovas de dente, fio dental e mantendo os dentes limpos. Pense nisso, ser Comandante de um navio pode ser a coisa mais próxima à maternidade que um homem pode experimentar.

Com muita frequência em alguns navios, porém, a atitude é, "Muito bem. Temos de fazer certo as coisas para passar na inspeção". Mas esse raciocínio é equivocado. Uma das primeiras coisas que aprendi na Marinha é que as inspeções são assunto sério e que é importante ser aprovado — e não apenas para enriquecer o currículo. As inspeções são uma verdadeira medida da qualidade com que as atividades diárias no navio são gerenciadas e do seu estado de prontidão para a ação. Alguns Comandantes sofrem durante meses para deixar o navio em ordem para as inspeções anuais. Como afirmei anteriormente, porém, depois da primeira inspeção eu queria que o *Benfold* estivesse tão impecável que poderia obter notas máximas em qualquer dia que os inspetores aparecessem — e nós vencemos o desafio.

Trish Karter aprendeu isso da maneira mais difícil na Dancing Deer Baking Company, mas ela captou a mensagem de que as inspeções não são apenas uma questão de passar uma boa impressão aos inspetores. Em vez disso, trata-se de ter certeza absoluta de que, dia após dia, você é capaz de oferecer à sua clientela o melhor e mais saudável produto que mãos humanas podem criar.

Produtos cozidos oferecem poucos riscos à saúde, por isso as padarias não são obrigadas a se submeter a um regime rigoroso de inspeções estaduais e federais como alguns outros ramos de alimentação. Mas grandes compradores muitas vezes recorrem aos serviços de empresas independentes qualificadas para inspecionar padarias, com o objetivo de evitar problemas de segurança e higiene.

A Dancing Deer havia adiado as inspeções durante vários anos para resolver o que ela considerava problemas mais prementes, como o desenvolvimento da marca e o aumento das receitas. As instalações estavam limpas e seguras, disse Trish, mas o prédio centenário expunha o desgaste provocado pelo tempo e pelo crescimento rápido da padaria. O teto precisava de pintura, algumas rachaduras haviam aparecido no piso de concreto e o revestimento de borracha nas rampas, colocado por razões de segurança, estava desgastado nas bordas.

Além disso, alguns setores ainda não tinham diretrizes escritas e a documentação pertinente. Os encarregados de lavar recipientes recebiam orientações sobre como usar uma pia de três compartimentos para lavar, enxaguar e desinfetar, mas não havia um manual e nem registros que comprovassem que as pessoas haviam sido treinadas. Os funcionários não podiam usar sandálias ou joias na fábrica, mas as diretrizes escritas para justificar a regra eram inadequadas.

Os inspetores apareceram inesperadamente num dia em que Lissa estava ausente por motivo de doença. Trish lhes mostrou as dependências e procurou responder perguntas que Lissa teria respondido com mais propriedade por causa do seu conhecimento e prática imediatos.

A visita acabou se transformando num constrangimento profundo que desencadeou uma grande vistoria da fábrica e dos seus processos com duração de dois meses e meio. "Nós tínhamos a opção de fazer os reparos e seguir em frente ou de realmente melhorar as instalações. Encaramos a situação como uma oportunidade para melhorar", lembrava Lissa.

Sob a direção de Trish, Lissa e um técnico em construções recém-contratado elaboraram uma longa lista de todos os problemas existentes na fábrica e de toda a documentação que seria necessária para comprovar o cumprimento das normas de saúde e segurança em sua totalidade.

Em seguida, foi formado um grupo para corrigir cada problema relacionado na lista. Esse grupo realizava reuniões quase diárias e dividia-se em subgrupos para as tarefas mais complexas. Eles lembravam uns aos outros constantemente o vazamento na tubulação do banheiro ou a certificação que precisava ser atualizada. Lissa outorgava o prêmio de Melhor Cão Farejador aos que detectavam novos problemas e designava os que os resolviam como os Melhores Empreendedores.

Antes satisfeita em treinar os novos empregados apenas demonstrando vagamente o trabalho que iriam realizar, a Dancing Deer tornou-se agora defensora da estrutura: a empresa redigiu os manuais de políticas e de procedimentos, implantou e manteve os registros de inspeção e os novos funcionários passaram a receber sessões de treinamento formal. Foi inclusive inventada uma dança relacionada com boas práticas de fabricação em que os trabalhadores agitavam as mãos no ar e levantavam os pés ao anúncio de um cheque surpresa para mãos sem joias, para calçado apropriado, e assim por diante.

A equipe percorria a fábrica todas as semanas para avaliar o progresso. Eles faziam chamadas simuladas (variações das minhas perdas simuladas de propulsão no *Benfold*), dissimulando que todo o lote de biscoitos de gengibre produzido no dia precisava ser recolhido devido a uma transgressão das normas de segurança alimentar. Trish e Lissa — na verdade todos os Deers — sabiam que o produto estava seguro (para não dizer que davam água na boca), mas "nós tínhamos de provar isso a todos. Havíamos passado por um vexame e não queríamos viver essa experiência novamente", disse-me Lissa. Ela se expressou como um verdadeiro líder.

E, do mesmo modo que a tripulação do *Benfold,* os Deers descobriram que estavam fazendo mais do que passar por uma inspeção. Eles estavam elevando o padrão do desempenho diário. "Estamos fazendo isso como o nosso modo de agir de cada dia. Estamos documentando. Estamos ensinando pessoas que não sabem inglês a preencher diariamente formulários de inspeção da temperatura do *freezer* e explicando-lhes por que é importante preencher um formulário de inspeção", comentou Lissa. O novo padrão é uma conformidade de 100%, alcançado por uma atenção constante a detalhes cruciais. Às vezes é enfadonho, mas o esforço compensa, disse Lissa. "É assim que você aumenta o seu nível de profissionalismo e eficácia."

Mas a Dancing Deer é muito mais do que conformidade. Essa é uma empresa onde todos agora conhecem os porquês e os comos. Eles sabem, por exemplo, que é proibido usar relógio na fábrica porque qualquer partícula de alimento perdida que se prenda embaixo da pulseira de um relógio ou em outra joia, pode criar problemas de higiene. Então há possibilidade de contaminação cruzada. "Há histórias medonhas na indústria alimentícia, histórias de centenas de milhares de quilos de cacau recolhidas e destruídas, tudo por causa de um vidro de relógio perdido que poderia acabar na garganta de alguém", comentou Lissa. Na sua franqueza característica, Lissa deixou claro que um comportamento desleixado assim não seria tolerado na Dancing Deer.

Entre todas as queixas relacionadas às inspeções, é fácil esquecer que os padrões tendem a cair se ninguém os verifica — e esse não é o modo correto de administrar uma empresa nem o modo correto de comandar um navio. A pessoa que está no topo precisa estabelecer os padrões e explicá-los, como fez Lissa, porque é absolutamente importante mantê-los o tempo todo.

Garanto que se você está se poupando o esforço de reforçar os padrões dia após dia, essa atitude se refletirá no seu desempenho. Se o seu pessoal perceber que você está afrouxando os padrões ou que há espaço para negociações, eles começarão a se dar liberdades. Os nossos padrões no *Benfold* nunca estavam abertos a negociações, e os seus também não devem estar. Padrões são os critérios pelos quais você é julgado, seja dentro da sua indústria seja no mercado em geral. Se você os mantiver irredutíveis, as pessoas os aplicarão a cada dia e em pouco tempo passarão a fazer parte da cultura da empresa, influenciando tudo o que você fizer.

Em 1985, fui designado para trabalhar com o Contra-Almirante Hugh Webster, quando ele comandava a Força de Combate de Superfície da Sétima Esquadra, em Subic Bay, nas Filipinas. Em dezoito meses, devemos ter visitado setenta navios, o que me dava condições de dizer muita coisa sobre o desempenho de um navio no mesmo instante em que eu subia a bordo. Se o navio estivesse sujo, não havia a menor possibilidade de ele apresentar um bom desempenho. Estar limpo e em ordem não garantia excelência, mas eu sabia que um navio limpo teria um desempenho acima da média.

Como eu sabia que não é possível ter um grande navio ou uma grande empresa se o líder não reforça os seus padrões a cada dia que passa, eu andava pelo *Benfold* recolhendo pequenos refugos. Os marinheiros que ocupavam os espaços onde o Comandante recolhia latas de Coca-Cola e outros resíduos ficavam muito constrangidos. Eu podia mandar alguém juntar o lixo, é claro, mas achava que se eu mesmo fizesse isso, o impacto seria maior — e certamente era. Os meus marinheiros captavam o sinal que eu lhes enviava sobre o que era importante no *Benfold*.

E como Trish aprendeu, é muito mais fácil alcançar padrões elevados por iniciativa própria do que obter uma nota baixa numa inspeção e ser obrigado a superar uma deficiência sob o olhar atento de uma figura de autoridade externa. Pior ainda se o seu malogro em consolidar os padrões o levar a perder a confiança da sua cadeia de comando ou dos clientes. Se você fracassar perante os clientes, pode ser difícil, se não impossível, recuperar o sentimento de simpatia e confiança que nutriam por você. Mas quando você estabelece padrões elevados e realiza coisas importantes dia após dia, como Trish e o pessoal dela na Dancing Deer, os inspetores podem aparecer o dia que bem entenderem; você será aprovado com louvor e menção honrosa.

Quando as mudanças na Dancing Deer ficaram prontas e os inspetores voltaram, a padaria recebeu a pontuação máxima. Trish reuniu todos os empregados no auditório e apresentou-os aos inspetores. Então fizeram uma pequena comemoração — um momento de descontração, nas palavras de Lissa — coroada com um rodízio de pizza.

Pizza soa muito bem, mas quando o *Benfold* passou com distinção em sua primeira inspeção anual, eu levei a tripulação numa excursão a vários portos. Eles haviam feito por merecer.

LIÇÃO: Jogue uma corda aos que estão se debatendo.

Às vezes, explicou Trish, bons funcionários passam por maus momentos, e é preciso ajudá-los a retomar a direção certa. "Tenho uma única maneira de fazer isso: eu me preparo e dedico algum tempo a quem está nessa situação."

Trish me lembra um treinador de beisebol. Quem acompanha esse esporte já sofreu com um jogador favorito que começa a errar as rebatidas ou que parece não conseguir mais acertar os arremessos. Na maioria das vezes, trata-se de um lapso mental que leva os jogadores a perder o seu ritmo de jogo; é então que um bom treinador, com orientações adequadas, tentará reconduzir o atleta a um nível de desempenho mais elevado.

Trish, que reconheceu ter deficiências gerenciais, estava entusiasmada quando me disse, "Tenho uma enorme preocupação com as pessoas que trabalham aqui, e todos sabem disso". Eu tentei difundir a mesma mensagem entre a tripulação do *Benfold*, e fiz isso da mesma maneira — sentando com cada membro da tripulação e tentando conhecê-lo o melhor possível. Esses acabaram sendo os melhores momentos que passei na Marinha, rendendo grandes dividendos em termos de moral e espírito de equipe.

As conversas com Trish, que podem durar horas, são verdadeiras sessões terapêuticas que procuram analisar os problemas do empregado, resolver os mal-entendidos, fixar metas e renovar os compromissos com o trabalho. Ela não encobre os erros. No entanto, reconhece a fragilidade humana e acredita que as pessoas geralmente reagem bem quando ela diz algo como: "Isso não foi muito inteligente de sua parte e bem que você poderia ter percebido, mas vamos consertar o estrago e tocar em frente, aprendendo com o episódio".

Dois problemas ligados a pessoas na Dancing Deer ilustram os bons resultados da abordagem de Trish. Na primeira situação, Lissa enfrentava problemas com um supervisor da linha de produção — vamos chamá-lo de Rob — que cultivava a imagem de durão. Com a cabeça raspada, muito *piercing* pelo corpo e tatuagens visíveis, ele era a própria imagem do jovem rebelde. Para piorar as coisas, Rob também tinha uma espécie de pavio curto.

Lissa fez um esforço especial para manter Rob na Dancing Deer. Certa vez, num momento de irritação, ele ameaçou sair, mas ela não mordeu a isca. Em vez disso, rebateu a impulsividade dele com uma calma racional, dizendo: "Muito bem, vamos falar sobre os motivos por que você quer fazer isso". O relacionamento deles melhorou depois disso, e Rob livrou-se da sua postura defensiva. Com o tempo, ele se revelou um gerente competente, capaz de resolver problemas e inspirar lealdade em sua equipe. A mudança de atitude acabou rendendo-lhe uma promoção a gerente da padaria, uma nova posição que o tornou responsável por todos os padeiros — tanto de bolos como de biscoitos.

Nem todos ficaram satisfeitos, porém. Sua promoção foi um golpe para o supervisor do setor de bolos, Milton, outro funcionário antigo que transportara paletes de um lado para o outro no setor de embalagem assim que fora contratado, recém-chegado de El Salvador. Milton era um latino típico, que nutria grande fé e respeito pela autoridade e se esforçava muito, tanto para aprender inglês como para fazer bolos, uma tarefa que executava com os detalhes e com orgulho de um artesão. Com o tempo, ele conseguira chegar ao cargo de supervisor. A promoção de Rob deixou Milton "incrivelmente aborrecido", lembrava Lissa, porque considerava um rebaixamento o fato de precisar reportar-se a Rob. De conversas anteriores com Trish, Milton sabia que não devia extravasar sua raiva no local de trabalho. Ficou tão arrasado, porém, que achava impossível manter-se calmo; por isso pediu para ir para casa, não voltando mais naquele dia.

Lembro-me do modo como o meu Comandante no *Harry W. Hill* jogava um balde de água fria sobre desavenças interpessoais acirradas. Se eu estivesse exasperado com relação a algo que ocorrera fora do navio, eu imediatamente redigia uma mensagem inflamada. Mas o Comandante precisava aprová-la antes que fosse divulgada através do sistema de comunicação do navio. Invariavelmente, ele me dizia: "Mike, eu quero que você segure isso por 48 horas. Se então você ainda sentir o que sente agora, divulgaremos a mensagem". Na maioria das vezes, depois de me acalmar e reler a mensagem original, eu ficava aliviado por ter sido impedido de enviar algo que teria sido constrangedor. O segredo é nunca agir num momento de raiva, como Milton sabiamente compreendeu em consequência da orientação anterior de Trish. Um bom líder ajuda os funcionários a evitar que façam alguma coisa de que todos possam vir a se arrepender.

Milton e a esposa chegaram ao escritório no dia seguinte, atendendo a um pedido de Trish para discutir o problema. Trish e Lissa ficaram com o casal durante uma hora e meia, falando uma mistura de inglês e espanhol para abordar e esclarecer questões de orgulho, conflito, mal-entendidos e sentimentos feridos. Tudo terminou, relatou Trish, "com abraços e beijos entre todos. Milton precisava disso. Ele não poderia ficar mais feliz. Mas não havia outra forma de chegar a uma solução tão satisfatória sem investir um bom tempo na análise da situação".

Do ponto de vista de Lissa, Trish deu uma demonstração surpreendente da sua capacidade de liderança. Ela reafirmou o seu grande respeito por Milton e a importância que ele tinha para a empresa, mas disse-lhe francamente que ele estava enganado se achava que poderia dar conta das novas atribuições de Rob. "Você não está preparado para isso", ela disse. Lissa ainda se lembra de Trish dizendo a Milton, "Você poderá estar preparado um dia, quem sabe, e se essa for uma função que você vá querer exercer, estas são as coisas que você realmente precisa mudar para chegar lá".

Depois de tentar amenizar as deficiências de Milton na conversa com ele no dia anterior, Lissa agora via que um reforço positivo combinado com um componente de afetividade era a melhor maneira de reintegrá-lo à equipe. "Trish é realmente persuasiva", disse Lissa com evidente admiração. Com o investimento de tempo e esforço, Trish incutiu em Milton o sentimento de que ela estava realmente comprometida com ele e valorizava as habilidades dele, mesmo que ele não concordasse com a decisão dela de promover Rob. "Ele confiava em Trish", concluiu Lissa.

Milton e Rob mantêm atualmente excelentes relações de trabalho. Milton entendeu que sob a aparência de sujeito durão de Rob está um gerente comprometido, responsável, criativo e absolutamente confiável — alguém que também respeita a habilidade de confeiteiro de Milton e o enaltece por isso. "Ambos demonstram um respeito mútuo verdadeiro", disse Lissa, "e estamos orgulhosas por ter restabelecido as boas relações profissionais entre eles."

Trish fez um excelente trabalho ao lidar com uma situação potencialmente explosiva. Muitas vezes, uma explosão de raiva pode provocar uma reação em cadeia. Imagine se Trish tivesse censurado Milton asperamente por seu modo de agir. Sentimentos teriam sido feridos, Milton provavelmente teria visto Trish como defensora do que ele via como mau comportamento de Rob, ao mesmo tempo que desconsiderava o desempenho exemplar de Milton. Isso tudo criaria todas as condições para uma batalha campal. O desafio para nós, como líderes, é sempre evitar reagir com raiva, mesmo quando pensamos que alguém está cruzando a linha da nossa autoridade. Ao enfrentar esse desafio, Trish reuniu todos os envolvidos e obteve sucesso em chegar a um resultado extremamente positivo.

Mas você sabe de uma coisa? Eu esperaria que Milton reagisse. Ele tinha todo o direito de ficar chateado. Na verdade, eu desejaria que ele ficasse aborrecido — seria uma demonstração de que tinha orgulho de si mesmo e do que fazia. E na posição de Trish, teria ficado frustrado se Milton não tivesse reagido.

Durante a minha comissão no USS *Benfold,* admiti para mim mesmo que um outro oficial tinha todo o direito de se aborrecer. E de fato ele se irritou — e me procurou para falar sobre o ocorrido. Eis o que aconteceu:

Os navios da Marinha têm um encargo colateral [cargo que um oficial exerce cumulativamente com outro cargo] denominado oficial de quarto mais antigo. Tradicionalmente, essa posição é ocupada pelo oficial mais antigo do navio, pelo chefe de departamento mais antigo (com exceção do Comandante e do Imediato, naturalmente). A posição é extremamente importante e tende a concentrar bastante autoridade porque compete ao oficial de quarto mais antigo fazer todas as designações do pessoal para os quartos de serviço, ou seja, elaborar todos os detalhes de serviço, quer no mar quer no porto, para o navio inteiro.

Quando estamos no mar, por exemplo, mantemos dois, três, ou quatro quartos de serviço, e cada divisão do navio — ou estação de serviço — deve ser ocupada por alguém tecnicamente competente e qualificado para realizar a tarefa designada. Se ocorrer um acidente num momento em que alguém não oficialmente qualificado opera uma estação de serviço, o mundo desaba. A culpa não recai sobre a pessoa que provocou o acidente, mas sobre a cadeia de comando, que atribuiu a tarefa a uma pessoa não qualificada. Desse modo, o trabalho em si não só é enorme e complexo, mas também inclui ramificações legais e operacionais. Em última análise, o Comandante deve assinar cada detalhe de serviço, atestando que o marinheiro designado para a tarefa está tecnicamente capacitado e qualificado para executá-la.

Era o momento da transferência do oficial de quarto mais antigo do *Benfold,* pois o seu tempo de embarque havia se encerrado. O Capitão-de-Corveta K. C. Hill era um oficial de grande competência e um dos oficiais originais da época em que o *Benfold* fora incorporado. Ele conhecia tudo a respeito do navio e de cada pessoa a bordo, inclusive os pontos fortes e fracos de cada marinheiro. De fato, K. C., oficial de sistemas de combate, havia desenvolvido uma infra-estrutura colossal para gerenciar o sistema incrivelmente complexo dos quartos de serviço. Ele era simplesmente um oficial de quarto mais antigo fenomenal, melhor do que eu jamais imaginei ser.

Depois de K. C., o oficial mais antigo seguinte era o Capitão-de-Corveta Dave Hallisey, que chefiava o departamento de operações. Com base na hierarquia, Dave era o primeiro da lista para ser designado oficial de quarto mais antigo. Mas se escolhesse Dave, eu corria o risco de desmontar a fantástica infraestrutura de apoio de K. C. O problema era espinhoso, e eu decidi fazer algo que raramente se faz na Marinha dos Estados Unidos: eu preteri o oficial mais antigo e o segundo oficial mais antigo para designar o Capitão-Tenente John Wade, o terceiro homem na linha de comando como oficial de quarto mais antigo do USS *Benfold*. Por quê? Porque John estava substituindo K. C. como oficial de sistemas de combate, o que significava que ele podia aproveitar com maior eficácia a infraestrutura departamental desenvolvida por K. C. para administrar as complexidades do sistema dos quartos de serviço.

Dave Hallisey, muito compreensivelmente, ficou contrariado por ter sido preterido. No lugar dele, eu teria reagido da mesma maneira. Por isso não fiquei surpreso nem me esquivei quando ele chegou para falar comigo sobre o assunto. Na verdade, fiquei contente por ter a oportunidade de expor-lhe o meu raciocínio. Primeiro, assegurei-lhe que depositava toda a minha confiança nele, pessoal e profissionalmente. Ele era tão competente quanto John Wade para gerir o sistema de quartos de serviço. Expliquei que a vantagem de John era que ele, como oficial dos sistemas de combate, herdara o fenomenal sistema de apoio de K. C. Para o bem do navio, eu precisava escolher John.

Dave não ficou feliz com a situação, mas entendeu a minha decisão. E como profissional de primeira que ele era (e ainda é, como assistente adjunto do secretário da Marinha), deu seu total apoio a John Wade. Por Dave ter encarado a sua decepção com maturidade e profissionalismo admiráveis, o *Benfold* manteve o seu ritmo. Conseguimos cumprir todas as nossas obrigações.

Às vezes o nosso ego nos impede de apoiar uma política que parece depreciar-nos, dificultando-nos o cumprimento do nosso dever. No fim das contas, porém, é preciso cumprir a missão da melhor maneira possível.

Um CEO atarefado está realmente fazendo o melhor uso do seu tempo ao passar horas e horas ouvindo a ladainha de queixas e frustrações de um funcionário? Esse tempo não poderia ser mais bem empregado, por exemplo, afagando grandes clientes e batalhando por cotas de mercado? A resposta é não, simplesmente porque tanto navios de guerra como padarias logo perderiam a sua vantagem competitiva se não contassem com uma equipe motivada. Mostre-me um líder que realmente ouve e eu lhe mostrarei uma força de trabalho que jamais se contenta com o segundo lugar. Se você acha que está ocupado demais para ouvir, passe quinze segundos observando o sucesso da Dancing Deer.

LIÇÃO: Bons líderes cuidam do seu pessoal...

Nos primeiros tempos da padaria Dancing Deer, quando os auxiliares de Suzanne Lombardi se enervavam e discutiam, ela estabeleceu uma norma simples: "Não trabalhe irritado. A raiva vai estragar o bolo". Essa doutrina evoluiu para uma verdade mais ampla, disse Trish, porque a Dancing Deer "viu que quando as pessoas estavam dispostas, muitas coisas boas aconteciam — surgiam ideias melhores, a produtividade e a qualidade aumentavam. Com o tempo, tornou-se essencial para a nossa filosofia operacional as pessoas estarem contentes, pois esse sentimento transparece no alimento. Nós realmente acreditávamos nisso, e ainda acreditamos".

Assim como fiz no *Benfold*, Trish faz todo o possível para manter o seu pessoal feliz. Datas importantes na vida dos funcionários são celebradas — aniversário, casamento, nascimento de um filho, concessão da cidadania americana. Para marcar essas ocasiões, toda a empresa se reúne no setor de embalagem para cantar, brincar, contar piadas e dar ao homenageado a atenção calorosa que faz uma pessoa sentir-se amada e importante. Invariavelmente, Trish lembra aos participantes que eles são uma equipe e que "tudo o que cada um está fazendo é importante para o nosso sucesso e para a consecução de todos os nossos objetivos".

Muitas empresas dizem que se preocupam com os seus funcionários, mas muitos líderes estabelecem limites. Sem dúvida, Trish também define limites, mas é difícil percebê-los. No ano passado, por exemplo, no piquenique anual dos funcionários numa ilha em Boston Harbor, a diretora (e assessora) do departamento de relações públicas da empresa quebrou o tornozelo em três lugares durante um jogo de futebol. Trish pôs a jovem, Rachel Gordon, num barco-ambulância e a visitou no hospital assim que o piquenique acabou. Rachel fora engessada até o quadril e aguardava uma cirurgia que os médicos resolveram adiar por três semanas até que o inchaço diminuísse. Sabendo que Rachel vivia sozinha e não tinha ninguém para cuidar dela (os pais estavam em Chicago), Trish disse que não precisou de "uma fração de segundo para dizer a Rachel que ela iria para casa comigo".

Trish e os seus dois filhos tiveram de reorganizar um pouco a casa e suas vidas para acomodar a hóspede, mas Trish não via isso como algo incomum. "Eu teria feito a mesma coisa para qualquer pessoa da empresa. Não sei se isso foi inteligente, mas foi bom para mim. Tratava-se de alguém que precisava de algo, e isso não tinha nada a ver com trabalho. Era sua vida pessoal, mas como você separa as duas?"

Perfeitamente.

LIÇÃO: ... mas cuidado inclui amor enérgico.

Trish compara a gestão da Dancing Deer com a paternidade e a maternidade: quando as coisas dão errado, os líderes, como os pais, superam a crise dando atenção às pessoas pelas quais são responsáveis. Se os seus empregados compreendem que você está comprometido com eles, eles "se sentem seguros e felizes, mesmo que nesse momento queiram bater em você e irritar-se", ela me disse.

Mas, como Trish percebe, a analogia com os pais só pode, e deve, chegar até esse ponto. Ela nunca deixará de ser uma mãe, e ama os filhos sem restrições. Mas no mundo dos negócios, o compromisso de um líder não é incondicional. "As pessoas sabem que eu me importo profundamente com elas", disse, "mas se alguém não está tendo um bom desempenho e não se esforça ou não se dispõe a fazer horas extras, essa pessoa não vai ficar aqui". Não foi fácil, continuou, mas ela aprendeu a dar o reforço firme e construtivo que manteve Milton na equipe. Essa atitude agrega-se a "um contrato aqui em que há um nível de respeito mútuo e de carinho que é muito significativo".

Trish se sente orgulhosa e feliz quando as pessoas da Dancing Deer vão bem, mesmo se passam a trabalhar em outras empresas. Mas, explicou, esses sentimentos ainda são diferentes dos sentimentos dos pais: "É como ir à formatura da sua afilhada. Você não tinha muito a ver com o evento, mas se sente muito feliz e orgulhoso por estar lá".

Embora Trish faça um esforço concentrado para julgar o seu pessoal objetivamente, nunca deixando que a sua preocupação pessoal por eles deturpe a avaliação das suas capacidades e habilidades, ela também está disposta a adaptar as atividades que realizam e a própria estrutura da empresa à perícia de cada um. Em uma ocasião, depois da rápida saída de um novo gerente de fábrica que acabou não se adaptando à função, Lissa pediu para assumir o cargo vago. Quando Trish lhe disse francamente que ela não tinha a experiência estratégica ou as habilidades analíticas necessárias para lidar com questões mais amplas, como, por exemplo, construir uma nova fábrica ou redimensioná-la para se adequar às necessidades da empresa nos próximos cinco anos, Lissa teve de concordar.

Mas esse não foi o fim da história. Trish contratou um semiaposentado que exercera a função de diretor executivo para ser vice-presidente de operações em tempo parcial, e ele se tornou o recurso estratégico de Lissa. Trish também contratou pessoas para trabalhar com Lissa no setor de compras, de pessoal, e de análise de operações. "Assim compusemos todo um novo nível de operações sob a minha supervisão", disse Lissa.

No fim, Trish acabou dando a Lissa quase tudo o que ela queria, mas numa estrutura talhada para as capacidades dela e planejada para estimular o crescimento de Lissa como gerente.

É fácil para um líder dizer às pessoas o que elas querem ouvir. Mas é também errado. Não se pode lisonjear o elo fraco de uma corrente e esperar outra coisa que não uma corrente fraca. Diga sempre a verdade ao seu pessoal, sem esconder nada. Quanto mais sincero você for, mais eles o respeitarão e menos desculpas apresentarão para as próprias falhas.

LIÇÃO: Quando as pessoas o criticarem, ouça.

Da base ao topo, a Dancing Deer é um lugar onde as pessoas não têm medo de criticar, de admitir os seus erros e de pedir ajuda para corrigi-los. Lissa me disse que nunca hesita em assumir a responsabilidade por um eventual problema que tenha causado, e o confessa claramente a Trish — embora procure apresentar um plano imediato para resolvê-lo. Da mesma forma, Lissa se esforça para admitir os seus erros para as pessoas que se reportam a ela, desculpando-se e explicando que, apesar de tudo ter dado errado por culpa dela, todos precisam agora pôr mãos à obra para reparar os danos.

Felizmente, Trish trabalha de acordo com o mesmo princípio. "Ela e eu tivemos alguns conflitos difíceis e prolongados", disse Lissa, "e eu sou muito grata por ela ser o tipo de pessoa que está disposta a resolver desentendimentos abertamente. Às vezes eu me preocupo com o meu futuro, caso tenha de trabalhar em outra empresa. Fiquei viciada nessa incrível abertura e troca de ideias."

O que Lissa está descrevendo é uma situação de liderança ideal. Líderes verdadeiros não ficam andando por aí como imperadores nus, sem a menor ideia do que está acontecendo em suas organizações. Eles sabem que as pessoas cometem erros, discordam e têm ideias opostas às deles. Mas um líder competente quer conhecer todos os detalhes, tanto os estimulantes como os deprimentes.

Houve um tempo, contou Lissa, em que a Dancing Deer se esmerava em seus esforços para lançar grupos de novos produtos simultaneamente. Sem um sistema projetado para comportar esse novo nível de sofisticação, detalhes como, por exemplo, quais biscoitos incluir num novo pacote de presente, se acrescentar um laço ou uma fita espiralada, se havia quantidade suficiente da fita adequada em estoque, deixavam de receber a devida atenção. Como consequência, os produtos novos, fator que mantém o interesse dos clientes, chegavam tarde ao mercado.

Embora Trish reclamasse constantemente nas reuniões da diretoria, o problema não estava sendo resolvido. Finalmente Lissa deixou escapar: "É frustrante. Você se irrita com as pessoas, mas isso não produz nelas nenhuma mudança. Parece que a penalidade por não fazerem a coisa certa é só ouvir as suas queixas. Ninguém precisa de fato fazer a coisa certa".

Um bom número de patrões teria explodido, possivelmente (e erradamente) despedindo Lissa no ato. Não Trish. A explosão de Lissa levou Trish a pensar sobre a falta de responsabilidade. Ela sabia que Lissa estava certa. Assim, apresentou um novo processo com o objetivo de definir e ordenar todos os detalhes e de responsabilizar as pessoas por atingir suas metas individuais. Ela conseguiu fazer com que a equipe aderisse ao novo credo de dar atenção aos mínimos detalhes de cada produto antes de despachá-lo para o cliente. Tomando esse processo como base, a equipe criou novos e melhores sistemas que aperfeiçoaram extraordinariamente o desempenho. As mudanças eram simples, realmente, mas Lissa precisou manifestar sua opinião antes que Trish estivesse pronta para ouvir e dar prioridade ao problema.

Eu sempre tentei agir da mesma maneira no *Benfold*. Em nossas reuniões de avaliação após as operações, a regra era que qualquer participante podia dizer a qualquer outro o que quisesse sem estar sujeito a qualquer reprimenda por isso. O marinheiro mais jovem podia criticar o Comandante. É imperativo manter discussões abertas se você quer melhorar as coisas. Devo admitir, porém, que houve ocasiões em que precisei morder a língua.

LIÇÃO: O líder tem a melhor voz.

Abertura e aceitação de crítica não devem ser confundidas com fraqueza. "Trish é a visão para todos, a força vital por trás da Dancing Deer", segundo Lissa. "Ela faz da empresa uma organização horizontal em que todos podem participar do processo de tomada de decisão. Mas ao mesmo tempo, ela é uma líder muito dinâmica, com uma vontade que jamais encontrei em nenhum outro ser humano que conheci, e não há dúvida sobre quem está conduzindo o barco."

A própria Trish disse que o seu estilo de liderança está evoluindo; cada vez mais, ela vê a si mesma como líder da empresa e não como "apenas uma pessoa que trabalha muito e exerce uma série de funções". Ela admitiu ser "muito exigente — eu estabeleço padrões elevados e aprendi a ser muito direta. Não há dúvida aqui sobre quem vai dar a última palavra. Eu estou no comando, e não hesito em usar a minha autoridade". E ao mesmo tempo em que Trish distribui responsabilidades ao seu redor e incentiva as pessoas a se sentirem proprietárias, ela repete incessantemente que em tudo o que importa, "a voz da Dancing Deer sou realmente eu. Eu sou a melhor voz aqui".

Faça uma pausa e saboreie estas palavras: "Eu sou a melhor voz aqui". Existe síntese melhor do que essa para descrever a autoridade? Para ter sucesso como líder, seja nos negócios ou num encouraçado, você precisa acreditar que o seu julgamento e visão não são apenas suficientes, mas cruciais para alcançar os seus objetivos. Não estou defendendo a arrogância, e também Trish não a defende. Trata-se simplesmente de ser o descobridor do caminho e o tomador de decisões — literalmente, a voz da autoridade.

O direito de Trish — na verdade, a sua necessidade — de falar pela empresa é sustentado por uma estranha sensação do que está logo ali, à espreita — o problema ou a oportunidade ainda não percebidos. "Ela tem uma capacidade incrível de achar defeitos", disse Lissa. "Isso mantém as pessoas num nível bem elevado de atenção. É preciso estar sempre em alerta máximo, pois por mais que você tenha pensado sobre um determinado ponto, Trish sempre virá com um aspecto que você não havia considerado."

Acima de tudo, Trish Karter inspira lealdade. "Quando uma pessoa está tão comprometida com você, você não quer decepcioná-la", disse Lissa. "Ela criou uma cultura empresarial muito forte. Nós todos a assumimos. Brincamos muito sobre beber o Kool-Aid como verdadeiros crentes." E no fim, disse Lissa, isso acontece porque o crente mais importante é a própria Trish. "Ela sempre acredita no que diz. Ela poderia vender-lhe quase tudo, mas é porque ela acredita absolutamente no que está fazendo."

Trish Karter representa uma lição crucial que aprendi na Marinha dos Estados Unidos: nunca navegue sob bandeira falsa. Quando você é absolutamente verdadeiro consigo mesmo, as pessoas acreditam em você e o seguem a qualquer lugar. Todos nós queremos comandantes em quem possamos confiar — e os funcionários da Dancing Deer têm esse comandante em Trish Karter. Sua liderança é coerente em todas as fases, desde a preocupação com os ingredientes puros, passando pela preocupação com o seu pessoal até a sua insistência em retribuir à comunidade. Ela não toca notas falsas e não tem ingredientes secretos. Essa é a integridade que atrai pessoas talentosas que amam o que fazem e que torna a empresa toda tão correta e verdadeira quanto a sua líder.

LIÇÕES

- O sucesso transcende o resultado financeiro.
- Não seja um gargalo.
- Faça tudo em equipe.
- Esteja sempre preparado para inspeções inesperadas.
- Jogue uma corda aos que estão se debatendo.
- Bons líderes cuidam do seu pessoal...
- ... mas cuidado inclui amor enérgico.
- Quando as pessoas o criticarem, ouça.
- O líder tem a melhor voz.

CAPÍTULO 3

CEO ROGER VALINE EXIGE MUITO DE TODOS — E RETRIBUI NA MESMA MEDIDA

Benefícios e paternalismo continuam vigentes em um plano de saúde oftalmológico onde a tendência do diretor-presidente para administrar através da Regra de Ouro produz funcionários satisfeitos e resultados colossais.

Aparentemente ultrapassada como os carros rabo-de-peixe e as melodias *doo-wop* é a noção dos anos 50 de iniciar e terminar a carreira numa única grande empresa de estilo familiar — um lugar paternal que garante emprego sólido, amigos e orgulho. Mais benefícios adicionais incríveis. Se você é muito jovem para se lembrar dessas relíquias, elas se chamavam seguro-saúde gratuito, férias de um mês e pensões vitalícias.

Em nosso admirável mundo novo da terceirização e das empresas virtuais, o antigo modelo soa tão exótico quanto a máquina de escrever mecânica. Então, por que os nossos pais gostavam tanto dele? Porque ser um homem devotado à empresa era a coisa certa a fazer. Mais do que certa. Ano após ano, a lealdade solícita que você dedicava à empresa XYZ retornava fielmente em forma de segurança e tranquilidade, os valores primordiais da época. Poucos empregados da XYZ faziam ideia de que a tecnologia da informação mudaria tudo em pouco tempo; o futuro da empresa encolhia semanalmente.

XYZ e empresas similares se transformaram há muito tempo em conteúdo da memória, e se você se deparasse com uma réplica dela em algum canto remoto dos Estados Unidos, seria como encontrar um tesouro arqueológico, uma Pompeia corporativa enterrada nas areias do tempo.

Muito bem, feche os olhos. Eu tenho uma surpresa.

Pode abri-los — *voilà*.

Conheça a Vision Service Plan (VSP), a maior operadora de planos de benefícios oftalmológicos do país, cobrindo tudo o que se possa imaginar, desde simples exames até cirurgias avançadas. Com sede em Rancho Cordova, Califórnia, quinze quilômetros a leste de Sacramento, a VSP é uma rede sem fins lucrativos formada por milhares de médicos oftalmologistas que atendem 21 mil empregadores e seus empregados de costa a costa. Hoje ela abrange 38 milhões de pessoas — um em cada oito americanos, incluindo um terço de todos os californianos. A renda bruta da VSP se multiplicou muitas vezes nas últimas três décadas, passando de 10 milhões de dólares em 1973 para 2 bilhões de dólares em 2003, uma cifra que sem dúvida a qualifica como uma grande empresa.

Mas a verdadeira revelação, por assim dizer, é outra. A VSP é a personificação praticamente única em seu gênero da antiga empresa familiar, onde pessoas satisfeitas trabalhavam muito, mas trabalhavam para viver em vez de viver para trabalhar. Na classificação das cem melhores empresas para se trabalhar nos Estados Unidos, a revista *Fortune*, em 2004, relacionou a VSP em décimo sétimo lugar, vinte e oito posições acima do quadragésimo quinto lugar que a mesma *Fortune* conferira à empresa pela primeira vez cinco anos antes. São tantos os concorrentes que aspiram a se juntar aos meros 2 mil empregados da VSP, que a empresa acaba decepcionando mais de 27 mil candidatos todos os anos.

O crédito do extraordinário sucesso da VSP deve-se sem dúvida a cada um dos 2 mil funcionários. Sim, mas a parte do leão cabe ao inspirador da empresa, Roger Valine, um sociólogo de 50 anos que se tornou diretor-presidente e que não vê motivo para fazer distinção entre os conceitos muitas vezes conflitantes do homem de empresa e do homem de família. Roger Valine se empenha em servir de exemplo de ambos, e por essa razão a VSP é um lugar fantástico.

Roger é um homem ossudo, calvície avançando, que cresceu em meio aos 137 hectares de uma fazenda perto de Sacramento, onde os avós se fixaram quando emigraram do arquipélago português dos Açores em 1860. Com apenas 10 anos de idade, Roger era grande o suficiente para ajudar os adultos na colheita das plantações — alfafa, cevada, feijão, milho, açafrão, beterraba. Ao longo do caminho, ele absorveu a ética de trabalho e as ideias gerenciais dos pais. Joe e Lorraine Valine eram colaboradores, não controladores. Roger me disse, "Por meu pai ou por minha mãe, não se poderia dizer quem era o trabalhador e quem era o cliente. Meus pais tinham muito respeito pelas pessoas, não por causa das posses, mas por causa do caráter delas. As pessoas eram fiéis à palavra dada? Eram boas com os outros?" O filho também mencionou até que ponto o seu próprio desempenho dependia do respeito de Joe e Lorraine: "Embora sempre procurasse fazer o melhor possível, eu me superava quando era bem tratado. Fazia sentido para mim ter esse mesmo ambiente na VSP".

O jovem Roger demonstrou um gosto precoce por desafios. Aos 8 anos de idade, por exemplo, ele visitou a Feira do Estado da Califórnia com a mãe. Eles passaram por um estande que convidava os visitantes da feira a lançar uma bola de softbol com força suficiente para derrubar uma pirâmide de cinco garrafas de leite, feitas de aço. Valor do lance: cinquenta centavos. Nem pensar, disse-lhe a mãe. As garrafas estão coladas, é um chamariz. Além disso, você não tem essa força toda. Mas Roger insistiu. A mãe finalmente pagou cinquenta centavos para sossegá-lo. Ele imediatamente fez um arremesso que desmontou a pirâmide e lhe rendeu o prêmio de um ursinho de pelúcia. Mas o verdadeiro prêmio foi a sua descoberta de que o "pode fazer" das crianças pode confundir o "não pode fazer" dos adultos.

Um dos maiores desafios do jovem Roger era descobrir uma profissão em que ele pudesse ter muito sucesso sem prejudicar a vida familiar. Com esse objetivo em mente, ele optou por evitar a agitação de Nova York ou de Los Angeles e permanecer em Sacramento, seu torrão natal. Um interesse sempre crescente pelo comportamento humano levou-o a estudar sociologia em um campus da Universidade do Estado da Califórnia próximo de sua residência, formando-se em 1972. E foi exatamente em Sacramento que ele se deparou com a VSP, uma empresa singular fundada em 1955, em Oakland, por seis oftalmologistas, os quais juntaram as suas habilidades, negociaram com os sindicatos e criaram o primeiro plano de assistência oftalmológica sem fins lucrativos do país. Uma década depois, impulsionada por sua credibilidade como rede de oftalmologistas em rápida expansão, a VSP se tornou um modelo nacional desse gênero de serviço e mudou-se para instalações mais condizentes em Sacramento.

A oportunidade de emprego oferecida a Roger Valine em 1973 foi um estágio em gestão, nada que envolvesse muita responsabilidade e, na prática, uma função mais ligada a vendas do que à administração. Mas, além de ser local, a empresa estava imbuída de uma filosofia atraente. Quem imediatamente inflamou o interesse de Roger pela VSP foi John O'Donnell, fundador e presidente da empresa, que com verdadeira paixão incentivava os funcionários a encontrar o equilíbrio entre a vida do trabalho e a vida familiar. "Fiquei muito impressionado com o Sr. O'Donnell", lembra Roger. "Uma carreira era e é muito importante para mim, mas não mais do que a minha família. Assim, escolhi a VSP porque a sua sede ficava em Sacramento e eu achava que poderia progredir na empresa sem precisar deslocar a minha família."

Roger é absoluta e sabidamente dedicado à família — Marie, sua esposa há 31 anos, duas filhas, um filho e dois netos. Essas pessoas especiais têm precedência mesmo sobre sua motocicleta Harley-Davidson, uma Heritage Softail que Marie lhe deu em 1993 e com a qual ele normalmente vai para o trabalho na VSP. Alguns viciados em H-D invertem essa preferência, mas Roger sempre coloca a família em primeiro lugar — tanto assim que diferencia os anos bons dos ruins em parte pelo que aconteceu na família, e ele descreve esses pontos positivos e pontos negativos com singeleza e humor no discurso anual para os funcionários da VSP.

Numa empresa onde o *grand fromage* se chama Roger, ou mesmo Rog, ninguém parece ter dificuldade em aceitar sua informalidade natural. Certa vez, por ocasião de um acidente envolvendo sua filha Anne em San Francisco, ele precisou buscá-la no quartel de bombeiros. Com orgulho paternal, Roger não esqueceu de mencionar que Anne preparara um jantar para os bombeiros para demonstrar sua gratidão pelos cuidados a ela dispensados nas circunstâncias. A oportunidade se prestou para fotos memoráveis e Roger soube aproveitá-la.

Roger diz que foram os pais que lhe inspiraram o segredo para administrar a VSP: "Trate as pessoas como você quer ser tratado". O resultado parece ser uma mistura de morde-e-assopra — um impulso firme direcionado para uma atuação de excelência da VSP, combinado com uma informalidade familiar e uma atenção sistemática voltada para o bem-estar de cada empregado. Mas não me entenda mal. Roger Valine não é um otário sentimental. Os valores familiares moldam a sua vida, mas aperfeiçoar a VSP *é* a sua vida.

Há uma razão para a rápida ascensão de Roger Valine na VSP, desde estagiário em 1973, passando a vendedor, a vice-presidente sênior e finalmente a diretor-presidente em 1992. Há uma razão para a VSP, sob a direção de Roger Valine, ter passado, em doze anos, de empresa regional operando na Califórnia, com 500 milhões de dólares em vendas anuais, para uma organização nacional, com laboratórios ópticos, uma fábrica de armações, escritórios em 25 cidades e vendas de 2 bilhões dólares, uma cifra que, nas previsões dele, chegará a 3 bilhões de dólares até 2011.

Essa razão é que Roger Valine exige muito de cada um, a começar por ele mesmo, mas ao mesmo tempo sempre compensa com um grande retorno. Novos contratados recebem objetivos específicos, por escrito, e todos os recursos de que necessitam para alcançá-los. No final do ano, eles são submetidos a uma avaliação de desempenho rígida. Esse processo se repete todos os anos. Não é um processo ameaçador, e efetivamente tem a finalidade de ser um instrumento de apoio. "Fazemos tudo o que está ao nosso alcance para que cada colaborador obtenha sucesso. Não queremos ser o tipo de empresa que chupa a laranja e joga o bagaço fora", disse-me Walter Grubbs, vice-presidente de recursos humanos da empresa.

A VSP pode não jogar o bagaço fora, mas também não engole o mau desempenho. Ela não hesita em despedir os que fracassam. Dentre os 2 mil funcionários da empresa, cerca de trezentos saem todos os anos, um terço deles demitidos. Isso não é tão cruel quanto parece. Quinhentos funcionários trabalham em duas centrais de atendimento, um setor tipicamente com altas taxas de rotatividade; o total das demissões na VSP é modesto pelos padrões da indústria. E considerando a filosofia da Regra de Ouro na gestão da empresa, as demissões não são feitas por capricho ou com precipitação. Os empregos na VSP são tão disputados e valorizados, que seus funcionários se empenham ao máximo em mantê-los. Esta, afinal, é uma empresa que oferece inúmeros benefícios: horário flexível para funcionários que são pais e mães, subvenção de 2.500 dólares anuais para quem estuda nas horas vagas, pagamento das horas dedicadas ao trabalho voluntário, bônus anual correspondente ao salário de uma semana, participação nos lucros e um Dia do Bolo mensal, para comemorar todos os aniversários do mês, com uma grande variedade de comes e bebes saborosos.

É também uma empresa em que o patrão tem ao lado do seu escritório uma "sala-avião", onde instalou dois assentos restaurados, de primeira classe, da American Airlines. Roger diz que pensa melhor quando viaja de avião, por isso procura reproduzir essa sensação ao nível do mar. Quando enfrenta os problemas típicos de uma grande empresa, ele entra na sala-avião, estira-se nos seus assentos e pondera sobre as soluções. Caracteristicamente, Roger não reserva esse benefício de CEO só para si. Há pouco tempo, por exemplo, ele emprestou a sala para um casal de noivos da VSP para que o rapaz pudesse fazer o pedido de casamento à noiva e eles pudessem se imaginar a 10 mil metros de altura em sua viagem de lua-de-mel.

Roger Valine percorreu um longo caminho como líder. Walter Grubbs lembra: "Quando entrei na empresa, ele procurava abordar as coisas de imediato. A sua personalidade é do tipo que tende a 'consertar' as coisas. Ele dizia para onde achava que devíamos ir, como devíamos resolver um problema sem delongas; e as pessoas geralmente ficavam caladas. Com o tempo, ele começou a se preocupar com o fato de que as pessoas concordavam com ele sem expressar as suas opiniões. Percebeu que precisava dessas opiniões. Então, começou a se esforçar muito para morder a língua nas reuniões e esperar que os outros se manifestassem antes dele". O esforço deu resultado, disse Grubbs, embora lentamente.

A consequência foi que Roger absorveu uma das regras básicas da liderança — não presuma que você sabe tudo, do contrário jamais irá descobrir o que não sabe. Os líderes precisam de carisma, sim, mas não tanto a ponto de abafar percepções alternativas com a simples força de sua personalidade. Líderes de sucesso vão ao encontro das ideias e experiências das outras pessoas. Eles nunca deixam de ouvir e aprender.

Uma das perguntas que Roger talvez faça com mais frequência à sua equipe de executivos é esta: Como as minhas políticas podem afetar a força de trabalho? "Em toda decisão a ser tomada, o seu primeiro filtro são sempre as pessoas, o resultado final para elas", disse outro executivo que o conhece bem. "É uma qualidade notável que poucos empresários têm."

Roger acompanha os desdobramentos de uma decisão com empenho ainda maior. Procurando sempre conhecer a repercussão das medidas adotadas, ele entra em contato com as pessoas para sentir o pulso da empresa, muitas vezes almoçando na VSP para se inteirar das últimas informações afixadas no refeitório dos funcionários. Ele é famoso por sua acessibilidade no elevador, especialmente se você consegue aproximar-se dele no saguão da nova sede da VSP e subir com ele os seis andares até o escritório. Além de conversas informais enquanto percorre os vários setores, Roger designou pessoas-chave para informá-lo rapidamente sobre as reações favoráveis ou desfavoráveis do pessoal relacionadas com tudo o que ele disse, fez ou decidiu. E quatro vezes por ano, ele convida funcionários de diferentes departamentos para se reunir com ele num grupo de reflexão destinado a identificar questões importantes que ele deve resolver ou às quais deve continuar dedicando esforço ainda maior.

Os pontos essenciais dessas discussões tornam-se a agenda das apresentações semestrais de Roger para toda a empresa. Essas apresentações são grandes eventos, cuidadosamente inclusivos, que reúnem todas as pessoas que ele considera partes interessadas cruciais pelo futuro da VSP, ou seja, todos. Não por acaso, essas reuniões se assemelham a um misto de reunião familiar e encontro anual de acionistas de uma empresa.

Próximo da aposentadoria, [efetivamente ocorrida em janeiro de 2008, N.T.], coroando uma carreira de 35 anos numa única empresa, o futuro da VSP ocupa grande parte da mente de Roger. E há negócios inacabados. A VSP enfrenta a concorrência crescente de um pequeno grupo de imitadores no ramo de benefícios oftalmológicos, em parte devido ao sucesso da sua valiosa proposição.

Roger está igualmente interessado em identificar e recomendar ao seu conselho administrativo o sucessor ideal para a empresa. Sua preferência recai fortemente sobre um candidato da casa. Por um lado, a cultura familiar que ele inculcou na VSP seria mais adequadamente compreendida e preservada por alguém que está imerso nela. Alguém de fora, mesmo que simpático e qualificado, poderia ver a empresa como um retrocesso paternalista, pronta para uma reestruturação sólida e profunda. Um novo CEO também poderia discordar do estilo de liderança de Roger Valine, que inclui, por exemplo, sua disposição dolorosamente aprendida para buscar opiniões contrárias e delegar projetos que ele antes não conseguia conter-se de microgerenciar.

A única certeza de Roger é que o seu estilo de liderança produz resultados extraordinários. Ele formou um time cujo lançador parece arremessar meia dúzia de bolas de uma só vez para recebedores em todo o campo, impelindo cada um a correr para o gol. Na VSP, mesmo as pessoas menos conhecidas têm possibilidade de concorrer para o prêmio anual da empresa, o Gold Vision Award, exemplificando a máxima de Victor Hugo de que "iniciativa é fazer a coisa certa sem ser mandado". Uma mulher, por exemplo, era responsável pela entrega de manuais e boletins informativos da VSP para cerca de 18 mil médicos em todo o país. Por conta própria, ela discretamente modificou a encadernação e adotou papel mais leve, poupando com isso 300 mil dólares anuais para a empresa.

E então temos a história de Patricia Cochran, atualmente chefe do departamento financeiro da VSP. Já em 1997, quando o presidente Bill Clinton promoveu uma conferência de cúpula sobre voluntariado, Roger foi convidado a participar e levou Patricia com ele, pois já fazia muito tempo que ela vinha combinando as suas funções diárias na VSP com ação comunitária. No encontro na Casa Branca, Roger teve a ideia de que a VSP poderia explorar um programa filantrópico para atendimento oftalmológico gratuito a crianças sem seguro. Para surpresa de Patricia, ele voltou-se para ela e disse: "Quero que você analise a possibilidade de desenvolver esse programa para nós".

Patricia nunca havia lidado com nada tão complexo. Não importa. Ela saiu-se admiravelmente bem. Denominado "Visão para Estudantes", o seu programa já captou e aplicou perto de 50 milhões de dólares para exames oftalmológicos gratuitos e para óculos para mais de 250 mil crianças de baixa renda e não seguradas. A visão de Roger não só transformou a vida de Patricia, mas também proporcionou visão — literalmente — para um quarto de milhão de crianças cujas oportunidades de sucesso na escola e além dela foram enormemente multiplicadas.

O sucessor de Roger Valine na VSP pode acabar descobrindo que é muito difícil seguir as pegadas do líder. Mas muitos de nós desejamos seguir exatamente suas orientações para uma boa liderança. Entre as lições que podemos aprender do estilo de liderança extraordinariamente bem-sucedido de Roger, temos as seguintes:

LIÇÃO: Lidere delegando.

Nos primeiros anos de Roger na VSP, a empresa era pequena, exigindo que os gerentes "pusessem a mão na massa" e estivessem prontos e dispostos a tomar a maioria das decisões. Roger não via problema nisso. Mas quando ele se tornou diretor-presidente em 1992, percebeu claramente que um novo enfoque era urgentemente necessário. A empresa estava crescendo tão rápido que parecia "prestes a explodir", ele me disse, fato que impedia a sua equipe de tomar boas decisões. O próprio Roger estava sobrecarregado, dedicando mais de oitenta horas semanais à VSP. Insatisfeita com a situação, Marie Valine questionou as prioridades do marido e sugeriu enfaticamente que ele também devia questioná-las. "Ela estava absolutamente certa", concordou ele.

Roger mudou o seu estilo de liderança. "Dei-me conta de que eu tinha muitas pessoas competentes trabalhando aqui e que provavelmente poderiam tomar decisões melhores do que eu em suas áreas de responsabilidade. Efetuei um amplo movimento de retirada, deixando-lhes campo aberto para tomarem as próprias decisões. A consequência foi que a empresa passou a crescer ainda mais rapidamente." Por exemplo, depois de defender a criação da Altair Eyewear em 1992 para enfrentar o custo crescente das armações, Roger entregou a responsabilidade do dia a dia a um jovem gerente arrojado que havia chamado a sua atenção. Em poucos anos, a incipiente Altair cresceu a ponto de se tornar uma das dez melhores empresas de armações do país. Importância equivalente para Roger, porém, tinha o modo como a sua nova filosofia de liderança transformou sua vida pessoal. "Ela me possibilitou manter um equilíbrio mais saudável na minha vida — conhecer os meus filhos enquanto cresciam, em vez de descobrir de repente, e tarde demais, que já estavam em alguma universidade e não me conheciam."

Dito isto, Roger põe alguns limites à delegação. Quando uma decisão envolve mais de 5 milhões de dólares, ela passa para o nível hierárquico seguinte. Além disso, ele não tolera uma decisão, em qualquer nível que seja, que ameace o bom relacionamento da empresa com médicos e clientes, tão zelosamente construído. "Quando você está lidando com algo que remete a quem você é como empresa ou àquilo pelo qual você é conhecido ou que você representa", ele disse com firmeza, "esse é um ponto em que é melhor que ninguém se meta."

Além disso, segundo as palavras de Roger, os líderes que decidem atribuir responsabilidades em vez de assumi-las precisam admitir que "existem vários caminhos para chegar a uma estratégia de sucesso". Ele procura oportunidades para "deixar que as pessoas usem a própria cabeça", especialmente aquelas capazes de implementar uma decisão. O programa Visão para Estudantes, desenvolvido por Patricia Cochran, é um excelente exemplo.

Roger aprendeu inclusive a não se envolver quando seus assessores se propõem a tomar uma decisão que ele próprio não teria sugerido. "Dê uma oportunidade. Os riscos não são tão grandes e às vezes a ideia deles é melhor do que eu pensava ou até melhor do que a minha."

Como aprendi na Marinha, se você persistir em rejeitar as ideias das pessoas porque tem uma ligeira preferência por outra alternativa, você cria um problema maior para si mesmo. Por mais que você diga ao seu pessoal que valoriza as contribuições deles, mais eles se fecham, com medo de ser depreciados caso sugiram alguma coisa. Você perde a informação e a experiência que eles poderiam dar.

LIÇÃO: Alta tecnologia exige ainda mais delegação de responsabilidades.

Em 1982, quando me tornei oficial de guerra antissubmarino no USS *Albert David*, a Internet era desconhecida, e tínhamos muito pouca tecnologia sofisticada. A vida na Marinha era simples. Lidávamos com uma única área de missão por vez, e o Comandante conseguia microgerenciar tudo.

Os computadores da época eram muito primitivos. O que usávamos para programar a artilharia era uma velha máquina analógica. Você introduzia as coordenadas do alvo e observava os mostradores girando enquanto ele fazia os cálculos. Você podia sair e almoçar enquanto o computador trabalhava.

Avanço rápido para o USS *Benfold*, quinze anos mais tarde. Volumes enormes de informações nos bombardeavam. A nova tecnologia nos permitia operar com seis áreas de missão por vez. Em um único momento eu poderia disparar os canhões do navio, lançar seus mísseis de cruzeiro, disparar os torpedos, controlar aeronaves em voo, procurar comunicações do inimigo e dirigir a abordagem de navios que entravam e saíam do Iraque. Além disso, a partir do momento em que você tem esse recurso à disposição, a sua cadeia de comando insiste para que você a utilize cada vez mais e melhor.

A tecnologia possibilita operar os nossos navios com 75% do pessoal que precisávamos vinte anos atrás. Por outro lado, hoje, com 25% menos de pessoal, precisamos trabalhar seis vezes mais. E uma pessoa já não consegue mais controlar tudo sozinha. No entanto, algumas pessoas se apegam ao antigo modelo, e embora ainda consigam microgerenciar uma ou duas áreas de missão, as outras quatro provavelmente estarão fadadas à ineficiência.

As pessoas persistem em fazer as coisas ao modo antigo simplesmente porque é cômodo. Os nossos pais podiam seguir um estilo comando-controle porque tinham condições de dar atenção a uma coisa por vez e obter bons resultados. As coisas não são mais assim, tanto nas forças armadas quanto no mundo empresarial. Você é constantemente bombardeado com *bits* de informação que exigem decisões, e se você não desenvolver uma equipe para gerenciar determinadas áreas em seu lugar, ficará tão emaranhado em detalhes, que não lhe sobrará tempo para realmente liderar. Em pouco tempo, as suas operações começarão a mostrar os efeitos da sua negligência. O desastre está à espreita logo à frente.

Não quero me vangloriar, mas o desempenho do *Benfold* era inigualável em praticamente todas as áreas de missão. Apesar de as nossas inúmeras responsabilidades exigirem diferentes níveis de habilidade, estávamos à altura do desafio.

Em um navio como o nosso, a função de combate mais complexa é a do coordenador da guerra antiaérea [AAWC, *AntiAir Warfare Coordinator*]. Tudo se movimenta quase à velocidade da luz na defesa aérea — cenários complicados saltam do nada — e o AAWC precisa ter habilidades motoras e verbais muito acima da média para manejar o console que rastreia aeronaves potencialmente hostis.

Imagine-se manejando o seu console, a sua mão e dedos manipulando uma bolinha que rastreia alvos que surgem ao mesmo tempo em que você lê todos os parâmetros desses alvos. Quando um invasor aparece na tela, o AAWC — você — precisa avaliar simultaneamente a velocidade, a direção e os códigos de identificação, e ao mesmo tempo orientar uma das nossas aeronaves para interceptá-lo o mais rápido possível. Simultaneamente, você usa o sistema R/T para informar a todos do seu grupo de batalha o que está acontecendo e para dar-lhes instruções. As suas mãos voam pelo console do computador enquanto você fala tempestuosamente para dezenas de pessoas que dependem da sua habilidade e velocidade para mantê-las vivas. Se a sua atenção vacilar um nanossegundo sequer, você estará atrás no jogo aéreo e alguém no seu grupo de batalha poderá ser morto.

Dizer que a situação é intensa e complexa é dizer muito pouco. Poucas pessoas têm capacidade para exercer essa função, e eu não estou entre essas poucas. Eu simplesmente não tenho a destreza necessária. Os que têm essa aptidão fazem parte da geração Nintendo. Eles cresceram jogando videogames, desenvolvendo a coordenação olho-mão necessária para controlar jogos de vídeo de verdade no céu, ao passo que eu cresci aprendendo guerra antissubmarino, onde você fica em torno de uma grande mesa de plotagem que mostra contatos dos submarinos e para onde estão se dirigindo. O padrão se desenvolve lentamente ao longo de horas ou dias. Você boceja enquanto beberica o seu café. Você pode fazer uma pausa para pegar outra xícara de café ou uma lata de Coca-Cola e não perde nada. Isso não significa que a missão com submarino não exija uma enorme habilidade. Ela exige. Apenas que se processa num ritmo bem mais lento.

No entanto, como Comandante, era responsabilidade minha indicar o respectivo coordenador para cada uma das nossas seis áreas de missão. Essas pessoas relatavam o que acontecia em suas respectivas áreas para o Comandante (eu), e eu precisava ficar atento a todas as seis áreas sem me perder em detalhes. O perfil profissional que adotei exigia que eu formasse um grupo constituído de oficiais e de suboficiais para as posições de coordenador de guerra. Mas eu não dispunha de pessoal suficiente em nenhum desses graus hierárquicos para exercer essas funções vitais. O que fazer?

A formação de suboficiais ocorre num processo progressivo pelo qual passam os interessados inscritos, com o objetivo de alcançar níveis de aptidão mais elevados a bordo do navio e de passar nos exames exigidos para se efetivar oficialmente no posto. Oficiais subalternos procedem da Escola

Naval, do Corpo de Treinamento de Oficiais da Reserva (ROTC) ou da Escola de Aspirantes ao Oficialato (OCS). Quando eles passam a fazer parte de um navio não sabem nada sobre guerra e tradicionalmente começam chefiando uma divisão e realizando tarefas administrativas. Do meu ponto de vista, isso é um desperdício.

Eu queria oficiais cujas habilidades de combate pudessem ser postas em ação o mais rápido possível. No *Benfold*, tínhamos os nossos próprios métodos para lidar com os novos oficiais subalternos que chegavam a bordo. Primeiro descobríamos para qual missão de combate o novo oficial tinha mais aptidão e em seguida o mergulhávamos em um programa intensivo de três a quatro meses para qualificá-lo para a missão na primeira tentativa. Uma vez qualificado, entregávamos-lhe uma divisão para chefiar. Esse modo *Benfold* de proceder era o exato inverso do método habitual adotado pela Marinha.

Uma das razões por que os coordenadores de guerra saem tipicamente dos postos de oficial e de suboficial é que eles se comunicam com os escalões superiores diretamente através de rádio. Cada coordenador tem um congênere no navio capitânia que comanda o grupo de batalha, e cada área de missão se reporta a um comandante de guerra no navio capitânia, responsável pela supervisão dessa função específica de todas as belonaves do grupo. Um defensor do protocolo da Marinha certamente esperaria que esses contatos de navio a navio fossem conduzidos por pessoas de posto condizente para falar com Comodoros e Almirantes.

No *Benfold*, adotávamos um procedimento heterodoxo. Eu não podia esperar os doze a quinze anos necessários para que praças dos escalões inferiores se tornassem suboficiais. Em vez disso, tínhamos em mira precisamente membros desses escalões que demonstrassem capacidade e talento. A Marinha atual está cheia de terceiros-sargentos ou de cabos muito inteligentes com quatro ou cinco anos de serviço. No meu modo de ver, se tivessem aptidão e vontade, nada os impediria de se tornar coordenadores de guerra.

E isso me leva a uma história interessante. Estávamos no Golfo Pérsico, abordando navios que entravam e saíam do Iraque, com o objetivo de apreender contrabando ilegal. Para essa missão nós nos reportávamos ao Comodoro Mike Duffy. Ele era extremamente exigente, e podia esgoelá-lo pelo rádio se você não correspondesse às expectativas. O *Benfold* se tornou

111

o seu navio favorito porque havíamos feito treinamentos cruzados com um grande número de tripulantes, e assim podíamos lidar com várias missões ao mesmo tempo. O Comodoro resolveu fazer-nos uma visita para ver como procedíamos.

Duffy entrou no centro de informações de combate, e eu apontei para o coordenador de interdição marítima. Ele olhou para mim e disse: "Isto não pode estar certo. Ele é um terceiro-sargento, uma praça". Eu disse: "Sim, senhor. Algum problema"? Duffy rosnou, "Eu só vi oficiais e suboficiais exercendo essa função. Você quer me dizer que estive conversando pelo rádio com uma praça?" Ficou tão atordoado, que mal conseguia falar.

Almocei com Mike Duffy recentemente, e ele se lembrou dessa história. Disse que ainda não conseguira superar o choque da ocasião em que visitou o *Benfold* e descobriu que o coordenador da missão que conversava com ele e com o seu pessoal pelo rádio era uma humilde praça. Bem, o choque inicial de Duffy acabou se tornando um prazer insolente. A Marinha não pode se sentir atingida só porque rapazes ou moças muito inteligentes se qualificam para as funções mais exigentes, qualquer que seja o posto que ocupem.

LIÇÃO: Aceite erros e incentive as pessoas a reconhecer que erraram.

Para que o líder que delega tenha êxito, os que recebem a delegação precisam saber que uma decisão errônea não lhes custará o emprego. "É preciso criar um ambiente em que cometer um erro não é algo tão terrível", disse Roger. "Todos nós cometemos erros. Mas se perseverarmos em nos superar e tentar coisas novas, tomaremos decisões muito melhores do que aqueles que sempre evitam correr riscos."

Roger espera que as pessoas que tomam decisões o informarão se estiverem preocupadas com possíveis resultados indesejados. Afora isso, ele tem restrições com relação a colegas "que sentem necessidade de falar com três pessoas diferentes ou que têm quatro memorandos diferentes de apoio à sua posição antes de agir". Pessoas que se preocupam mais em se proteger do que em tomar a decisão certa apenas retardam uma organização. "Não há tempo suficiente no dia para fazer isso em uma empresa do nosso porte", disse Roger.

Ele tem um bom sistema para prestar contas da sua atuação na VSP. "Temos quatro reuniões do conselho por ano, e nesse ínterim realizamos quatro reuniões da diretoria. São várias, portanto, as oportunidades para apresentar ao conselho relatórios sobre o que está acontecendo e sobre como estamos indo." Em uma semana normal, disse Roger, ele deixa pelo menos três ou quatro correios de voz para o presidente da empresa, com o objetivo de preveni-lo com relação a algum possível problema explosivo. Assim, se necessário, o presidente já dispõe de alguns elementos para enfrentar a situação. "Eu acho que as pessoas gostam disso", ponderou Roger. "Não há interesses escusos e suspeitos. Não há nenhuma preocupação sobre quem não está dizendo o que a quem. Acredito que ele confia em mim e sabe que se houver alguma coisa relevante, ele receberá as informações necessárias." Essa é a receita de Roger para criar confiança mútua. O presidente não tem necessidade de microgerenciar ou de se envolver mais porque já está recebendo uma quantidade satisfatória de informações.

A reflexão sobre esse procedimento de Roger, porém, lembrou-me que um líder que delega responsabilidades a outras pessoas, mesmo quando essa é a coisa certa a fazer, pode incorrer em complicações imperceptíveis. Às vezes a confiança que você desenvolve no seu pessoal pode levá-los a se tornarem excessivamente autoconfiantes, o que é muito perigoso. Eu sei disso porque aconteceu com o meu melhor chefe de departamento no *Benfold*. Ele é um oficial fenomenal que muito provavelmente será Almirante um dia. Mas neste caso específico, ele "abocanhou mais do que podia mastigar".

Uma peça de equipamento usado no seu departamento quebrou duas semanas antes de precisarmos dela para um exercício de guerra antissubmarino. Como ele nunca deixara de cumprir um compromisso e sabia que eu depositava a maior confiança em suas habilidades, ele pensou que poderia resolver o problema sem me avisar. Duas semanas depois, pouco antes do início do exercício, ele me procurou e disse que não poderia participar porque o equipamento estava com defeito. Perguntei-lhe há quanto tempo ele sabia disso. Duas semanas, ele respondeu. Com o passar de cada um daqueles quatorze dias, ele foi reduzindo a minha capacidade de ajudá-lo a resolver o problema — como, por exemplo, pedindo emprestado o equipamento a outro navio. Ele eliminou as minhas opções, e é absolutamente recomendável não atrapalhar as opções dos superiores.

A questão é que nada é perfeito. Coisas quebram. Não é sinal de incompetência comunicar a situação — se você fizer isso a tempo de corrigi-la. Más notícias não melhoram com o tempo. Você precisa deixar isso perfeitamente claro para o seu pessoal.

Olhei aquele jovem oficial nos olhos e disse calmamente: "Em toda a minha carreira, nunca me decepcionei tanto com alguém como estou decepcionado com você neste momento". Essas palavras o atingiram exatamente onde eu queria — no mais íntimo do seu ser, nas suas entranhas. Ele ficou visivelmente abalado. Eu não levantei a voz. Se você grita com as pessoas, se as trata com rispidez, elas não lhe comunicarão os fatos negativos no futuro, e você não pode deixar que isso aconteça. A atitude que adotei com ele foi a de deixar claro que ele havia decepcionado a mim e aos seus companheiros. Ele se sentiu horrível, e nunca mais recaiu no mesmo erro.

Mais tarde, esse oficial recebeu o Comando do seu próprio navio e repassou essa importante lição ao seu pessoal: vocês precisam me manter informado. Não vou atirar em vocês se me trouxerem más notícias, mas vou atirar se demorarem a me informar, atrapalhando assim a minha capacidade de ajudar a resolver o problema. Quando coisas acontecem e as pessoas as guardam para si, é sinal de que você não está comandando o navio de modo adequado.

LIÇÃO: Coração benevolente, mente exigente.

Durante cinco anos consecutivos, de 1998 a 2003, a VSP ocupou posições elevadas na classificação da revista *Fortune* como uma das melhores empresas onde se trabalhar nos Estados Unidos. Parte da sua popularidade resulta da ampla variedade de benefícios que ela oferece, desde atendimento médico, horário flexível para pais que trabalham, até bônus e participação nos lucros. O princípio administrativo de Roger para a gestão de pessoal é, simplesmente, a Regra de Ouro.

O respeito às pessoas é um dos patrimônios hereditários de Roger. Os pais dele tratavam as pessoas "com dignidade, independentemente da posição social que elas ocupassem". Ele fala seguidamente sobre ver o pai numa ponta de uma mangueira de irrigação e um trabalhador migrante na outra, e sobre o respeito e a consideração, para não mencionar a coordenação, que um passava para o outro. Eles confiavam um no outro para realizar o trabalho. "Por que esta empresa não pode funcionar da mesma maneira?" ele se perguntava.

"Mas não quero enganá-lo", ele me disse. "Não quero que você pense que esta é apenas uma pequena e bela organização livre de pressões, porque certamente não é. Mantemos expectativas muito elevadas com relação ao desempenho. Temos também uma taxa de rotatividade involuntária um pouco mais alta do que a maioria das empresas."

No fim das contas, são os resultados que contam. No *Benfold,* ser benquisto pela tripulação não era um dos meus objetivos. Ser respeitado era. Eu queria que a tripulação tivesse confiança na minha capacidade de liderá-los e mantê-los seguros em troca de fazerem todo o possível para nos tornar o melhor navio da esquadra. Quando os seus liderados não confiam em você, eles tendem a relaxar. "Se o Comandante não dá tudo de si, por que deveríamos nós fazer isso?" — é o espírito que passa a predominar.

Assim, fazer coisas boas não é apenas uma questão de ser bom. Trata-se, sim, de tornar o seu pessoal mais produtivo para que possam atender às altas expectativas que você depositou neles. Mantendo uma creche na empresa, por exemplo, você libera os pais para se concentrarem no trabalho, pois não precisam se preocupar em correr para pegar os filhos antes que uma creche externa feche no final do dia. A mesma coisa vale para os serviços de lavanderia ou para uma academia de ginástica no local; você devolve ao pessoal um tempo que eles podem dedicar a você. É por isso que dou aos privilégios adicionais o nome de intensificadores de desempenho. Reconhecendo que o seu pessoal recebe pressões externas e ajudando-os a lidar com elas, você lhes dá condições de lhe oferecerem um melhor desempenho.

Uma das realidades inconvenientes das bases da Marinha são suas instalações próximas à água, o que significa aluguéis altíssimos que os marinheiros não podem pagar. Os marinheiros precisam se mudar para o interior, onde a moradia é mais em conta (e mais insalubre). Então percorrem longas distâncias. Tradicionalmente, as horas de expediente em um navio vão das 7h30 às 16h30. Assim, quando os marinheiros estão no porto-sede, ficam constantemente presos no trânsito nas horas de pique. Salários baixos, habitação precária e congestionamentos — uma combinação deprimente para marinheiros.

Não podíamos fazer muita coisa com relação à remuneração ou à habitação, mas ajudamos os marinheiros do *Benfold* a evitar alguns dos problemas de trânsito na região de San Diego. Alteramos o início do expediente para as 6h30 e o término para as 13h30, com o almoço. Isso nos dava sete horas ininterruptas de trabalho. Nós evitamos os problemas de deslocamento pela manhã e pela tarde e passamos a ter um volume maior de trabalho porque não arrefecíamos a disposição com o intervalo para o almoço. Normalmente, as pessoas têm dificuldade de retomar as atividades ao voltar do almoço, de modo que boa parte da tarde se perde de qualquer modo. Nossos marinheiros também gostaram de dispor de tempo para tratar de assuntos pessoais no período da tarde.

Em toda organização, os líderes precisam manter o equilíbrio entre "ser bom" com os empregados e cobrar-lhes responsabilidade pelo desempenho. Encontrar o próprio ponto de equilíbrio é uma das suas responsabilidades mais importantes como líder. Se você estabelece parâmetros tão elevados que é impossível alcançá-los, a consequência pode ser pessoas que desistem porque se sentem frustradas. O desafio é determinar o que é humanamente exequível com os recursos à sua disposição e em seguida implementar os processos que o levarão até lá.

Na VSP, Roger já encontrou o equilíbrio perfeito entre ser um homem benevolente e um gestor exigente, como evidencia o índice extremamente baixo (9%) de rotatividade voluntária da empresa e os resultados impressionantes da companhia. A VSP apresenta uma taxa de crescimento de 100% em cinco anos.

Roger diz que o seu objetivo essencial é "ter grandes pessoas trabalhando para nós e que vão querer ficar conosco para sempre". Para estimular um tipo de lealdade que é cada vez mais rara no mercado de trabalho atual, ele trata os funcionários com respeito, recompensa-os generosamente com dinheiro em espécie e em vantagens e reconhece que às vezes as necessidades pessoais deles devem prevalecer sobre as suas obrigações profissionais.

Com relação e esse último aspecto, ele faz questão absoluta de que os empregados tirem férias anuais para ficar com suas famílias. Ele também incentiva os pais a dedicar algum tempo para acompanhar os filhos que estão participando de um torneio ou encenando uma peça de teatro na escola. Se as responsabilidades com o cuidado dos filhos ou dos pais pesam demais para um membro da equipe de Roger, ele pode se beneficiar do programa de horário flexível. Para reduzir os compromissos após o expediente e acelerar o retorno do pessoal para casa no final do dia, a VSP mantém uma lavanderia, um lava-carro e uma loja de conveniências nas dependências da sede em Sacramento. Ela oferece ainda um programa que permite aos funcionários estender os benefícios oftalmológicos para amigos e para a família extensa, e outro que oferece empréstimos imobiliários a juros baixos, e também seguro para animais de estimação e assistência jurídica.

"O que eu acho que faz o nosso pessoal realmente dar um pouco a mais para a empresa é o fato de saberem que a empresa sempre lhes dará a mais quando precisarem", disse-me Roger. Ou *quiserem,* ele poderia ter acrescentado. Além dos benefícios para a saúde, bônus, e assim por diante, que os funcionários poderiam precisar, a VSP também oferece coisas que eles podem simplesmente almejar, como uma quadra de basquete, uma área para piquenique e um pequeno campo de golfe.

Como mencionei anteriormente, todos na VSP, do topo à base, se tratam pelo primeiro nome. Quando Roger almoça no refeitório, ele senta com os funcionários da linha de frente para saber o que está acontecendo em suas vidas pessoais e profissionais. Uma vez por ano, no Dia do Contato, todos os gerentes se dirigem aos diversos setores da empresa para observar e conversar com as pessoas da linha de frente, solicitando ideias, ouvindo reclamações e conhecendo pessoas de todos os departamentos.

No Dia de Ação de Graças, os gerentes mais antigos servem o almoço aos funcionários. Há um jantar dançante anual, um piquenique familiar anual, o Dia do Bolo mensal — quando são comemorados aniversários de nascimento e outros — e celebrações especiais sempre que a empresa alcança um grande objetivo. Em 1998, por exemplo, quando as receitas chegaram a 1 bilhão de dólares, a VSP deu uma festa de Agradecimento por Um Bilhão. Tapetes vermelhos aguardavam os funcionários quando eles entravam nos seus escritórios, o champanhe circulava e os brindes espocavam. Roger fez um discurso muito bonito, agradecendo a todo o seu pessoal. "Essas coisas são divertidas e quebram a monotonia do trabalho", disse ele, "e não custam muito. É muito fácil a direção criticar as coisas, e eu mesmo sou presa fácil disso. Por isso, procuramos formas de enaltecer o bom trabalho e de inspirar as pessoas a continuar agindo assim."

Mas a VSP não é um refúgio para pré-aposentados. A preocupação de Roger com o bem-estar dos seus empregados só é superada pela sua insistência em que façam um trabalho excelente. A responsabilidade começa no momento em que são contratados e recebem objetivos específicos com valores de referência para medir seu progresso. Na primeira avaliação anual de desempenho, eles ficam sabendo como se saíram. E a qualquer momento ao longo do caminho, espera-se que alguém de baixo desempenho consulte um dos conselheiros de recursos humanos da empresa para verificar se os seus problemas resultam de ferramentas erradas, de má informação ou da sua própria incapacidade ou indisposição para realizar o trabalho.

A questão se resume assim: os empregados são responsáveis por suas carreiras. A empresa é uma parceira no processo, fornecendo as ferramentas necessárias e o conhecimento. Mas, em última análise, um funcionário da VSP deve assumir o próprio progresso, pedir ajuda quando necessário e interessar-se por oportunidades de treinamento e de outras modalidades de formação para aprimorar-se.

Os bônus da VSP estão longe de ser automáticos; eles são determinados por níveis de desempenho, tanto grupal como individual. O pessoal de vendas não recebe cotas; eles definem um valor financeiro que representa uma meta de crescimento, mas no final os bônus baseiam-se no volume vendido. Ultrapassar a sua meta de crescimento de 1 milhão de dólares em mais 1 milhão, por exemplo, rende-lhe menos do que estabelecer uma meta de crescimento de 4 milhões de dólares e só conseguir vender 3 milhões. Como disse Roger, "Se o seu sistema se baseia apenas em alcançar ou ultrapassar a sua meta, a natureza humana teria de começar a estabelecer alvos mais baixos".

Para os funcionários operacionais e para os gerentes, o bônus depende da consecução dos objetivos empresariais em duas áreas básicas. A primeira diz respeito aos níveis de satisfação dos principais clientes corporativos e governamentais da VSP, os médicos que prestam assistência oftalmológica e os milhões de pacientes que recebem esse atendimento. A segunda área abrange o nível de eficiência da empresa, não de uma equipe ou departamento individual, mas de toda a organização.

Quando as metas não são alcançadas, os cheques não são preenchidos. Havendo uma meta de redução de custos operacionais de 2% ao ano, por exemplo, e ela não é alcançada, ninguém recebe o bônus de eficiência agregado a essa meta, o que representa 50% do total possível de bônus. "Se você oferece algo que está ligado apenas aos indivíduos ou aos seus departamentos", explicou Roger, "você pode ter um problema. A tentação é que os departamentos não se esforcem para ajudar outros departamentos porque poderiam prejudicar a própria gratificação pessoal, embora essa pudesse ser a melhor coisa para a empresa como um todo. Queremos manter as pessoas focadas na empresa como um todo."

Os funcionários da VSP sabem que a empresa espera o melhor de cada um e se esse melhor não corresponde aos elevados padrões da organização, eles sabem que podem perder o emprego. "Se alguém não está operando nos níveis desejados, nós certamente lhe falaremos sobre isso e ofereceremos mais treinamentos. Mas se não aceitar o treinamento ou não conseguir lidar com a situação, ele será solicitado a sair. Penso que isso é justo e correto, e mantém a nossa empresa saudável", concluiu Roger.

Então é assim que Roger Valine e sua empresa mantêm o equilíbrio entre coração benevolente e mente exigente. Eles oferecem todos os tipos de vantagens; tratam os funcionários com respeito e afeição e promovem suas carreiras. Mas esperam e exigem como contrapartida um alto grau de comprometimento e desempenho de excelência.

Eu acho que é uma troca justa e, ao que parece, é assim que também pensam as 27 mil pessoas que se candidatam para preencher apenas algumas centenas de vagas de emprego a cada ano.

LIÇÃO: Vá pescar.

Quando começou na VSP, Roger Valine passava bastante tempo entrevistando e contratando vendedores. Ele já não faz muito isso, mas as suas ideias sobre avaliação de candidatos a emprego permeiam os padrões da empresa. Ele vê a contratação como o processo mais importante e necessário para um empreendimento de sucesso. "Nós realmente aplicamos um tempo extra —

de três a sete semanas mais do que a média empresarial — para encontrar as melhores pessoas, muito mais tempo do que a média das empresas", disse ele. "Nós procuramos pessoas automotivadas, íntegras, que revelam espírito de grupo em seu modo de pensar, ao contrário das que sempre pensam sobre o que é melhor para elas."

Roger às vezes começa uma entrevista examinando o currículo do candidato e fazendo perguntas para determinar por que certas decisões foram tomadas. Ele procura detectar se a pessoa está respondendo suas perguntas com honestidade ou se está apenas dando uma resposta ensaiada. Ela tem iniciativa própria? Para atividades com vendas, em particular, Roger observa se é ele ou o candidato que fala mais e quem está tentando controlar a entrevista. "Essa pessoa está tentando me controlar tanto quanto estou tentando controlá-la?" ele se pergunta. Se a resposta for sim, esse é um ponto a favor do candidato.

Outro sinal favorável é se o candidato faz perguntas específicas sobre a VSP — seus principais concorrentes, sua participação no mercado, suas perspectivas para os próximos cinco anos. "Essas são perguntas de alguém que está projetando fazer mais do que receber um cheque de pagamento ao longo do ano", disse Roger.

Supondo que o candidato corresponda a todos esses requisitos, Roger então se envolve num exercício mental singular. "Eu me pergunto como seria passar 48 horas a sós com essa pessoa numa pescaria, sem TV ou outras distrações. Seria divertido ou eu saltaria do barco em poucas horas?"

O objetivo do exercício é chegar a um julgamento ponderado sobre a capacidade do candidato de estabelecer relações com outra pessoa em um período de tempo relativamente curto. Essa é a habilidade mais necessária no ramo de benefícios oftalmológicos, onde clientes corporativos e governamentais devem ser plenamente convencidos do profissionalismo de uma empresa antes de assinar um contrato tão importante para o bem-estar dos seus empregados.

Algumas pessoas que Roger entrevistou tinham "muitas habilidades e qualificações apropriadas", disse ele, "mas tive de reprová-las porque não passaram no teste da pescaria. Certo ou errado, esse é o modo como formamos a nossa equipe de vendas, e você precisa admitir que ela vem fazendo um excelente trabalho para nós".

A ideia de "ir pescar" de Roger é boa quando se trata de determinadas ocupações. Para uma força de vendas, obviamente você precisa de pessoas despachadas, amigáveis, do tipo que estabelece instintivamente boas relações com todos, principalmente com os clientes. Mas posso imaginar outros ambientes de trabalho em que pessoas joviais são exatamente o oposto do que é necessário. Certos empregos no setor tecnológico, por exemplo, exigem concentração intensa e uma atmosfera mais sossegada. Ao fim e ao cabo, você precisa determinar qual o perfil pessoal que se adapta melhor às funções que você tem em vista e contratá-las segundo essa adequação. A questão toda está em encontrar pessoas que não só executem o trabalho, mas também que o executem em níveis de excelência.

No meu navio tínhamos inúmeros marinheiros e oficiais com os quais eu não gostaria de ir pescar, o que não significa que não fossem realizadores fenomenais. Os requisitos funcionais peculiares que você estabelece determinarão quem corresponde às suas necessidades, mas, como Roger, você precisará dedicar algum tempo para definir os seus critérios específicos.

Sejam quais forem as suas exigências profissionais particulares, porém, eu gostaria de incentivá-lo a envidar todos os esforços para reunir o grupo mais variado possível. A contratação de clones de você mesmo cerceia a criatividade. Acho que o *Benfold* era um lugar melhor por causa da ampla diversidade de pessoas a bordo. Mas reunir pessoas de várias etnias e experiências não significa que todos vão querer formar amizades. O que todos precisam fazer é respeitar-se mutuamente e fazer um bom trabalho juntos como equipe.

LIÇÃO: Prepare a sucessão com êxito.

Líderes bem-sucedidos não esmorecem, o que lhes dificulta enfrentar o momento de sair de cena. A dificuldade é ainda maior para os que só recentemente chegaram a uma posição de alto nível. Nem bem você começou a se sentir à vontade no comando do seu departamento e já precisa começar a pensar na saída e em encontrar alguém para substituí-lo. Mas a triste verdade é que se você quer cumprir a sua responsabilidade como líder da sua organização e da sua força de trabalho, não há escolha. A procura de um sucessor deve começar pelo menos dois ou três anos antes da data da sua aposentadoria.

Na Vision Service Plan, Roger Valine leva muito a sério a sua responsabilidade de encontrar um sucessor. Ele deu início ao seu plano sucessório falando com os vice-presidentes e com algumas outras pessoas da empresa, solicitando ideias sobre o que seria importante para o sucesso da VSP na próxima década. Ele também queria saber que tipo de pessoa seria adequado para conduzir a VSP nesse novo ambiente — que habilidades e características pessoais seriam necessárias? (As qualidades que os colegas de Roger descreveram — confiabilidade, trabalho árduo com boa comunicação e capacidade estratégica, e nutrir verdadeira paixão pela empresa — são muito parecidas com as do homem que o novo CEO irá substituir.)

Roger continuou suas consultas com seus auxiliares e solicitou-lhes nomes de potenciais candidatos a CEO dentro da organização. Ele também lhes pediu uma lista dos pontos fortes e fracos de cada candidato.

A atenção dedicada a encontrar o próprio substituto reflete o intenso interesse de Roger e da VSP pelo plano de sucessão. "Nós levamos isso muito a sério", ele me disse. A cada dois anos, os vice-presidentes e diretores são convidados a nomear as pessoas na empresa que poderiam ser substitutos de curto ou de longo prazo. O objetivo imediato é dispor de alguns substitutos potenciais prontos para o caso de um vice-presidente ou um diretor ficar temporariamente impossibilitado de trabalhar ou migrar para outro emprego. Mas Roger tem ainda outro motivo: "É uma das maneiras de descobrir quem o nosso pessoal acha que apresenta boas perspectivas. Procuramos ampliar um pouco mais as experiências dessas pessoas porque provavelmente elas serão alguns dos futuros líderes da nossa empresa".

Pensar sobre a sua aposentadoria futura pode ser desagradável, mas a alternativa é muito pior. Nenhum líder responsável gostaria de deixar o seu pessoal debatendo-se, sem ninguém no leme para manter todos voltados para os objetivos da empresa. É algo como escrever o seu testamento — uma tarefa desagradável que nenhuma pessoa responsável pode evitar.

Roger Valine combina o melhor do antigo estilo de empregador paternalista com um entendimento próprio do século XXI de que o ambiente empresarial atual é um capataz implacável que exige um desempenho superlativo de todos os que querem competir. Sua honradez e respeito por aqueles que se esforçam para tornar a Vision Service Plan um sucesso crescente levaram-no a proteger e recompensar os seus funcionários de forma inusitada. No entanto, como um bom pai, ele não admitirá um mau comportamento. Enquanto a VSP se projeta para o futuro, Roger Valine prova que as antigas fórmulas podem de fato ser o melhor caminho.

LIÇÕES

- Lidere delegando.
- Alta tecnologia exige ainda mais delegação de responsabilidades.
- Aceite erros e incentive as pessoas a reconhecer que erraram.
- Coração benevolente, mente exigente.
- Vá pescar.
- Prepare a sucessão com êxito.

CAPÍTULO 4

CAPITÃO-DE-MAR-E-GUERRA AL COLLINS SEGUE O LÍDER PARA SER LÍDER

*Você é um garoto negro da Geórgia rural,
sem dinheiro, sem contatos, sem perspectivas.
Essa realidade irá detê-lo? Só se você deixar.*

Al Collins cresceu em Warner Robins, Geórgia, uma pequena localidade dedicada ao cultivo do algodão, com 35 mil habitantes, metade deles negros e sem dinheiro durante quase dez meses do ano. Sua mãe era dona de casa; o pai, pastor batista. O reverendo Nemiah Collins e sua mulher, Mary, foram obrigados a abandonar a escola para trabalhar, não conseguindo ir além da oitava série. Mas a falta de educação formal não os impediu de plasmar um filho de caráter de aço e grande inteligência. O sucesso admirável do reverendo Collins e da senhora Collins nessa tarefa é testemunho de genes fortes e de uma força de vontade parental que excedem em muito o habitual.

Al passou grande parte do ensino médio fazendo apenas o suficiente para ser aprovado — dificilmente o perfil típico de um futuro oficial de Marinha. O verdadeiro Al Collins — ágil, perspicaz, exigente — revelou-se pela primeira vez após a conclusão dos estudos, como empregado no supermercado Winn-Dixie. Impressionados com a sua capacidade de tratar com pessoas e de resolver situações difíceis, os gerentes da loja se propuseram a enviar Al para a faculdade. A ideia era que depois de formado ele se tornasse assistente da gerência e fosse promovido a gerente em cinco anos. Para aquele tempo e lugar, essa era uma oferta inusitada e deu a Al oportunidade de refletir sobre o seu futuro. Caracteristicamente, ele analisou a ideia por todos os ângulos — e concluiu que a proposta da Winn-Dixie poderia ser uma viagem de nove anos para não muito longe. Al tinha sonhos maiores.

Al estava mais afinado com um dos seus vizinhos que havia ingressado na Marinha. O marinheiro chegava em casa em seu uniforme branco e boné vistoso, impressionando as garotas com as suas histórias incríveis da vida sedurora no mar e os garotos com histórias da sua vida difícil em portos desconhecidos com nomes exóticos. Al estava curioso. Então, procurou o recrutador local da Marinha, que lhe disse que ele poderia participar do treinamento básico para recrutas que começaria no fim de semana.

A mãe o acompanhou até o ônibus que o levaria ao centro de treinamento em Orlando, Flórida, e suas palavras de despedida foram memoráveis: "Ouça, filho, a única coisa que posso lhe dizer é isto: Você só será um grande líder se for um grande seguidor. O pessoal da Marinha sabe o que está fazendo, por isso faça o que eles lhe disserem para fazer e você se dará bem".

Eu gostaria que a mãe de Al tivesse me acompanhado até a Escola Naval, com as mesmas ordens de navegação, as quais acabei aprendendo por mim mesmo — da maneira mais difícil. Na verdade, meus pais ficaram chocados ao ouvir que a Escola havia recrutado um dos seus sete filhos. A maioria da minha família havia frequentado Penn State, e todos imaginavam que eu também iria para lá. Afora isso, não conseguiam entender por que eu escolhera Anápolis, recusando propostas para jogar futebol para a Duke University ou para o College of William and Mary. Passado o choque inicial, porém, mamãe me cobriu de abraços e beijos e papai me deu conselhos sisudos sobre caráter e valores. Belos gestos, sem dúvida, mas não exatamente o tipo de sabedoria prática oferecido pela Sra. Collins.

Ser um grande seguidor não significa apenas manter a cabeça baixa e obedecer a ordens. Significa aprender a compreender o sistema em sua totalidade. Claro que é preciso adquirir habilidades de liderança para poder motivar pessoas, mas você só alcançará grandes resultados se desenvolver e aprofundar conhecimentos técnicos na sua área.

Lembrei-me dessa lição quando comecei a avaliar as minhas necessidades de pessoal como Comandante do *Benfold*. Oficiais recém-chegados para as divisões tinham duas tarefas principais: uma era cuidar da papelada e da administração da sua divisão. A outra era tornar-se combatente e operador no departamento de máquinas, no centro de informações de combate ou no passadiço. Eu não me preocupava com a papelada. Essa tarefa seria feita de uma forma ou de outra — e mesmo se não o fosse, isso não afundaria o meu navio. O que eu precisava era de combatentes e de operadores.

Assim, quando novos oficiais chegavam a bordo, eu não lhes entregava uma divisão de pessoas para chefiar. Eu lhes dava quatro meses para aprender tudo o que precisavam conhecer sobre uma ou outra estação de serviço, quer fosse a de coordenador de guerra antissubmarino, de oficial de quarto nas máquinas ou de coordenador de guerra antiaérea. O desempenho deles me mostrava de que eram feitos, que tipo de seguidores eram e até que ponto tinham condições de estar a bordo.

Al Collins deve ter posto o conselho da mãe em prática imediatamente. Desde o primeiro momento em que lhe entregaram a farda folgada de recruta em Orlando, ele apresentou um desempenho brilhante. Quando os pais compareceram para a sua formatura, o Comandante os chamou de lado e disse: "É raro termos rapazes com a capacidade de entender e aprender tão rapidamente quanto ele e que sejam tão disciplinados". Al me disse que não havia feito nada de espetacular: "Eu só estava sendo suficientemente inteligente ou então suficientemente tolo para fazer o que eles mandavam e descobrir como as coisas funcionavam". Ele continuou fazendo isso, e continuou trabalhando.

Anos depois, quando Al comandava o USS *Gladiator*, um navio de contramedidas de minas, o mesmo princípio lhe foi de grande proveito. O navio passaria por sua inspeção periódica de máquinas, um calvário de cinco dias (eu conhecia) eufemisticamente identificado pela sigla OPPE [*Operational Propulsion Plant Examination*: Exame Operacional da Planta de Propulsão]. Até então, Al era um mago da tecnologia, mas não era maquinista. No entanto, a Marinha fornece listas de verificação e roteiros para avaliação, e na falta de outros planos, Al recomendou ao seu pessoal que simplesmente seguisse o manual ao pé da letra. Eles precisaram de quatro meses para preparar-se para o exame, substituindo meticulosamente todas as peças usadas, corrigindo procedimentos não recomendados e posicionando todas as ferramentas e peças sobressalentes nos devidos lugares.

Os inspetores subiram a bordo e fizeram centenas de avaliações durante três dias, tanto com o navio fundeado como navegando. No final, disseram para Al levar o navio para casa, dois dias antes do previsto. O *Gladiator* obteve a pontuação mais elevada na história dos navios da sua classe, onze "excelentes" para programas de gestão, sobre um total de treze possíveis. Resultado: a Marinha imediatamente atribuiu a Al a missão de comparecer a uma escola preparatória de prospectivos comandantes para lhes falar sobre como superar as dificuldades do terrível OPPE e passar na inspeção. "É simples", disse-lhes, imitando o conselho que a mãe lhe dera naquele dia muito tempo atrás, quando ele estava apenas iniciando a carreira militar. "A Marinha lhes dá todas as respostas. O sucesso está inserido nos programas. Se acreditarem nisso e fizerem o que lhes é dito para fazer, estarão livres para ir para casa. Tudo é questão de fazer o que lhes pedem que façam."

A lição de que grandes líderes devem antes ser grandes seguidores tem um corolário: líderes e organizações devem capacitar seguidores. Os objetivos que estabelecem devem ser tão claros e realistas que facilitem o desempenho. Foi isso que a Marinha fez por Al Collins e sua tripulação a bordo do *Gladiator*.

É também o que Al entendia quando me disse que um bom líder "insere o sucesso no sistema". Não significa eliminar obstáculos e normas. Significa especificar o que se espera e ajudar o pessoal a realizá-lo com rapidez e antes do prazo.

Designado para atuar em terra por um ano, Al encontrou-se em San Diego testando programas de computador em algo chamado NTISA (*Navy Tactical Interoperability Support Activity*: Atividade de Apoio à Interoperacionalidade Tática da Marinha). Esse é um jargão da Marinha para uma operação crucial: certificar-se de que todos os sistemas de combate eletrônicos da Marinha não só funcionem, mas se entrosem perfeitamente, sem as falhas inexplicáveis que poderiam compreensivelmente jogar esquadras inteiras no caos. Al não tinha experiência direta com testes de software, mas havia participado de projetos de desenvolvimento para a Marinha na Sperry Rand que o favoreceram na área eletrônica. Assim, em poucos meses, ele era o diretor de testes da Marinha para links de dados digitais de sistemas de dados táticos. Ele passou três anos trabalhando com empresas de desenvolvimento de software em todo o país, verificando se os novos programas desenvolvidos por essas empresas eram realmente eficientes e compatíveis com os sistemas da Marinha como um todo. Nesse processo, ele aprendeu muito sobre programação e sistemas de dados em geral.

Al também produziu outro resultado importante: cortou pela metade o tempo médio necessário para certificar um novo programa de software como apto para combate. Seu artifício, simples e aparentemente óbvio, foi entregar com antecedência os testes da Marinha à sua equipe de programadores, para que conhecessem os padrões que os seus programas deviam alcançar.

Tradicionalmente, a Marinha é tão cautelosa quanto um professor de geometria do ensino médio na preservação do sigilo dos seus testes. Mas por nada neste mundo Al conseguia imaginar por quê. O que a Marinha precisava era de programas de combate que correspondessem aos seus rígidos padrões. Se os programas faziam isso, que importância teria saber como os programadores chegaram lá? Se eles pudessem descobrir os problemas e corrigi-los antes que Al aparecesse, tanto melhor, ele raciocinava. Sob o antigo sistema, conseguir programas certificados demorava meses e às vezes anos. Al podia agilizar o processo porque estava, em suas próprias palavras, "interessado apenas em obter produtos de boa qualidade para a esquadra, para que os marinheiros pudessem trocar informações".

Toda essa experiência só reforçou a convicção de Al de que um bom líder obtém sucesso inserindo o sucesso no sistema, providenciando para que todos saibam o que é ter sucesso e tenham as ferramentas necessárias para alcançá-lo — neste caso, os ex-ultrassecretos padrões da Marinha para os programas de software. "O resultado final é que a vida das pessoas dependia do que estávamos fazendo lá", ele me disse. "Quanto mais cada um sabe, melhor para nós como um todo."

Na verdade, muitas vezes o segredo é inimigo da segurança. Quando apenas uns poucos mandarins sabem o que é realmente importante, as possibilidades de julgamentos equivocados são muito maiores do que quando muitos olhos, ouvidos e mentes podem somar as suas percepções e soluções. Se líderes em potencial devem aprender a seguir, suas organizações devem antes viabilizar esse aprendizado.

Às vezes penso que Al deveria escrever um *best-seller* internacional: *The Collins Encyclopedia of Surefire Leadership in Any Situation* [Enciclopédia Collins de Liderança Garantida em Qualquer Situação]. Ele é a prova viva da noção de que líderes dedicados e criativos dentro de grandes organizações podem trilhar seus próprios caminhos independentes para o sucesso. Al diz que eu penso demais. O que fiz, na verdade, foi recolher algumas das suas lições mais inspiradoras para repassá-las a você neste capítulo. São elas:

LIÇÃO: Seja realista, não imprudente.

Tirar conclusões precipitadas já é um mau hábito na vida civil; entre os militares, particularmente na guerra ou em qualquer outra situação perigosa, pode ser fatal, literalmente. Eu sempre soube disso na teoria, mas Al Collins me deu provas concretas dessa verdade às 4h30 do dia 2 de agosto de 1990. Éramos jovens oficiais a bordo do USS *England*, um antigo cruzador equipado com mísseis teleguiados de longo alcance que ajudava a conter as maquinações de Saddam Hussein no Golfo Pérsico. Não sabíamos naquele momento, mas Saddam estava invadindo o Kuwait. Como oficial de sistemas de combate, entrei em ação mobilizado pela indicação do radar de que 21 aviões de combate vinham em nossa direção. Nervosos, preparamo-nos para disparar a primeira salva de mísseis. O comandante estava prestes a ordenar "Armas livres!" quando Al gritou: "Suspender fogo! Suspender fogo! Espere! Ainda não!"

O meu pulso parecia estar a quatrocentos batimentos por minuto. Jamais esquecerei essa sensação. O Comandante respirava rente ao meu pescoço. Eu não detectava o que Al estava vendo, mas nunca ouvira falar de um erro dele. A pressão era insuportável.

Al detectara aviões de combate a 82 milhas [150 quilômetros] de distância, guinando para a direita em direção à Arábia Saudita. Horas depois, a inteligência da Marinha nos informou que os aviões eram da força aérea kuwaitiana em fuga. Se os tivéssemos abatido — dando prosseguimento à minha conclusão precipitada e ignorando a reação bem mais arguta de Al — bem, não quero nem imaginar o resultado em perdas inúteis de vidas de kuwaitianos, de dólares dos contribuintes dos EUA e da reputação da Marinha, para não mencionar o fim inapelável da minha carreira.

Grandes soldados são invariavelmente agressivos, mas os imprudentes raramente sobrevivem o suficiente para vencer escaramuças, quanto mais guerras. A Guerra Civil estava cheia de cavaleiros impulsivos. George Custer, um impetuoso e confuso general da União aos 26 anos, estava fadado a morrer aos trinta e sete, em Montana, onde levou à morte mais de 260 soldados numa batalha contra um contingente de índios dez vezes maior. O general Jeb Stuart, brilhante incursionista confederado, gostava de esporas douradas, capotes escarlates, chapéus com penas de avestruz e de mulheres bonitas. Sua coragem como principal batedor de Robert E. Lee foi crucial para o sucesso dos Confederados no início da guerra. Mas na batalha de Gettysburg, sua arrogância deixou Lee vulnerável à derrota e ele próprio entregue à desgraça. Ele morreu em combate com 31 anos de idade.

A minha opinião sobre a guerra moderna é que não podemos permitir fanfarrões. Quando assumem riscos desnecessários, eles fazem o trabalho do inimigo, pondo em perigo mais os bons soldados do que os ruins. Todas as organizações precisam de líderes que enfrentem situações difíceis com autoconfiança temperada com precaução e instinto de autopreservação. Precisamos de homens realistas, não de exibicionistas.

Seja realista o tempo todo — esse é o tema subjacente à história de Al Collins. De recruta inexperiente a Comandante do próprio navio, a carreira de Al na Marinha evoluiu a um ritmo estonteante. Em sua trajetória de ascensão na hierarquia, ele conquistou mentores e patronos, tornou-se oficial e teve um papel de destaque em um cruzeiro histórico, multidimensional, a bordo do USS *Truxtun,* como parte do grupo de batalha do Navio-Aeródromo USS *Enterprise.* Como os navios se dirigiam para as costas da Austrália, um dos locais mais acolhedores do mundo para os marinheiros dos Estados Unidos, o Comandante do grupo de batalha decidiu que cada navio podia enviar um oficial à frente como representante para combinar os detalhes da visita ao porto. Como esse felizardo oficial teria quatro dias extras na Austrália, todos queriam a regalia. Então o Imediato do *Truxtun* transformou o evento em um concurso de popularidade. Depois de um dia de campanha, o oficial representante seria eleito por voto de toda a tripulação.

Al Collins foi o mais votado.

"Percorri o navio prometendo todo tipo de coisas", recordava rindo, "engraxar os sapatos do pessoal, levar-lhes o café da manhã". Tudo bem diferente do tempo em que chegou ao navio, quando fora tachado de arrogante por causa da sua rápida ascensão e incríveis realizações. Mas depois, Al se tornara popular tanto entre os oficiais como entre os marinheiros — e estava também acumulando créditos pela maneira como desempenhava as suas funções como comandante de guerra antiaérea para o grupo de batalha, uma atuação que atraía reputação para todos a bordo do navio.

Os representantes eleitos começaram a viagem reunindo-se no Navio-Aeródromo para um jantar à mesa do Almirante, onde a conversa corria animada. Num determinado momento, surgiu o assunto da segurança oferecida pelos diversos tipos de aviões, e o consenso foi que o Viking S-3 tinha um histórico de segurança bastante desfavorável, enquanto os C-2 eram tão seguros como estar em casa sentado no sofá da sala. Assim, quando o grupo voltou a se reunir ao amanhecer no convés de voo e viu um S-3 e um C-2 esperando para levá-los para a Austrália, Al encaminhou-se direto para o C-2. Ele gostava das probabilidades.

Aproximadamente na metade das quatro horas de voo, os passageiros sonolentos no tubo sem janelas foram sacudidos por uma forte explosão. O avião estremeceu e mergulhou, os dois motores parados. Os companheiros de viagem de Al, pilotos em sua maioria, empalideceram. O Fiel da aeronave saiu da cabine, arrancando o material de isolamento das paredes para verificar o que havia acontecido. Por fim, retirou um painel e viu a luz do dia. O hélice do motor de bombordo simplesmente se desprendera, abrindo um rombo na lateral da fuselagem.

Milagrosamente, o piloto conseguiu religar o motor de boreste e recuperar o avião do mergulho. O malfadado C-2 chegou à Austrália aos solavancos, mas não escapou do ferro velho. Quando Al perguntou ao piloto se haviam chegado muito perto do desastre, tudo o que ouviu foi: "Você não vai querer saber". Sorvendo uma bebida forte enquanto me contava a história, Al refletiu: "Bem, assim são as probabilidades. Elas lhe dizem qual risco é maior e qual é menor, mas não lhe dão segurança. O perigo está sempre à espreita, e você precisa estar sempre alerta".

Conhecer as probabilidades é importante, mas só você pode vencer a batalha, e você faz isso usando a cabeça. Para os líderes de sucesso, prudência e coragem são duas faces da mesma moeda vencedora.

LIÇÃO: Dê tempo ao tempo e aguarde o momento propício.

Nem sempre é fácil manter a calma quando você é um marinheiro solitário num grande navio e começa a se sentir invisível ou maltratado. Não gosto de lembrar todas as vezes que fiquei irritado com alguma idiotice ou injustiça durante os meus anos na Marinha — e eu era um oficial em ascensão com certa influência. Mesmo assim, poucas rodas rangentes de qualquer tamanho ficam lubrificadas em uma grande organização que valoriza infinitamente mais a disciplina do que a divergência. Além disso, não sou do tipo que sofre em silêncio. Eu falo, mas trato de expressar o meu questionamento (com respeito, claro) aos superiores levado pelo meu desejo de ajudar a organização, não apenas a mim mesmo. E no início da minha carreira, aprendi rapidamente a liberar a minha verbosidade apenas no momento mais oportuno, procurando o melhor resultado, e em caso de malogro, calando-me.

Al Collins parecia saber instintivamente como aguardar o momento propício — mesmo quando se apresentou pela primeira vez como aprendiz-marinheiro no USS *Lexington*, um navio-aeródromo com uma tripulação de 2 mil pessoas, baseado em Pensacola, Flórida. Naquela época, a integração racial ainda estava evoluindo em uma Marinha que fora segregacionista por quase dois séculos. Uns poucos afro-americanos haviam se tornado oficiais subalternos ou praças especializadas em áreas vitais, como comunicações e eletrônica. Na sua maioria, porém, eram cozinheiros. Os navios da Marinha ainda tinham serviçais, principalmente negros e filipinos, que executavam serviços de criadagem para os oficiais a bordo.

A tradição da Marinha exige que os novos recrutas passem os três primeiros meses no mar como ajudantes na cozinha, descascando batatas, lavando travessas para os cozinheiros e fazendo a limpeza geral após as refeições. Posso dizer que esses serviços são muito chatos. Os demais membros da tripulação caçoam de você, e às vezes podem ser agressivos. Mas é um rito de passagem a que todo recruta deve se submeter.

Al ia para o trabalho satisfeito, esperando ser designado para tarefas igualmente servis no convés — raspar a tinta velha e repintar com uma nova ou reabastecer os depósitos — enquanto aprendia um ofício mais complexo. Ele queria ser técnico em eletrônica, mas o recrutador lhe dissera que ele não era "inteligente o bastante" para isso. (Mais tarde Al se tornou chefe do setor de guerra cibernética no próprio serviço de inteligência do Estado-Maior Conjunto no Pentágono durante a guerra do Iraque.) Havia um marinheiro afro-americano na divisão de radares, e Al chegou a conhecê-lo.

Noventa dias chegaram e passaram, e outros novatos eram designados para trabalhar no convés. Mas Al continuava areando panelas. Ele começou a desconfiar que a classificação estava sendo feita pela cor da pele, mas não reclamou. Como fora abençoado com talento e uma personalidade de vencedor, alguns companheiros tomaram o partido dele. "Cara, eles estão te sacaneando", disse um dos cozinheiros brancos de quem se tornara amigo. "Você precisa ir direto ao Comandante." E descreveu-lhe um procedimento conhecido: "Se você fizer um pedido formal, eles vão tentar convencê-lo do contrário; se você pedir para ver o Comandante, eles vão fazer até o impossível para evitar que você crie problemas". Todo marinheiro na Marinha dos EUA tem o direito de apresentar um pedido especial por escrito para ver o Comandante, caso acredite estar sendo tratado injustamente. E se o marinheiro estiver correto, a cadeia de comando normalmente tentará dissuadi-lo a fim de evitar constrangimentos diante do Comandante.

Como sempre, Al sabia discernir um bom conselho quando o ouvia e, obviamente, quando o seu pedido foi parar como uma batata quente sobre a mesa do oficial de suprimentos que dirigia a cozinha do navio, este mandou chamar Al e perguntou o que ele queria. Sem problema, disse-lhe o oficial. Se Al retirasse o pedido para falar diretamente com o Comandante, o oficial o colocaria em qualquer divisão de sua escolha a bordo do navio. Al consultou o seu amigo no radar. Na mesma tarde Al também estava no radar. Por ter esperado a hora certa para falar, ele contornara meses de raspagem da pintura no convés e aprendera mais uma lição sobre como traçar o próprio caminho dentro da gigantesca burocracia da Marinha.

LIÇÃO: Precisando de ajuda, peça.

Depois de várias promoções rápidas, Al Collins foi designado para o USS *San Bernardino* como suboficial na Divisão de Inteligência Operacional (OI). O navio, próprio para desembarque, estava projetado para encalhar na praia e abrir a proa para liberar uma força de invasão de fuzileiros navais. Apesar de Al ser mais antigo do que as outras praças, ele não tinha nenhum conhecimento sobre a missão ou sobre o modo de operar um navio como esse. Às vezes isso acontece na Marinha, à medida que se sobe na hierarquia. Você vai assumindo responsabilidades maiores até que, um dia, depara-se num escalão mais elevado em que se espera que execute um trabalho que conhece muito pouco, para não dizer nada.

O único objetivo de um navio anfíbio é transportar fuzileiros navais de suas bases nos Estados Unidos e no Japão para qualquer lugar que seja palco de ação e colocá-los em terra. É responsabilidade da Marinha realizar essa operação com segurança. Isso requer um conjunto especial de habilidades técnicas e de liderança. "Tudo era grego para mim. Não eram ações ligadas às principais funções que as pessoas exercem em belonaves." Ele planejava aprender tudo o que precisava saber com os seus dois Cabos auxiliares, mas a sorte não o favoreceu. Pouco tempo depois da sua chegada, o *San Bernardino* foi incumbido de liderar um importante exercício com outros cinco navios que desembarcariam fuzileiros numa praia, em sequência coreografada, no exato momento determinado. Al, que nunca havia sequer visto esse tipo de exercício, era responsável pela coordenação dos cinco navios via rádio e pelo controle da chegada na praia das suas embarcações de desembarque cheias de fuzileiros. Ele nunca havia operado um rádio antes, e este era o seu primeiro posto com pessoas que se reportavam a ele. Tendo sempre recebido ordens, agora ele precisava dá-las.

"Foi um desastre total", admitiu. O inspetor da Marinha disse que nunca vira desempenho pior. E embora o exercício devesse ser retomado em dois dias, o inspetor basicamente dispensou Al: "Creio que você não tem condições de fazer isso", ele disse.

O Comandante poderia ter designado outra pessoa para a tarefa, mas não o fez. Em vez disso, perguntou se Al tinha um plano. Bem, não exatamente, mas ele tinha colegas. Al reuniu os seus homens e pediu-lhes ajuda. Eles concordaram que os ventos não lhes eram favoráveis, mas estavam dispostos a tentar ensinar-lhe o suficiente para coordenar o exercício.

"Eles eram gente boa, e nós éramos todos jovens", explicou Al. O pessoal não se dera muito bem com o seu antecessor, mas Al já havia conquistado o respeito deles ao admitir abertamente que não sabia nada sobre o trabalho e queria aprender. Nenhuma presunção. Sem conversa fiada. Nada disso de culpar a pessoa que programou o exercício antes que Al o conhecesse bem. Foi a sua franqueza, humildade e entusiasmo que o conduziram ao longo dos dois dias seguintes. E quando o exercício foi retomado, "não foi um desempenho excepcional, mas colocamos os fuzileiros em terra a tempo", ele disse.

Al ficou no *San Bernardino* durante três anos e cumpriu tão bem as suas responsabilidades que antes de sair o Comandante o escolheu dentre uma tripulação de duzentos homens para o que se chama promoção por mérito, uma promoção em que não é necessário competir com seus pares nem submeter-se a uma avaliação. Um Comandante pode promover por mérito três marinheiros de desempenho excepcional todos os anos.

Al demorou para entender o valor da educação formal; três vezes anteriormente ele havia perdido a oportunidade de frequentar a escola. Mas sempre encontrou mentores que reconheciam seu valor e o incentivavam — às vezes contra a sua vontade — a cumprir a sua promessa. Quando finalmente compreendeu a importância do "saber livresco", ele se inscreveu para cursos fora do horário de trabalho onde quer que estivesse servindo. Assim, atualmente, entre as universidades frequentadas por Al estão a Universidade do Sul do Alabama, a Universidade Nacional, em Washington, D.C., e a Universidade da Califórnia, em San Diego.

Mas essa não é a história toda. Eu não preciso lhe dizer que Al era um jovem marinheiro brilhante, disposto a aprender tudo a partir do nada. Uma das características que o distinguiam de outros jovens marinheiros brilhantes, porém, era o modo como inspirava os colegas a querer ensiná-lo. Pelo fato de admitir a sua ignorância, de pôr-se à disposição deles e de fazê-los sentir-se bem em compartilhar conhecimentos, eles não conseguiam resistir. Ele fazia com que se sentissem como heróis. A resposta gratificante de Al transformava o ato de ensiná-lo num prazer coletivo, o que, por sua vez, estimulava a competência do grupo.

Pode-se concluir que a busca do conhecimento é contagiosa. Para treinar uma equipe inteira, talvez você precise apenas de um buscador dinâmico como Al Collins para desencadear um processo de desenvolvimento intelectual.

LIÇÃO: Comande com compaixão.

Al aprendeu o poder do comando compassivo como Cabo a bordo do USS *Pegasus*, o primeiro aerobarco da Marinha, baseado em Key West, Flórida.

Essa embarcação de alta tecnologia, sustentada por sólidos hidrofólios, foi projetada para praticamente voar sobre a água a mais de quarenta e três nós, disparando mísseis de cruzeiro contra esquadrões inimigos. Al conseguiu um posto no *Pegasus* depois de impressionar um Comandante com o seu desempenho (e não pela primeira vez, posso garantir). O navio em que Al servia anteriormente escoltava o *Pegasus* quando um dos marinheiros deste adoeceu e precisou ficar em terra. Enviado para preencher a vaga, Al recebeu o convite para servir no aerobarco quando o Comandante percebeu a agilidade com que ele dominava novas habilidades.

Pouco depois, Al tirou uma licença em Key West para ficar com a esposa, Billie, que estava prestes a dar à luz o seu segundo filho. Mas, pouco antes do nascimento, o Capitão-de-Mar-e-Guerra Jim Orvis telefonou pedindo a Al que retornasse ao navio imediatamente, pois deveriam se deslocar para Porto Rico com o objetivo de testar os mísseis de cruzeiro do aerobarco. Era Al que elaborava o plano dos disparos dos mísseis, tarefa nunca realizada pelo Comandante, e era Al também que recebia os créditos quando os alvos eram atingidos. Sem dúvida, satisfeito com o desempenho de Al, e ciente do que ele sacrificara para que o Comandante e seu navio tivessem sucesso, Orvis mandou Al para casa de avião, às expensas da Marinha, para que ele pudesse ficar com a esposa e o filho recém-nascido pelo tempo que fosse necessário.

Um ano depois, o menino contraiu um resfriado renitente. No hospital de base em Key West, os médicos da Marinha disseram a Al para não se preocupar, mas quando o bebê deu sinais de que estava piorando, Al pediu a Billie que o levasse a um hospital civil. Ali os médicos diagnosticaram pneumonia dupla e encaminharam o bebê para especialistas em Miami, a tempo de salvar-lhe a vida. O Comandante Orvis liberou Al para acompanhar a família. Al só se reapresentou um mês depois, mas Orvis abonou-lhe todo esse período de ausência.

Anos mais tarde, quando Al comandava o próprio navio, a esposa de um de seus maquinistas-chave, Primeiro-Sargento Tom Carney, contraiu uma doença misteriosa. Al disse para Carney ir para casa e ficar com ela. A doença resultou em paralisia, e quando Carney retornou ao navio três meses depois, estava resignado com o fato de que a esposa não iria melhorar.

Compreendendo que Carney precisava de um emprego em terra para poder cuidar da mulher, Al, sem hesitar, providenciou uma transferência.

Carney era um maquinista de rara competência que Al nunca conseguiu substituir. O navio sofreu com a falta das suas aptidões e experiência. "O Sargento Carney era o melhor que tínhamos a oferecer", disse-me Al. "Se eu tivesse uma pergunta sobre máquinas, ele era o cara. Foi uma perda muito, muito grande." Se o país estivesse em guerra, Al não poderia tê-lo liberado. Mas era tempo de paz, e Al acreditava que não se deve fazer um homem bom sofrer além do necessário.

Carney voltou para uma visita ao navio e, com lágrimas nos olhos, disse a Al que era assim que a Marinha devia funcionar, mas que nunca vira acontecer antes. Não se preocupe, disse-lhe Al. "Apenas faça o mesmo para outra pessoa."

A compaixão é uma ferramenta poderosa de liderança que envolve as pessoas emocionalmente. Criando empatia com alguém que está sofrendo ou que passa por algum problema, dispondo-se efetivamente a ajudar, e fazendo diferença, um líder pode provocar uma resposta profunda equivalente a "Eu o seguirei aonde quer que você for". Além disso, uma pessoa que recebe um ato de compaixão está pronta, como Al Collins, a se tornar um mensageiro da ação correta a ser praticada a favor de um companheiro que passa por dificuldades. E quanto mais as pessoas do seu grupo se ajudarem mutuamente em tempos difíceis, mais forte a sua organização se tornará.

LIÇÃO: Aproveite o dia de hoje, e ajude os outros a fazer o mesmo.

A necessidade de grandes talentos em todas as posições da hierarquia é prioridade absoluta para as forças armadas. Por via de consequência, elas se dedicam ao desenvolvimento de habilidades com mais afinco do que muitas organizações civis. Por um lado, elas avaliam regularmente a aptidão de cada oficial, promovem os que melhoram e facilitam a saída dos que não merecem promoção. É um sistema rígido, nem sempre justo, mas geralmente capaz de separar os melhores dos demais. Nessas circunstâncias, é dever de cada oficial identificar pessoas talentosas, desafiá-las a crescer e incentivá-las a prosseguir. Isso inclui, definitivamente, as praças em início ou com pouco tempo de carreira. Esses homens e mulheres jovens muitas vezes entram para as forças armadas, atualmente de caráter voluntário, em busca de uma educação superior gratuita, e o seu desejo e determinação tendem a torná-los consideravelmente mais abertos e dispostos ao aprendizado do que muitos dos que os precederam.

Quando Al Collins se alistou na Marinha mais de três décadas atrás, ele ainda desconhecia o valor da educação, mas acabou se tornando o modelo do marinheiro que abraça a Marinha como uma oportunidade tanto para benefício próprio como para benefício da Marinha.

Um ano antes de Al chegar ao *Pegasus*, o aerobarco havia encalhado, literalmente, causando danos consideráveis aos apêndices sob o casco. O problema? Sua velocidade. O *Pegasus,* como mencionei anteriormente, era o navio mais rápido da Marinha, destinado a deslizar sobre a água a aproximadamente quarenta e três nós (quase noventa quilômetros por hora), e os sistemas de navegação da Marinha simplesmente não conseguiam rastrear as cartas a essa velocidade. No entanto, a Sperry Rand Corporation estava desenvolvendo algo chamado Sistema de Navegação para Evitar Colisão a Alta Velocidade, por isso o Comandante Orvis enviou Al aos laboratórios da Sperry em Reston, Virginia, para ajudar a adaptar esse sistema para uso em aerobarcos. Al participou do desenvolvimento de engenharia durante vários meses e aprendeu a operar o sistema nas suas mínimas particularidades.

Quando voltou para o *Pegasus* com o sistema, Al era o único homem a bordo do pequeno navio (cinco oficiais, dezessete praças) que sabia operá-lo. Coube a Al, uma praça, ensinar os oficiais a operar o navio. Na antiga Marinha, essa teria sido uma situação embaraçosa para os oficiais. Mas o *Pegasus* era um pouco como um promotor de alta tecnologia: o aprendizado de ponta entusiasmava e o respeito era conquistado pela atividade cerebral, não pelo posto.

A falta de instrução formal de Al certamente não incomodava Orvis ou Andy Singer, seu oficial de sistemas de combate, e os outros oficiais eram jovens o bastante para não se ressentirem. Observando o desempenho de Al, Orvis sentia uma admiração e respeito crescentes por suas habilidades. Mas o Comandante se preocupava com a possibilidade de desperdício de um grande talento, e considerou dever seu assumir o comando do futuro brilhante de Al e acelerar o seu progresso. Segundo a visão do Comandante, dirigir um navio significava mais, muito mais, do que esbravejar ordens. Orvis "me pressionava o tempo todo", disse-me Al. "Ele queria que eu realizasse todo o meu potencial e que fosse o mais longe que me fosse possível. Certa vez ele disse, 'Collins, se você não se inscrever para esse programa de oficiais, vou chutar o seu traseiro'."

Depois de dominar e ensinar o sistema de navegação, Al aproveitou uma oportunidade para passar para a área de tática e estratégia. Trabalhando com Singer, ele desenvolveu planos de exercícios e aperfeiçoou-os com o Comandante. A tripulação do navio se exercitava com vários jogos de batalha simulada em que o *Pegasus* desafiava grupos de batalha de navios-aeródromos, mantendo-se oculto até que os navios estivessem ao alcance e então disparavam mísseis de cruzeiro para afundar o navio-aeródromo.

O papel de Al era crucial: ele se tornou, de fato, oficial de operações do *Pegasus* e planejou cuidadosamente os movimentos do navio para aprovação do Comandante. Mantendo-se à espera, silencioso, com todos os aparelhos de transmissão desligados, o aerobarco ficava na escuta para detectar emissões eletrônicas do grupo de batalha — não apenas sinais de radar, mas praticamente qualquer sinal do espectro eletromagnético, inclusive transmissões de rádio e o sinal das ondas geradas pelos motores em funcionamento. Al triangulava a fonte e calculava a direção para onde apontar os mísseis. Nos disparos simulados, um sinal no radar indicaria cada um dos cinco mísseis apontados para o navio-aeródromo na mira de Al. Mais tarde, árbitros no navio-aeródromo verificaram que quando ouviam os sinais, o navio estava no local exato que Al tinha como alvo. "Em 100% das vezes, tivemos sucesso em chegar, atacar e, em seguida, correr de lá antes que descobrissem quem os havia atingido", disse-me Al.

Pouco antes de terminar o seu embarque no *Pegasus,* Al seguiu o conselho de Orvis e requereu para ser nomeado oficial. Como mencionei antes, há outras maneiras de se tornar oficial de Marinha, além de frequentar a Escola Naval, como eu fiz. Você pode ir para a ROTC ou a OCS e ser nomeado Segundo-Tenente, desde que satisfaça as exigências curriculares estabelecidas. É assim que temos provavelmente 85% dos nossos oficiais de Marinha. Mas há outro caminho para se tornar oficial, sem ter um diploma universitário. Se você é uma praça antiga que demonstra capacidades técnicas proeminentes e habilidades de liderança, você pode requerer promoção para oficial em serviços limitados. Foi isso que Al fez. Ao mesmo tempo, ele fez o teste para primeiro-sargento. Ele se classificou para ambos. Al havia trabalhado em função de oficial por longo tempo, mas foi para a sua função seguinte no USS *Truxtun* como Segundo-Tenente, um posto de verdade.

Como o Comandante Orvis se comprometera a fazer Al Collins cumprir a sua promessa, um "recruta que se tornou oficial" continuou a construir uma carreira impressionante nos meandros da burocracia da Marinha.

LIÇÃO: Quando necessário, exiba-se.

A Marinha, como os outros serviços militares dos Estados Unidos, orienta-se pela meritocracia. Mas não posso dizer que os militares vivem e trabalham em uma zona livre de ego, onde não há inveja, ciúme e ressentimento que em geral afligem a humanidade, por mais nobres que nós, militares, sejamos (ou pensamos ser). O problema todo gira em torno de como lidar com essas emoções sem se tornar vítima ou vilão. Tudo acaba sendo uma questão de responsabilidade — mas não da maneira como você possa pensar. Assim como é importante admitir os seus erros, é igualmente importante reconhecer os seus pontos fortes — não com arrogância pretensiosa, mas com confiança serena. Como Al Collins descobriu durante o seu serviço no *Truxtun*, admitir os seus grandes talentos pode ser a única forma de transformar a inveja e o ressentimento em admiração e respeito honestos.

Na democracia tolerante do *Pegasus*, o posto de Al antes de ir para o *Truxtun*, a sua condição de praça com um portfólio de oficial, não fora problema. Ironicamente, quando embarcou no *Truxtun* como Segundo-Tenente recém-nomeado, ele se sentiu objeto de profundo ressentimento por parte dos companheiros.

O *Truxtun* era um cruzador movido a energia nuclear e equipado com mísseis teleguiados, um dos navios mais novos e de maior prestígio da Marinha. Contava com uma tripulação de quinhentos integrantes, sendo cinquenta oficiais, quase todos mais graduados do que Al. A maioria dos oficiais também havia passado por um treinamento em engenharia nuclear, o que é um tormento. Só os mais inteligentes são admitidos, e nem todos sobrevivem às rigorosas exigências acadêmicas. Muitos dos que sobrevivem desenvolvem certa arrogância intelectual com relação aos que não passaram por isso.

Mas dos cinquenta oficiais do *Truxtun*, apenas cinco podiam arrogar-se o título de Oficial Habilitado para Guerra de Superfície, sem o que não poderiam ser promovidos. Obter esse título é uma empreitada gigantesca e exige um processo de qualificação penoso. Uma vez habilitado, você passa a usar um alfinete de ouro no peito, acima do bolso esquerdo, indicando que cumpriu todos os requisitos. Al havia sido qualificado no *Pegasus* e começou a usar o alfinete depois de ser nomeado. Assim, os oficiais do *Truxtun*, que se consideravam intelectualmente superiores em razão de sua formação em engenharia nuclear, saudavam o recém-promovido Segundo-Tenente com a sua insígnia de Oficial de Superfície como um grande craque a quem deviam certo respeito, embora não muito. Na verdade, o que eles tinham era inveja.

Nas sessões de treinamento na praça d'armas, "Desafie Al" tornou-se a brincadeira preferida. Sempre que surgisse uma pergunta difícil, alguém dizia com sarcasmo: "Deixem o Collins responder; ele está habilitado em guerra de superfície". Conhecendo Al, não me surpreendi ao saber que ele sempre tinha a resposta certa. Depois de suportar essa brincadeira durante algum tempo, porém, Al resolveu revidar, lançando o seu próprio desafio: "Muito bem, pessoal, é o seguinte: escolham qualquer assunto sobre guerra de superfície e façam dez perguntas em torno dele. Proponho a qualquer oficial deste navio, menos o Comandante, a respondê-las comigo; garanto que vou me sair melhor".

Um silêncio súbito tomou conta do lugar. Alguns colegas ficaram olhando para ele, outros trocaram olhares divertidos e outros ainda se fixaram nos próprios sapatos. Ninguém aceitou o desafio.

Problema resolvido. "Daquele dia em diante, não tive mais nenhuma dificuldade ou o que quer que fosse."

No entanto, ele recebeu um telefonema do Imediato, que comentou a reação corajosa de Al e ofereceu ajuda caso surgissem mais comentários sarcásticos. Não surgiram. Em vez disso, as pessoas começaram a fazer-lhe perguntas sérias sobre problemas que não conseguiam resolver. Com isso, Al ampliou o seu vasto círculo de amigos oferecendo uma mão solidária.

Eu mesmo tive oportunidade de me exibir um pouco, de forma legítima, na crise do Irã de 1997, quando o grupo de batalha do *Nimitz* entrou no Golfo Pérsico e fundeou ao largo de Bahrein para receber instruções estratégicas.

Enquanto o navio-aeródromo e os seus cruzadores estavam fundeados, o *Benfold*, que chegara dez dias antes, recebeu ordens para responsabilizar-se pela defesa aérea do grupo de batalha. Nós detectamos um avião-patrulha iraniano, um P-3, aproximando-se do grupo de batalha, com fins de observação. Como você pode imaginar, a Marinha não faz muita questão de deixar que aeronaves estrangeiras se aproximem demais dos seus navios-aeródromos. Sem dúvida, não há nada que impeça um avião de se lançar contra um navio e destruí-lo. Era preciso entrar em contato com o P-3 através da frequência internacional de emergência e pedir-lhe que se afastasse.

O USS *Lake Champlain*, que estava sendo comandado pelo mais antigo Comandante da Esquadra do Pacífico, era o navio mais bem posicionado para fazer esse contato. Cabia a mim, como Comandante do *Benfold*, dar a ordem para o contato com o P-3. E foi assim que o Comandante mais novo da esquadra, eu, precisei dar uma ordem para o Comandante mais antigo — uma ironia percebida por todos os oficiais de Marinha em todo o Golfo Pérsico.

A aeronave iraniana foi contatada com sucesso e se afastou. Mas depois eu soube que o Comandante do *Champlain* não ficou nada satisfeito por receber uma ordem de um subalterno. Quem poderia culpá-lo? Embora eu estivesse apenas cumprindo o meu dever, ele poderia interpretar o episódio como exibicionismo. Outro Comandante mais apegado à hierarquia poderia ofender-se tanto a ponto de retardar ou mesmo de resistir à minha ordem, o que poderia resultar em desastre. Para crédito do Comandante do *Lake Champlain*, nada parecido com isso aconteceu.

LIÇÃO: Transforme-se em uma máquina de aprender.

Na Marinha, e também em outros setores, ouço muitas vezes essa piada antiga, "Não se trata do que você sabe, mas de quem você conhece". Talvez seja assim. Mas há um grupo seleto de empreendedores espetaculares, como Al Collins, que desmente esse cinismo. De outro modo, como poderia a Marinha dos Estados Unidos orgulhar-se de possuir as melhores tripulações navegando nos melhores navios de guerra nos sete mares?

O cruzador de Al, o *Truxtun*, era o principal navio da escolta do navio-aeródromo USS *Enterprise*. Nessa condição, cabia ao *Truxtun* a prestigiosa função de comandar as operações de guerra antiaérea do grupo de batalha, defendendo-o de tudo o que se movimentasse no ar — desde aviões até mísseis de cruzeiro —, controlando e coordenando os aviões de guerra de todo o grupo. Era um jogo de xadrez em três dimensões a velocidades supersônicas, formando um quadro muito mais amplo do que a maioria das pessoas consegue ver. O único problema era que ninguém no *Truxtun* havia participado desse jogo até então. De forma talvez inevitável, Al Collins recebeu a incumbência e o desafio de entrar no jogo e ser vitorioso.

Al mergulhou imediatamente no estudo de todos os fatos relevantes disponíveis, mas que mal o qualificavam como aprendiz na misteriosa arte que ele precisava dominar em nome de todo um grupo de batalha. No entanto, ele e o oficial de operações do *Truxtun* elaboraram um plano e coordenaram o primeiro exercício do grupo. O resultado não chegou a ser um fiasco das dimensões do ocorrido no *San Bernardino*, mas foi lamentável o bastante para que Al fosse convidado a participar de um curso intensivo sobre o modo de orientar as aeronaves do navio-aeródromo sem destruí-las.

O "curso intensivo" acabou se transformando em um programa de treinamento de dois meses — o equivalente a um mestrado rápido em guerra antiaérea. Al também voou como passageiro em todos os modelos de aeronave a bordo do navio-aeródromo, de modo a poder avaliar as possibilidades e limitações dessas aeronaves quando ele estivesse no controle. Ele voltou para o *Truxtun* conhecendo o trabalho de ponta a ponta.

Isso foi em 1986, logo depois que o *Truxtun* se juntou ao grupo de batalha do *Enterprise* e partiu para o que fora planejado como um cruzeiro de rotina pelo Pacífico ocidental. Essa viagem acabou sendo de curta duração no grande quadro geopolítico de meados da década de 1980. Primeiro, o grupo foi enviado para dar cobertura aérea e evitar um golpe militar contra o novo governo de Corazón Aquino nas Filipinas. Em seguida, ele cruzou o Oceano Índico em direção ao Mar Arábico, ou Mar de Omã, para proteger o avião que levava o vice-presidente George H. W. Bush (ele estava em viagem pelo Oriente Médio, e os iranianos haviam ameaçado assassiná-lo). Depois atravessou o Canal de Suez e chegou ao Mediterrâneo, onde o *Enterprise* se juntou a outros dois navios-aeródromos que navegavam ao largo da costa da Líbia durante uma das crises periódicas provocadas pelo ditador Muammar Kadafi. Quando a Líbia disparou mísseis contra caças dos Estados Unidos, o grupo de três navios-aeródromos retaliou afundando dois navios líbios e bombardeando uma base de lançamento de mísseis.

Foi Al quem desenvolveu e executou o plano de defesa aérea nas Filipinas, e foi o plano dele que criou um corredor de segurança além da costa do Irã para o avião do vice-presidente. Ao largo da costa da Líbia, o grupo revezava a responsabilidade pela defesa aérea, de modo que às vezes Al, além de observar o quadro geral, também o dirigia — controlando todas as aeronaves dos três navios-aeródromo. Ele ainda era um Segundo-Tenente, o oficial de graduação mais baixa da Marinha, mas era uma máquina de aprender — e eu poderia acrescentar — de operar.

Ao longo de toda a carreira de Al Collins, foi a sua busca incansável de desafios intelectuais — não de superiores poderosos — que fez dele uma estrela da Marinha moderna.

LIÇÃO: Descubra o que é importante e trabalhe sobre isso.

Quando um grande grupo de pessoas enfrenta uma emergência, várias pessoas podem ansiosamente propor soluções, mas em geral apenas uma oferecerá uma ideia exequível. Esse é o líder, a pessoa que encontra soluções eficazes. Essa capacidade singular de discernir o melhor caminho a seguir é precisamente o que atrai seguidores.

Tenho certeza de que Al Collins nasceu com essa capacidade peculiar, mas ele provavelmente não fazia ideia do quanto ela era instintiva quando estávamos atracados na base da Marinha em San Diego. Na época, ele testava programas de computador e eu era Imediato no USS *Shiloh*. Al, que a essa altura galgara a hierarquia desde marinheiro até o posto de Capitão-de-Corveta, imaginava que poderia estar chegando ao fim da sua carreira na Marinha. A regra é "para cima ou para fora" — não sendo promovido a cada poucos anos, você se demite ou se aposenta. Ele poderia ter terminado a sua carreira como Imediato em um bom navio. Mas o seu posto também significava que ele podia inscrever-se para comandar um navio. Eu o incentivei a fazer isso. Ele se inscreveu e foi selecionado.

Quem assume o comando de um navio precisa frequentar a Escola para Prospectivos Comandantes [PCO, *Prospective Commanding Officer*]. Mesmo sendo veterano, você sempre volta para um curso de reciclagem ao receber um novo navio. Esse curso é abrangente e aborda conteúdos relacionados com métodos de atuação da Marinha: princípios de comando, técnicas de liderança, como e quando fazer relatórios — enfim, tudo o que é necessário saber para comandar um navio. Os candidatos participam de seminários com visitantes ilustres, como Almirantes, ex-Comandantes, outras patentes militares e profissionais que possam dar boas orientações sobre como evitar problemas.

O conselho que Al mais gosta de lembrar foi dado por um Almirante. Suas palavras de sabedoria? Simplesmente estas: não há absolutamente como saber se você vai fazer tudo certo. Esse homem sensato, cujo nome Al diz ter esquecido, mas cujas palavras ainda repercutem, disse que a Marinha emite ordens, regras, boletins, instruções e orientações sem fim. Isso é bom, disse o Almirante, mas não há forma de você poder cumprir todas elas nos seus dois anos de Comando. Ninguém consegue fazer isso, é impossível. "O trabalho de vocês", concluiu, "é descobrir o que é importante e trabalhar sobre isso. Ponto final. É isso".

A luz se acendeu, disse Al, e desde então ele considerou a maioria das outras lições do curso como subordinadas a esse princípio orientador. A primeira pergunta de Al em quase toda nova situação no decorrer da sua carreira foi: O que é realmente importante aqui?

O primeiro Comando de Al foi o USS *Gladiator*, um navio de contramedidas de minas, ou que a obcecada mania de siglas da Marinha chama de MCM [*Mine Coutermeasure*]. Chamados no passado de navios varredores de minas, esses navios tornaram-se tão sofisticados tecnologicamente que a denominação hoje é obsoleta. O *Gladiator,* por exemplo, é construído de madeira revestida com fibra de vidro e é movido por motores de alumínio para não correr o risco de emitir sinais eletromagnéticos que poderiam detonar uma mina sofisticada. Golfinhos treinados são usados para localizar minas e cortar suas amarras ou deixar pacotes de explosivos próximos para detoná-las. O navio também dispõe de dois robôs que podem ser liberados para neutralizar minas muito profundas projetadas para destruir submarinos.

O *Gladiator* encontrava-se em viagem pelo Mediterrâneo quando Al assumiu o Comando, em Lisboa. Poucos dias depois, chegou o momento de testar os robôs. Como algo que sai da fantasia de um adolescente que sonha com tecnologia, essas armas dispendiosas e sofisticadas são equipadas com seus próprios dispositivos de sonar, compartimentos de transporte de explosivos e câmeras anteriores e posteriores que alimentam imagens de vídeo ao vivo, ligadas aos especialistas que controlam os robôs com o *joystick*. Mas os robôs não estão livres de problemas, absolutamente, e ao acioná-los havia o risco de danificá-los ou perdê-los. Com todo o cuidado, os operadores colocaram um dos robôs na água, baixaram-no até aproximadamente trezentos metros, e então disseram que iriam retirá-lo.

Al, observando do centro de comando do navio, disse: "Um momento. Retirá-lo? Por quê? Até onde ele pode chegar?"

"Mil e quinhentos metros, senhor."

"Então façam isso. Desçam-no a essa profundidade."

Eles se entreolharam, nervosos. "Senhor, nunca fizemos isso." E disseram que haviam aprendido que o risco de dano era muito grande.

Al ficou num dilema. Por um lado, quase não se justificava, em tempos de paz, pôr em perigo um equipamento ou mesmo a vida. Por outro, porém, se as máquinas eram necessárias para realizar tarefas importantes, ele e a equipe precisavam saber o que elas poderiam realmente fazer.

Muitas vezes na vida civil e militar, líderes receiam ultrapassar limites; não arriscam porque têm medo do fracasso. É mais fácil agir com cautela e deixar que outros assumam os riscos. O problema é que, um dia, suas empresas acabam indo a pique e suas carreiras chegam ao fim porque, como qualquer investidor de sucesso lhe dirá, você precisa assumir alguns riscos prudentes e calculados para conquistar o seu prêmio.

Então Al, lembrando o conselho do Almirante, perguntou-se: Qual é o objetivo principal aqui? Não precisou pensar muito: a razão que nos trouxe aqui é preparar uma defesa avançada para a nação.

"Se vamos usar esse equipamento para essa função, precisamos praticar com ele", Al disse ao grupo. "Se ele enguiçar, paciência. Prefiro que falhe agora e não no momento em que seja realmente necessário."

Assim, os operadores liberaram o robô para as profundezas do mar, onde ele simplesmente deixou de funcionar. Em teoria, se ocorresse algum dano, o robô devia cortar o cordão umbilical e retornar à superfície. Ele de fato voltou, mas com o cordão ainda preso, apresentando assim pelo menos dois defeitos.

Mais tarde, Al ligou para o almoxarifado e solicitou as peças para consertar o robô. Mas ele também chamou os projetistas e disse-lhes que o equipamento não estava atendendo às especificações e que precisavam refazer o projeto. Por ser capaz de ignorar receios e apreensões e de se concentrar no verdadeiro motivo para testar o robô, ele obteve um conhecimento crítico sobre os limites do seu equipamento, um conhecimento que não poderia ter sido adquirido de outra forma. Além disso, a tripulação do *Gladiator* fez uma ideia muito melhor do que o seu novo Comandante esperava deles e do navio.

À semelhança da conduta de Al com os marinheiros que operavam o robô do *Gladiator*, eu incentivava os artilheiros do *Benfold* a se certificarem de que estávamos prontos para o combate a qualquer momento.

Como contratorpedeiro, o *Benfold* estava equipado com um único canhão de cinco polegadas que disparava projetis de vinte e dois quilos. Projetado para destruir mísseis, navios e aviões inimigos ou para apoiar desembarques na praia, o canhão precisa ser disparado regularmente para não se deteriorar. (Ele tem selos hidráulicos que podem secar e emperrar se não for usado com regularidade, causando vazamento de óleo e de fluido hidráulico em toda a área.) A única forma de mantê-lo operando adequadamente é submetê-lo a tensão constante. A Marinha estabelece requisitos de treinamento, incluindo exercícios de artilharia regulares, em que o navio e sua tripulação são classificados e recebem índices de prontidão. Mas as restrições orçamentárias que limitavam a nossa cota de projetis para treinamento tornavam praticamente impossível alcançar a excelência. Talvez conseguíssemos cinquenta projetis para disparar a cada trimestre. Parte do meu trabalho como Comandante do *Benfold*, porém, era alcançar a excelência. Com vontade, sempre se encontra uma solução — neste caso, o Corpo de Fuzileiros dos Estados Unidos.

Os fuzileiros navais têm regras próprias para treinar espóteres, o pessoal que se comunica por rádio com os artilheiros de um navio, ajudando-os a guiar os projetis até o alvo. E para realizar esses treinamentos, eles também têm a própria cota de projetis, enorme aliás, que os navios da Marinha podem usar. Para sorte nossa, os fuzileiros treinavam os seus espóteres no mesmo campo de tiro usado pelo *Benfold*. Então, a saída foi dispor-nos a proporcionar treinamento em espotagem aos fuzileiros usando os projetis deles, e assim todos teríamos oportunidade de alcançar a excelência. Realizamos a façanha esgotando rotineiramente a nossa praça de municiamento de quinhentos projetis em exercícios com os fuzileiros navais.

Havia uma desvantagem com o canhão de cinco polegadas, no entanto. Um parafuso da arma é suscetível à fadiga do metal e pode partir-se depois de 350, 400 disparos. Os artilheiros gostavam de praticar, mas ficavam contrariados quando eu insistia em esgotar a nossa praça de municiamento de 600 projetis em cada exercício. Eles não queriam correr o risco de enfrentar uma falha do canhão no meio do exercício.

Eu não estava apenas testando o canhão para descobrir quanto tempo ele aguentaria antes de quebrar; eu estava também exercitando os artilheiros. Eu queria que eles desenvolvessem uma sensibilidade tão aguda com relação à arma que pudessem antecipar a quebra e substituir o parafuso antes que isso acontecesse. A tripulação precisou trabalhar mais; a longo prazo, porém, o *Benfold* conseguiu um sistema de armas melhor e mais confiável.

LIÇÃO: Faça um contrato com o seu pessoal e respeite-o.

Quando Al assumia o Comando de um novo navio ou quando novos tripulantes incorporavam-se a um navio sob seu Comando, ele convocava uma reunião para comunicar as suas regras e expectativas e o contrato que fazia com cada marinheiro.

"Eu sou o Comandante", Al dizia, "e esse é o melhor posto no navio. Nesse sentido, eu acordo quase todas as manhãs sentindo-me muito bem. Mas nem tudo é diversão, e às vezes levanto sentindo-me um verdadeiro trapo. Então não espero que vocês pulem da cama às cambalhotas toda manhã por se sentirem felizes em estar aqui. Mas espero que fiquem bastante satisfeitos com a sua condição e o seu ambiente de trabalho, e sintam que estão alcançando o que esperavam com essa atribuição."

E continuava: "Este é o contrato que fazemos: Vocês ingressaram na Marinha por uma razão específica. Eu não conheço essa razão, mas gostaria de saber qual é para poder ajudá-los a conseguir o que desejam — aprender uma profissão, continuar a sua formação através do G.I. Bill [lei que concede apoio financeiro a ex-veteranos para frequentar uma universidade] ou seguir carreira na Marinha. E a nossa parte nesse contrato é propiciar-lhes um bom ambiente de trabalho; pagar os seus serviços (embora não muito); proporcionar-lhes um bom plano de saúde; desenvolver uma habilidade e dar-lhes uma oportunidade de usá-la; e se quiserem, e atenderem às necessidades da Marinha, oferecer-lhes uma carreira. Eu estou aqui para providenciar o cumprimento da nossa parte".

Mas Al não havia terminado. Tendo ele próprio galgado os escalões desde o nível de recruta, ele sabia muito bem que a vida na Marinha não era para todos, e os jovens homens e mulheres, especialmente aqueles com poucas opções, poderiam em breve arrepender-se da escolha feita. Então acrescentava uma ressalva importante: "Se acordarem pela manhã e sentirem que estão odiando o que fazem, vocês precisam me procurar para conversar; trabalharemos juntos para mudar essa situação".

Al tinha consciência de cada palavra pronunciada, e o motivo para convidar os novatos a apresentarem as suas queixas era fazer com que todos soubessem que sempre havia uma saída. Lembrando com tristeza que alguns marinheiros desesperadamente infelizes cometeram suicídio, Al dizia que "preferia afastar o jovem do navio a vê-lo prejudicando a si mesmo, a um companheiro ou ao meu navio". Seu convite foi aceito apenas uma vez, quando um oficial que se tratava de depressão sentiu-se livre para informar que não poderia mais cumprir as suas funções. Com grande satisfação, Al conseguiu transferi-lo.

Mais frequentemente, o próprio Al precisava tomar a difícil decisão de que um membro da tripulação não era talhado para a Marinha, e ainda mais difícil, dar-lhe a embaraçosa notícia de que ele nunca seria autorizado a conduzir o navio. Al tinha o cuidado de esclarecer que isso não significava uma mancha negra no histórico do marinheiro e também não queria dizer que ele era um fracassado. Vamos descobrir alguma coisa com que você se sinta bem, algo que você goste de fazer todos os dias, dizia ele, e eu vou ajudá-lo a fazer com que isso aconteça. Al até participava ativamente da busca. Ele ainda recebe e-mails de pessoas que dispensou, com agradecimentos sinceros pela decisão tomada.

Na minha própria experiência de Comando, a dispensa de pessoas me proporcionava compensações inesperadas — quando eu o fazia da maneira correta. A pessoa sentia-se aliviada por sair de uma situação claramente desconfortável e grata por eu ajudá-la a encontrar uma solução conveniente, e eu me sentia bem ajudando a dar à luz uma vida nova e melhor, à semelhança de uma parteira. Mas muito mais importante do que qualquer satisfação pessoal era o que a tripulação via quando o Comandante mandava os inadaptados para atividades em terra: preservando a dignidade de cada marinheiro que partia, eu honrava a minha promessa de proteger os membros da nossa equipe que permaneciam a bordo, e eles retribuíam trabalhando com mais entusiasmo e inteligência para o navio.

LIÇÃO: Acredite que a tripulação pode assumir o navio.

Quis o destino que um dos quatro motores do primeiro navio comandado por Al Collins enguiçasse. O chefe-de-máquinas do *Gladiator* reportou-se a Al para perguntar-lhe sobre o prazo para consertá-lo. "Eu não faço motores", respondeu-lhe Al. "Esse motor é seu. Se ele quebra, conserte-o; e faça isso o mais rápido possível, e com todo o capricho. Se houver alguma razão operacional, eu lhe direi quando vou precisar dele, então você conhecerá o grau de urgência. Mas não vou estabelecer nenhum prazo."

Al teve dificuldades em incutir nos membros da tripulação o conceito de que podiam assumir o navio, especialmente porque o seu antecessor havia sido um microgerente que sempre estabelecia prazos. Então Al, com seu toque de mestre aperfeiçoado em sua jornada extraordinária desde recruta inexperiente até Comandante do próprio navio, convocou uma reunião com todos os suboficiais e primeiros-sargentos, as praças mais antigas. Disse-lhes diretamente, "Este navio é seu, e vocês precisam assumi-lo". Explicou que os oficiais seguramente não podiam fazer isso — apenas um dos oficiais subalternos já estivera em um navio antes. Eles eram jovens promissores, assegurou Al ao grupo, mas imaturos, e então atribuiu a essas praças mais experientes duas missões: "Primeira, conduzir o navio; segunda, ensinar às praças mais jovens como fazer isso". Concluiu dizendo que contava com todos para fazer o que ele pedira. E eles fizeram.

De certa maneira, esse é o conselho mais importante sobre liderança que posso lhe oferecer. Há uma diferença fundamental entre uma organização cujo líder é um microgerente que tolhe a iniciativa de todos e uma organização que deixa as pessoas livres para que assumam total responsabilidade por suas tarefas e empenhem suas habilidades ao máximo. Entre os militares, essa é a diferença entre uma unidade que provavelmente se desagregará e outra que está pronta para lutar e vencer. Nos negócios, é a diferença entre uma empresa que "já foi" e apenas se empenha em competir e outra cujos funcionários sentem prazer em estar na vanguarda.

Ao aceitar a responsabilidade de assumir o *Benfold*, alguns membros da minha própria tripulação resolveram um problema de toda a esquadra relativo ao lançamento dos então novos mísseis de cruzeiro Tomahawk. Como você pode imaginar, tínhamos de estar preparados para lançar os Tomahawks sem aviso prévio, mas o procedimento adotado por todos os contratorpedeiros com mísseis teleguiados ameaçava a rígida sucessão dos lançamentos. Confuso, o Comandante da Esquadra estava a ponto de informar ao Pentágono que era impossível realizar a missão de acordo com a programação feita. Foi quando vários dos meus planejadores de missão, liderados pelo Segundo-Sargento Darren Barton (hoje ele é Primeiro-Sargento, por sinal), puseram a mente a trabalhar para definir procedimentos que nos possibilitassem compatibilizar as linhas de tempo. Nós comunicamos a solução ao Comandante, e ela foi adotada em toda a esquadra.

Eu não pedi aos planejadores que procurassem uma solução. Eles simplesmente sabiam que tudo o que faziam era importante, não apenas para os companheiros, mas para a segurança do nosso país como um todo. Eles compreendiam o todo da preparação militar e queriam fazer a sua parte da melhor maneira possível. Evidentemente, providenciei para que recebessem todo o crédito pelo que fizeram. Mas o meu elogio ou o elogio de terceiros não era importante; eles teriam feito o que fizeram de qualquer maneira, porque era a coisa certa a fazer.

Muito antes de eu assumir o Comando do *Benfold*, servi durante dezoito meses a bordo do contratorpedeiro USS *Harry W. Hill*. Era um grande navio com um Comandante fantástico, mas o *Hill* lograra certa fama (ou talvez infâmia) porque todo marinheiro que servia nele podia ser facilmente identificado logo antes da partida: um marinheiro do *Hill* sempre levava alguns litros de água potável a bordo como prevenção.

Nos navios mais antigos da Marinha, eram as caldeiras que produziam a água necessária. Elas captavam a água do mar, ferviam-na para retirar as impurezas e transformavam o vapor em água potável. O *Harry W. Hill* tinha as piores caldeiras da Marinha. Podíamos zarpar com os nossos tanques de água potável totalmente cheios, mas em uma hora teríamos apenas 20% do total. O chefe de máquinas culpava a tripulação, alegando que demorávamos muito para nos barbear e usávamos muita água de cada vez. Na verdade, a caldeira era mal projetada, mas nós zombávamos do maquinista dizendo que ele também tinha um rombo e que devia consertá-lo.

Avancemos dez anos, até 1997. Eu era Comandante do *Benfold* havia dois meses, e recebemos ordens de nos dirigir para o Oriente Médio. Estávamos a dois dias de distância de San Diego, num deslocamento de sete dias até Pearl Harbor. Em nosso grupo de batalha estava apenas o *Harry W. Hill*. E como você pode imaginar, já sem água.

O *Benfold* estava equipado com o protótipo de um sistema de dessalinização por osmose reversa. Tudo o que tínhamos de fazer era recolher um pouco de água salgada, passá-la por uma sequência de membranas progressivamente mais finas para remover as impurezas e *Shazam!* Tínhamos água límpida e pura. Então não fiquei nada surpreso quando recebi um telefonema do Comodoro, que viajava no *Hill*. É uma situação constrangedora quando o Comodoro está no seu navio e não consegue sequer escovar os dentes. Senti um pouco de pena do Comandante e da tripulação do *Hill*.

De qualquer modo, o Comodoro estivera recebendo relatórios periódicos sobre o nosso novo sistema de dessalinização. "Você realmente dispõe de água 100% potável?" ele perguntou. Quando confirmei, ele reafirmou o que eu já sabia sobre a falta de água no *Hill*, e depois disse: "A menos que você descubra uma forma de conseguir água para o *Hill*, vou me transferir para o *Benfold* e mandar o *Hill* de volta para San Diego". Fiquei arrepiado.

Se o navio tivesse de retornar, não só o exercício previsto para Pearl Harbor seria suspenso, mas eu seria expulso da minha sofisticada câmara de Comandante para cedê-la ao Comodoro. Eu seria obrigado a viver em um camarote do tamanho de um *closet*. Que grande negócio!

Na história da Marinha dos Estados Unidos, nenhum contratorpedeiro havia transferido água para outro contratorpedeiro — supostamente, esses navios não teriam essa capacidade. Eu levei o problema para Derek Nisco, o jovem oficial responsável pela divisão de convés, e para o seu sargento de marinharia, o grisalho Scott Moede. (Como você deve lembrar-se, Moede evitou um desastre durante o nosso exercício de ancoragem ao largo de San Diego, quando o freio da amarra falhou.) Esse era o primeiro embarque de Derek como encarregado de divisão, mas Moede era mais velho e experiente. Assim, eles somaram forças e, sem dúvida, chegaram a uma solução.

Quando retornei a chamada do Comodoro, ele começou a me dizer como o trabalho devia ser feito. Eu o interrompi, dizendo: "Comodoro, o senhor poderia me conceder um minuto?" Quando ele se dispôs a ouvir, eu disse: "Nós já pensamos nisso, e é dessa forma que gostaríamos de trabalhar". Ele ficou surpreso por ter sido interrompido, mas se recompôs enquanto lhe apresentávamos o nosso plano.

Para enviar a água potável, Derek e a sua equipe arquitetaram uma maneira de suspender uma mangueira no ar para não ser arrastada pela água e não arrancar os acessórios laterais quando nos posicionássemos a contrabordo do *Hill*. Eu disse "arquitetaram" porque um contratorpedeiro normalmente não leva o equipamento necessário para esse tipo de manobra. Mas o meu pessoal arranjou um arame tensor rígido com um trole a ele preso para levar a mangueira e trazê-la de volta. Nunca havíamos feito nada parecido com isso, mas o procedimento todo foi um sucesso.

Nós transferimos cerca de 45 mil litros de água potável do *Benfold* para o *Hill*. A porcentagem de água do *Benfold* caiu para cerca de 30%, o que me levou a pensar sobre a nossa capacidade de chegar a Pearl Harbor. Mas no dia seguinte, graças ao sistema de dessalinização, havíamos voltado aos 100%.

Senti orgulho da minha equipe quando ouvi a notícia de que a transferência da água havia chegado ao Pentágono. O importante da minha história, porém, é que não tive nada a ver com a solução do problema. Não apresentei nenhuma sugestão. Deixei que Derek e os marinheiros assumissem o navio, e eles encontraram uma solução bem melhor do que eu poderia ter imaginado.

Tudo está em se deixar as pessoas livres para assumirem total responsabilidade por seus atos. Nas forças armadas, bem como nos negócios, você não vai conseguir que as pessoas deem o máximo de si adotando métodos autoritários tradicionais. Esse modelo de comando e controle não dá bons resultados atualmente. Como Al Collins me disse, não é que você não possa mais exercer o poder absoluto. Você pode. Mas se os seus oficiais e a sua tripulação não o desafiarem de verdade, eles trabalharão, no mínimo, mal-humorados e contrafeitos.

É muito melhor convencer as pessoas de que a sua causa é digna e merece ser assumida. É por isso que Al reuniu toda a tripulação do *Gladiator* no seu primeiro dia a bordo e explicou-lhes o que pretendia fazer — seu programa para o navio, os prêmios que poderiam conquistar e como fariam isso. Ele os estava desafiando a ser os melhores e ao mesmo tempo acrescentava interesse e propósito para a vida no navio. Mas, acima de tudo, Al estava deixando muito claro que a tripulação tinha uma missão em comum cujo sucesso dependia de que cada um aceitasse a responsabilidade de fazer a sua parte. Se alguém relaxasse, o objetivo se tornaria inatingível. Em pouco tempo, evitar o trabalho ou não fazê-lo com capricho tornou-se socialmente inaceitável no *Gladiator*; todos haviam assumido a sua responsabilidade. E quando o navio começou a ganhar prêmios, todos compartilhavam a vitória.

Por essa época, eu estava no Pentágono, trabalhando para o Secretário de Defesa William Perry, e falava frequentemente com Al. Eu ficava feliz, mas não surpreso, quando o *Gladiator* conquistava todos os prêmios. Eu sabia de longa data que a responsabilidade é uma das armas mais poderosas no arsenal de um líder. A partir do momento em que o seu pessoal a assimila e a saboreia, eles suportarão praticamente todas as dificuldades e pagarão quase qualquer preço — inclusive o de arriscar a própria vida — para manter o orgulho e o propósito que a responsabilidade lhes dá.

LIÇÃO: Assegure-se de que toda a tripulação esteja a bordo.

Al deu-se tão bem em conseguir o melhor da sua tripulação no *Gladiator*, que os seus superiores hierárquicos recorriam e ele e à sua equipe para realizar tarefas no mar que outros navios, menos competentes, não executariam com a mesma qualidade. Isso era muito bom para Al e também para a maioria dos marinheiros. Mas as famílias do seu pessoal a bordo começaram a se preocupar. Não era certo, queixavam-se, que o *Gladiator* estivesse sempre no mar, enquanto outras tripulações tinham de ficar no porto-sede porque os seus navios apresentavam defeitos ou elas não estavam à altura das tarefas exigidas.

Eles tinham razão, concluiu Al. Inicialmente, porém, tudo o que ele podia apresentar como desculpa pouco convincente era que o sistema é maior do que qualquer um de nós. Essa explicação praticamente não satisfez a ninguém. Então ele conversou comigo e com o Almirante John Pearson, que fora Comandante de Al na sua função anterior no *Truxtun*. Avaliando a capacidade de Al, Pearson lhe deu total autonomia para administrar o *Gladiator* como ele bem entendesse. Foi então que Al conheceu uma página do meu livro sobre o *Benfold*. Ele começou a escrever cartas para as famílias da sua tripulação, dando-lhes informações sobre o que seus cônjuges, filhos e filhas estavam fazendo e elogiando suas realizações. Também começou a publicar um jornal do navio, dirigido tanto às famílias como à tripulação, registrando os triunfos do *Gladiator* e destacando a importância das suas inúmeras missões.

As lamúrias nunca cessaram totalmente, mas à medida que as famílias começaram a compreender toda a importância das atividades que os seus familiares realizavam com tanta eficiência e à medida que ficavam mais bem informadas sobre as atividades do navio e suas realizações, também elas passaram a sentir orgulho dos feitos do navio. De fato, Al transformou-as em uma extensão da tripulação, e agora elas também estavam a bordo.

LIÇÃO: Use o poder para fazer a coisa certa.

Seja nas empresas ou nas forças armadas, um líder jamais deve subestimar o escopo da sua autoridade e responsabilidade na interação com o mundo externo. E na hipótese de conflito com estranhos à organização, este deve ser encarado não como um confronto de caráter pessoal, mas como defesa da organização e dos seus interesses maiores. Pondo-se acima das próprias emoções e limitações, com maior probabilidade os líderes manterão a necessária frieza e distanciamento para avaliar imparcialmente as cartas que têm e, invariavelmente, estas serão favoráveis a eles.

Al aplicou brilhantemente essa lição quando o *Gladiator* entrou no dique para uma manutenção que custaria vários milhões de dólares. Nesse momento, os navios de contramedidas de minas tinham um registro de manutenção desanimador; estaleiros normalmente atrasavam semanas ou meses com reparos nesses navios, e enormes custos excedentes eram rotina. O supervisor do estaleiro e o representante da Marinha no estaleiro advertiram Al de que poderiam surgir problemas. Não, replicou-lhes Al, isso não vai acontecer. Ele estava entregando o navio dentro do cronograma e iria retirá-lo dentro do programado. Eles se entreolharam e sorriram com conhecimento de causa.

Em geral, os oficiais de Marinha não são treinados na arte de negociar com os empreiteiros. Mas no *Truxtun*, Al aprendera muita coisa do Almirante Pearson sobre estaleiros e como lidar com eles. Segundo Pearson, os estaleiros faziam jogadas. Seu conselho bem franco: "Não deixe que esses paspalhos se saiam bem nisso".

Quando Al percebeu que os reparos no *Gladiator* começavam a atrasar, ele se lembrou do conselho de Pearson e chamou o supervisor do estaleiro e o representante da Marinha. Ele estava calmo e controlado — aprendera com o pai na Geórgia que gritar e bater na mesa não produzem o efeito desejado — mas falou francamente.

"A questão é a seguinte", Al lhes disse. Ele notificara os serviços portuários de que precisaria de rebocadores para o dia que estava programado para o *Gladiator* sair do estaleiro. Com os consertos concluídos ou não, ele iria retirá-lo do estaleiro. Eles não iriam reter o seu navio, absolutamente. Se não dispunham de profissionais ou de recursos para concluir a manutenção dentro do cronograma, outro dentre os quatro estaleiros da região certamente dispunha. O governo estava pagando pelo trabalho feito, e se o estaleiro não podia realizá-lo a tempo, ele cancelaria o contrato.

"Você não pode fazer isso", replicaram-lhe. Ele era apenas o Comandante, e o contrato era com a Marinha dos Estados Unidos.

"Esse é o meu navio" retrucou Al, "e eu não preciso deixar que vocês trabalhem nele. Se eu os declarar *persona non grata*, vocês não poderão trabalhar no meu navio. E se não trabalharem no meu navio, não receberão o pagamento."

O *Gladiator* foi o primeiro navio da história da classe MCM a sair de um estaleiro antes do previsto. Al provocou essa situação porque, ao contrário de outros Comandantes de navios MCM, ele se recusava a deixar-se intimidar e a participar do jogo dos responsáveis pelo estaleiro. Eles achavam que ele era "apenas" um Comandante contrariando um contrato da Marinha. Mas Al sabia que representava o interesse real da Marinha — uma reviravolta rápida, a preço justo. Essa convicção lhe deu o poder de exercer a sua autoridade sem medo de ser contestado por seus próprios superiores. No final, Al venceu porque tanto ele como seus antagonistas sabiam que ele estava certo.

Uma vez mais, Al Collins demonstrou como um líder franco e expedito pode conquistar o sistema dentro de uma organização ciclópica.

LIÇÃO: Deixe o sistema trabalhar para você.

Depois de completar o seu Comando no *Gladiator*, Al desejava um trabalho sossegado em San Diego, enquanto aguardava o momento de receber o próximo navio. O fato de ter sido o que a Marinha chama de *deep selected*, ou promovido a Capitão-de-Fragata um ano antes do previsto, dava-lhe o direito de impor as suas próprias condições. [Um oficial é *deep selected* quando demonstra qualidades e desempenho excepcionalmente elevados, podendo então ser promovido antes de seus pares constantes da lista de promoções e antes do tempo regular previsto para promoção.] O encarregado do setor de movimentação informou que havia uma vaga no departamento de pessoal em San Diego, mas esclareceu que não se tratava de uma posição de destaque. "Tudo bem. Não estou à procura de um trono", disse-lhe Al.

Em parte por minha causa, a vida tranquila de Al não durou muito. Um dia, convidei a ele e ao meu amigo Jerry Huber, então assessor do Almirante em San Diego, para um almoço. Propus que Al assumisse as funções de Jerry, para que eu pudesse transferir o *Benfold* para Jerry. Al respondeu que de maneira nenhuma — que estava despreocupado e feliz e que não precisava de quatorze horas de trabalho por dia. Poucas semanas depois, no entanto, o Almirante o fez sentar-se à escrivaninha de Jerry e disse: "Esta é a sua nova função". Duvido que Al tenha ficado totalmente surpreso, mas ele sabia que o trabalho seria temporário.

Embora Al tivesse pedido um contratorpedeiro equipado com mísseis teleguiados como o *Benfold* na troca de Comando seguinte, ele não conseguiu. Quando chegaram as ordens, ele recebeu o USS *Oldendorf*, um contratorpedeiro tradicional bem mais antigo. Al não se queixou. Mas quando o Almirante Edward Moore ficou sabendo, assumiu as dores de Al. Qual é a vantagem de ser *deep selected*, questionava o Almirante, se você não pode escolher o seu navio? O questionamento de Moore atingiu o alvo. Se os oficiais mais jovens descobrissem que o pessoal que trabalhava arduamente para ser promovido não recebia a recompensa prometida, eles relaxariam.

O Almirante telefonou para o oficial-chefe do setor de movimentação e fez mais duas perguntas: Por que Al Collins não foi atendido na sua primeira escolha? E alguém que não fora promovido por merecimento havia conseguido um contratorpedeiro com mísseis teleguiados? Ao retornar a ligação, o oficial não respondeu a nenhuma das perguntas. Ele só queria saber se Al ficaria satisfeito com o USS *Fitzgerald*. O *Fitzgerald* era um contratorpedeiro equipado com mísseis teleguiados, como Al pedira. E Al estava satisfeito.

Sem fazer alarde sobre o que a todos parecia discriminação e injustiça, Al conseguiu que o seu Almirante acorresse em sua defesa. Por quê? Porque o Almirante conhecia Al e suas realizações o suficiente para perceber que alguém cometera uma asneira colossal. O que aprecio de modo particular nessa história é que o Almirante não se empenhou por Al Collins por Al ser um bom garoto às antigas, um velho amigo, ou alguém do seu círculo íntimo. Não, o Almirante agiu porque a decisão do setor de movimentação era estulta, talvez discriminatória, e flagrantemente contrária aos interesses vitais da Marinha no que dizia respeito ao desenvolvimento de brilhantes jovens Comandantes.

Al era inteligente o bastante para saber o que aconteceria quando as notícias chegassem ao Almirante — e paciente o suficiente para esperar.

LIÇÃO: A grandeza percorre um quilômetro a mais.

Quando Al assumiu o Comando do *Fitzgerald*, este já era um navio muito bom. Restava apenas elevar-se das alturas à grandeza, mas esse seria um passo gigantesco.

Como o *Benfold,* o navio era uma máquina de guerra fantástica, equipado com o sistema de controle de lançamento de mísseis Aegis. Era acionado por quatro turbinas a jato do mesmo tipo usado em aviões comerciais DC-10, de modo que o imenso navio podia navegar a mais de trinta e um nós. Mais três turbinas a jato geravam energia para um espantoso conjunto de equipamentos elétricos sofisticados e armamento futurista. Além disso, o *Fitzgerald* abastecia-se de água potável utilizando água do mar, e era ambientalmente impecável, não devolvendo ao mar nada que não estivesse limpo e fosse biodegradável. Como proteção contra ataques químicos e biológicos, o interior do navio permanecia numa pressão ligeiramente mais elevada do que a atmosfera exterior, impedindo assim a entrada de ar tóxico. O *Fitzgerald* não era nada menos do que maravilhoso.

À diferença dos navios equipados com outros sistemas, os equipados com o Aegis não dispõem de sistemas de radar distintos para busca, acompanhamento e direção de tiro. Em vez disso, o Aegis, um termo derivado da mitologia grega que hoje significa "escudo da esquadra", envolve o navio numa bolha de radar que está em alerta permanente para captar qualquer fator hostil proveniente de qualquer direção. O Aegis pode detectar um intruso, identificá-lo, escolher a arma defensiva adequada e abatê-lo — tudo automaticamente e em poucos segundos.

Al servira a bordo de navios com versões mais antigas dos sistemas de mísseis teleguiados, mas ele também conhecia muito bem o Aegis. Na verdade, ele era o homem que havia inspecionado o programa de link de dados digitais do sistema de combate do *Fitzgerald* e o havia certificado como pronto para combate. Mas não tivera nenhum treinamento específico sobre o Aegis nem adquirira experiência para operá-lo. No entanto, ele logo percebeu que sabia muito mais sobre o funcionamento do sistema do que os homens que o operavam. Isso não quer dizer que não fossem inteligentes e eficientes. Eles tinham as duas qualidades, e podiam operar e manter o sistema de modo eficiente. O que lhes faltava era um conhecimento abrangente sobre como ele funcionava.

Al descobriu a mesma falta de conhecimento profundo em todo o navio. Ele contava com uma tripulação preparada e bons oficiais, mas eles não conseguiam explicar como as coisas funcionavam, nem sabiam por que o modo de proceder da Marinha era o melhor para fazer as coisas.

Sendo Al a personalidade que era, não ficou nada satisfeito com a situação, muito embora fosse uma ótima situação. Ele queria melhorar o *Fitzgerald* tornando-o grandioso. Ele se dedicava à causa da grandeza e queria que a tripulação e os oficiais profissionais comungassem dessa paixão. Ele queria que eles passassem a saber, sem precisar pensar, como as coisas devem ser feitas na Marinha. Em sua primeira fala no navio, ele enalteceu a tripulação por suas ótimas realizações. Comentou que durante dois anos consecutivos, o *Fitzgerald* ganhara o troféu de melhor navio no seu grupo de batalha e de esquadrão, um feito notável. Mas agora, disse Al, vamos em busca do prêmio maior: o Troféu Spokane, concedido pelo Comandante da Esquadra do Pacífico ao navio dessa força mais bem preparado para a guerra.

Depois de atrair a atenção e de despertar o entusiasmo da tripulação, ele começou a elaborar um plano de ação com o objetivo específico de conquistar o troféu. O plano envolvia prática constante com os sistemas de armas e a manutenção impecável do navio em si. Ele também manifestou a sua intenção de obter todos os prêmios de menor importância a caminho do troféu e também de aperfeiçoar os mecanismos de segurança do navio. Em poucos meses, o *Fitzgerald* foi aclamado pelo Comandante de Operações Navais como o navio mais seguro de toda a Marinha.

Al e sua tripulação pareciam avançar rapidamente na busca do prêmio mais ambicionado, mas havia algumas pedras no percurso, ou seja, as praças mais antigas. Esses eram em torno de vinte sargentos que deveriam estar entre os aliados mais confiáveis de Al, dado que ele próprio saíra desse escalão. Mas os sargentos haviam se eximido de assumir responsabilidade pelos problemas do *Fitzgerald*, e estavam mais preocupados em proteger os próprios privilégios e vantagens. Eles eram capazes, mas pensavam pequeno. Al estava determinado a ampliar os horizontes deles envolvendo-os em funções a serviço da causa da grandeza do *Fitzgerald*.

Como ele mesmo havia sido sargento, Al sabia falar a língua deles. "Eu descia ao rancho deles e dizia, 'Muito bem, rapazes, aqui estamos; vamos falar sobre o assunto'", disse-me ele. E como havia feito no *Gladiator*, informava aos sargentos que era tarefa deles treinar os escalões inferiores. Mesmo que alguns deles fossem arrogantes e não quisessem dar-lhe ouvidos, Al dizia, "Ainda assim o trabalho de vocês é treiná-los e garantir que quando levarmos esta coisa para o campo de batalha, eles estejam prontos para lutar. Vocês não podem fugir disso". Eles o ouviam, mas não necessariamente o atendiam.

Na verdade, Al só obteve êxito realmente em sua proposta de levar o *Fitzgerald* à grandeza quando o navio atracou em Cingapura para um período de folga. A ocasião coincidiu com uma visita do Comandante de Operações Navais a Cingapura, que convidou os oficiais, os suboficiais e os sargentos de todos os navios ancorados para a apresentação dos objetivos do ano para a Marinha. Como o *Fitzgerald* estava de folga, Al deixou opcional a participação na palestra e, como ele previu, a delegação do seu navio foi pequena — talvez cinco oficiais e dois sargentos.

No dia seguinte, Al convocou uma reunião e explicou o erro que o seu pessoal havia cometido. Eles haviam perdido a oportunidade de conhecer as metas e os objetivos da sua organização, ele disse. Supostamente, deviam ser os líderes, mas não conseguiam sequer dizer aos seus marinheiros o que a Marinha esperava deles. Ele poderia tê-los obrigado a participar da palestra, observou, mas não era essa a questão. Ele queria que tivessem orgulho suficiente de si mesmos e do seu trabalho para se desenvolverem profissionalmente por iniciativa própria. Ele queria que os suboficiais e sargentos tivessem o desejo de aprender por conta própria como motivar os companheiros a fazer o que a Marinha quer que façam.

A preleção surtiu efeito. Desde então, o *Fitzgerald* sempre foi bem representado em eventos similares. Mais importante, o pessoal de Al passou a ter uma compreensão efetiva do que ele estava falando, principalmente porque ele acentuava a mensagem de maneiras sutis. Ele dizia aos chefes de departamento que enquanto o navio permanecesse no porto, eles poderiam adaptar o próprio horário, desde que o trabalho estivesse feito. No entanto, quem quisesse trabalhar nos fins de semana, ou quisesse que os marinheiros trabalhassem nos fins de semana, teria de pedir autorização para ele.

O orgulho profissional é contagioso, e logo toda a tripulação estava contaminada. É por isso que o *Fitzgerald* ganhou o Troféu Spokane. Ir além das obrigações normais na tentativa de se tornar grande não é fácil, mas sempre vale o esforço. A lição, poder-se-ia dizer, é que o orgulho precede o prêmio e também o segue.

LIÇÃO: Comande com prudência.

Eu sempre tive grande admiração por soldados que se arrojam na linha de frente quando outros se retraem, mas a menos que seja essencial, não vejo muita vantagem em morrer desse modo. Impressionam-me muito mais os líderes que reservam um tempo para avaliar exatamente o que a vitória custará, e só então a perseguem. Se você tiver de apostar a vida do seu pessoal, assegure-se de ter as melhores vantagens possíveis antes de agir.

Foi isso que Al Collins fez quando o *Fitzgerald* estava no Golfo Pérsico em 1991 com a missão de fazer respeitar o embargo das Nações Unidas às vendas de petróleo iraquiano. Contrabandistas em pequenas embarcações evadiam-se do Iraque com cargas de petróleo e esgueiravam-se ao longo da costa do Irã, tentando manter-se fora das águas internacionais onde o *Fitzgerald* poderia detê-los legalmente para efetuar as inspeções. Os iranianos cobravam pedágios elevados pela utilização das suas águas territoriais, mas as perspectivas de lucro tornavam essas taxas um custo menor para o negócio dos contrabandistas.

Em alguns pontos ao longo da costa, águas rasas obrigavam os navios a entrar em águas internacionais, onde Al mantinha grupos de assalto à espreita em velozes botes infláveis chamados Zodiacs. No início, o trabalho parecia tão fácil quanto recolher ovos num galinheiro. Parar e inspecionar; tudo muito tranquilo. Mas os contrabandistas tinham muita coisa em jogo e não eram exatamente passivos. Eles soldaram as aberturas fechadas.

Esperando por isso, os inspetores começaram a usar maçaricos, mas estes não tinham potência suficiente para perfurar o espesso metal. Al providenciou maçaricos mais potentes. O grupo de assalto seguinte conseguiu abrir as portas, mas ao fazê-lo, o primeiro homem a entrar foi pulverizado com uma substância à base de gás lacrimogêneo. O grupo estava pronto para lutar — até que o Comandante ficou sabendo. Al retirou os marinheiros do navio e deixou-o seguir viagem.

Sem dúvida, Al recebeu críticas de alguns setores por assumir uma postura pouco enérgica e combativa. Mas você não vai ouvir nenhuma recriminação da minha parte. Na minha opinião, ele avaliou a situação corretamente e concluiu que o melhor era agir com prudência. As táticas adotadas pelos contrabandistas eram novas. Não fazia sentido enviar os seus homens e mulheres para situações que ofereciam perigos ignorados. O Almirante de Al concordou, interrompendo todas as abordagens até que o risco pudesse ser avaliado. Al sugeriu o uso dos mergulhadores de combate da Marinha, um grupo aquático especialmente treinado para essas situações, e foi dessa forma que o trabalho passou a ser executado posteriormente. Com os mergulhadores de combate, o *Fitzgerald* interceptou um recorde de 17 mil toneladas de petróleo iraquiano. O uso da força apropriada somada a um pouco de prudência compensou.

Os líderes podem ser classificados em dois grupos, ou assim me parece. Há os que se assemelham a uma lebre — rápidos na partida, correndo sabe Deus para onde, mas determinados a chegar em primeiro lugar. Napoleão era um líder assim. Ele irradiava esplendor, carisma, superioridade e agressividade no mais alto grau — até que a sua arrogância o levou longe demais. Primeiro, ele calculou mal a força de resistência russa e foi forçado a uma retirada humilhante e, em seguida, com toda a Europa alinhada contra ele, finalmente encontrou o seu fim em Waterloo. Poucas lágrimas foram derramadas na sua morte.

Os líderes da segunda categoria se parecem mais à tartaruga — eles sabem exatamente para onde estão indo, mas tomam um caminho mais cauteloso e ponderado. Al Collins pertence a esse grupo. Ele também irradia esplendor, carisma e superioridade — não superioridade travestida de arrogância, mas superioridade no seu domínio do conhecimento e da competência técnica. Ele é um aprendiz pragmático e perpétuo que vence atingindo rapidamente o ponto nevrálgico de um problema, estabelecendo um curso realista e permanecendo nesse rumo até que o problema seja resolvido ou a missão cumprida. Em outras palavras, Al Collins não "espera" conseguir alguma coisa que tenha se proposto a alcançar; a esperança não é estratégia dele. Em vez disso, ele estabelece as bases, treina o seu pessoal e entrega-lhes as ferramentas de que precisam para produzir grandes resultados.

Como Al chegou a ser um grande líder? Ele seguiu o conselho de sua mãe de ser um grande seguidor. Então, quando chegou o seu momento de liderar, ele sabia exatamente o que fazer. Vale a pena adotar o seu método.

LIÇÕES

- Seja realista, não imprudente.
- Dê tempo ao tempo e aguarde o momento propício.
- Precisando de ajuda, peça.
- Comande com compaixão.
- Aproveite o dia de hoje, e ajude os outros a fazer o mesmo.
- Quando necessário, exiba-se.
- Transforme-se em uma máquina de aprender.
- Descubra o que é importante e trabalhe sobre isso.
- Faça um contrato com o seu pessoal e respeite-o.
- Acredite que a tripulação pode assumir o navio.
- Assegure-se de que toda a tripulação esteja a bordo.
- Use o poder para fazer a coisa certa.
- Deixe o sistema trabalhar para você.
- A grandeza percorre um quilômetro a mais.
- Comande com prudência.

CAPÍTULO 5

VICE-PRESIDENTE LAURA FOLSE — A ALQUIMISTA DA BP

> Como uma jovem oriunda de pequena cidade do sul pode fazer
> sucesso no mundo da exploração petrolífera, domínio dos homens?
> Combinando cérebro, coragem e compaixão com franqueza
> e uma dose saudável de trabalho árduo.

Trinta anos depois da revolução feminista, americanos de ambos os sexos ainda reagem com surpresa quando veem uma mulher ocupando uma posição de liderança. A Marinha em que desenvolvi a minha carreira tinha poucas mulheres em postos hierárquicos acima do meu. Se essa atitude continua sendo desvantagem para muitas mulheres competentes, para Laura Folse foi apenas um pequeno obstáculo.

Crescendo na pequena Moulton, Alabama, com meros 3 mil habitantes, a cerca de 150 quilômetros a noroeste de Birmingham, Laura não tinha ideias preconcebidas com relação ao "papel da mulher". Os pais de Laura, Spencer e Betty Waters, tinham o próprio negócio, um barco distribuidor de propano, e o fato de ser menina não isentava a filha da faina física árdua, às vezes suja.

Numa área rural como Moulton, as pessoas usam o propano para aquecer incubadoras de pintinhos, operar equipamentos agrícolas e eletrodomésticos e também esquentar e refrigerar residências. Assim, quando Laura atendia a um chamado, ela estava bem no centro da vida calorenta e suarenta da atividade rural. Ela também cavava valas e ajudava a instalar sistemas de ar-condicionado central, serviços que poucas mulheres que cresceram nos anos 1960 e 1970 no Alabama — ou em qualquer outro Estado da união — podem afirmar ter efetuado.

Laura também não conhecia limites intelectuais e não teve receio em perseguir o seu amor pela ciência. Nerd autoproclamada da ciência, ela foi uma das poucas mulheres, talvez duas entre vinte alunos, a estudar geologia na Universidade Auburn. Na família Waters, tanto os meninos como as meninas eram incentivados a cursar o ensino superior. Laura me disse que durante quase vinte anos seguidos, os pais tinham pelo menos um dos quatro filhos, às vezes dois, na faculdade, ao mesmo tempo. O amor de toda a família pelo estudo produziu muitos diplomas em níveis avançados. Laura e os três irmãos concluíram pelo menos um mestrado; dois deles têm dois e um terceiro concluiu um doutorado. Laura tem mestrado em geologia e em gestão empresarial.

Sua exposição precoce ao mundo turbulento da labuta física e das conquistas científicas de predominância masculina ajudou-a a se tornar uma líder corajosa, porém inspirada pela compaixão, na gigante do petróleo, a Amoco (atualmente parte da BP PLC — British Petroleum — com sede em Londres). A empresa contratou-a há vinte anos, diretamente do curso de pós-graduação, para viajar pelo mundo à procura de fontes de energia. Evocando imagens de Indiana Jones — mas sem os seus necessários antagonistas maléficos e as perigosas cenas de perseguição — Laura efetivamente levou o seu martelo de geólogo e a sua sacola para coleta de amostras à Ásia para prospectar petróleo e depósitos de gás. Depois de ser promovida a posições de responsabilidade sempre maior e de adquirir experiência administrativa ao longo desse percurso, Laura é hoje vice-presidente de tecnologia da BP e um dos seus líderes.

Solicitada a descrever a si mesma, Laura disse ser alguém que segue orientações e diretrizes muito próprias, alguém que retira a sua energia "em grande parte de dentro de mim mesma", mas que realmente aprecia o trabalho em equipe. "Para mim, não há nada melhor do que trabalhar com um grupo de pessoas para um objetivo comum", ela me disse. E a equipe dela sabe que "eu enfrentaria qualquer conflito e me colocaria na linha de tiro por eles". Não surpreende que seja aclamada como líder excepcional.

Mas trabalho duro e sucesso incomum num mundo dominado pelos homens não são as únicas coisas que distinguem Laura Folse como alguém que instiga as pessoas a adotar a visão dela e a segui-la rumo a um objetivo comum. Para se tornar a líder que é hoje, Laura passou por períodos de dúvida e uma boa dose de avaliação crítica sobre o que a motiva e sobre os aspectos que lhe dificultam render o máximo. Depois de uma dessas crises, Laura se deu conta de que o seu pior inimigo era o medo que alimentava a respeito do que os outros podiam pensar a seu respeito. Eu sou o que sou, disse para si mesma, e não faz sentido querer esconder isso ou fingir ser outra pessoa. Depois de abraçar sem reservas o que ela chama de sua verdade, o medo se dissipou e ela retomou o caminho que a levou a ser a líder confiante, voltada para o grupo, divertida e orientadora que se deu tão bem ao longo de toda a carreira.

O êxito de Laura recebeu o condimento do sofrimento e da perda pessoal, mas, surpreendentemente, ela transformou essa perda em suporte da sua determinação de nunca mais viver com medo. Pouco tempo atrás, seu marido, Dan, morreu de câncer no pulmão. Dan era um homem saudável, ativo, que trabalhava como carpinteiro e nunca fumou. O choque do diagnóstico de câncer em estágio 4 e o rápido definhamento do marido poderiam facilmente levar Laura à revolta e à insegurança, e novamente ao medo. Em vez disso, depois de sobreviver a essa provação, ela me disse, "Não tenho mais medo de nada. Como posso ao menos começar a acreditar que estou vivendo uma vida plena e fazendo o que fui posta aqui para fazer se eu viver com medo?" Ela espera transmitir ao filho adolescente a importância de assumir o controle da própria vida e nunca se render a preocupações triviais ou medos infundados.

Quanto a ser uma líder em todas as suas variantes, Laura resumiu seus sentimentos pessoais mais profundos desta maneira: "É uma jornada contínua, fascinante. Ela é inspiradora, mas também difícil às vezes — pode ser muito complicado e cansativo ouvir com toda a atenção, dedicar-se aos que estão acima, abaixo e ao seu lado, continuar buscando coragem para enfrentar a maré corporativa tradicional, ter contato com pessoas que nos procuram porque se sentem vítimas, ser mãe sozinha em tudo isso e permanecer autêntica e centrada em todo esse processo. Há dias em que o medo vence, dias em que adoto comportamentos básicos e me torno mais controladora. Com isso percebo, no fundo do meu ser, a importância de criar espaço para o meu bem-estar pessoal, para nutrir-me e recuperar-me — e as consequências quando não faço isso, quando o Universo me golpeia com o seu açoite e me reserva dias em que é preciso muita coragem até para sair de casa. Eu valorizo esse caminho que percorro porque cada situação com que me deparo possibilita conhecer-me um pouco melhor. E quanto mais eu me conheço, mais posso ajudar outras pessoas a se conhecerem. E para mim é nisso que consiste a verdadeira e autêntica liderança".

Espero que você fique tão impressionado e curioso a respeito de Laura Folse quanto eu. Acho que depois de ouvi-la expandir-se sobre a sua visão de liderança tão eloquentemente delineada acima e de debruçar-se sobre as suas lições nas páginas a seguir, você estará imbuído da determinação de se amoldar à imagem dela como líder mais autoconsciente e voltado para a equipe, honesto consigo mesmo e com o seu grupo. Vamos às lições.

LIÇÃO: Para atrair seguidores, compartilhe a liderança.

Nos primeiros anos da sua carreira na Amoco, Laura fazia parte de um grupo que colhia dados geológicos promissores em áreas do mundo que ainda não eram exploradas para produção de petróleo e gás. Ela foi designada para viajar ao Laos com o objetivo de realizar um trabalho de campo científico; lá, ela e a sua equipe vasculhavam leitos de rios à procura de formações rochosas que pudessem ser colhidas e analisadas para detectar vestígios de petróleo e gás.

Laura era a líder do projeto dessa equipe de geólogos de campo e peritos em diversas subespecialidades, cada um dos quais se reportava a um chefe diferente. Todas as manhãs, porém, antes que o grupo se encaminhasse ao local de trabalho, era Laura quem, após consulta aos demais, dava instruções detalhadas sobre o programa do dia ao guia laosiano, aos seguranças e ao geólogo local. Mas no fim de cada dia, ela me disse, "Depois que eu voltava para o hotel, o chefe do pessoal do Laos telefonava para um dos seus homens apenas para verificar se o que eu lhes havia dito estava correto".

Tratava-se de uma atitude machista a ser criticada? Em parte sim, mas em parte era também a sua relativa juventude, disse Laura. (Os outros não eram muito mais velhos, acrescentou, mas davam a impressão de sê-lo por causa de sua aparência de "geólogos clássicos, desgrenhados, calçando sandálias.) O problema era realmente de natureza cultural, em que "os laosianos não percebiam que as minhas instruções se baseavam em consultas prévias à minha equipe". Eles simplesmente não conseguiam imaginar que uma mulher, e além disso jovem, pudesse participar de deliberações com homens.

Conheci algumas pessoas que, na posição de Laura, teriam se enfurecido com essa falta de respeito. Mas penso que é total desperdício de energia incomodar-se e irritar-se com coisas que você não pode controlar, sobretudo uma questão cultural como a enfrentada por Laura. Faz muito mais sentido associar a sua sensação de autossatisfação a algo que você possa controlar, como a obtenção de grandes resultados. Basta apaziguar o ego e encontrar uma forma de executar o trabalho pelo qual você está sendo pago; foi isso que ela fez com toda naturalidade.

Dificilmente alguém duvida de Laura Folse nos dias de hoje. Em sua posição como vice-presidente de tecnologia na BP, ela lidera setecentos profissionais, entre eles cientistas de pesquisa e desenvolvimento, engenheiros e consultores técnicos internos. A BP confia em Laura e espera que a sua tecnologia de exploração e produção se equipare aos padrões industriais ou mesmo os exceda. Suas responsabilidades se multiplicaram ao longo dos anos, mas uma coisa, pelo menos, não mudou: ela ainda consulta a sua equipe antes de tomar a maioria das decisões.

O segredo do sucesso de Laura, tanto no início como atualmente, é a sua convicção de que "não sou inteligente o suficiente para fazer tudo sozinha". O melhor modo de um líder levar um grupo a trabalhar em conjunto, a inspirar as pessoas a assumir um objetivo comum e a realizar o seu pleno potencial é criar um ambiente aberto e de confiança entre iguais em que todos, tanto os membros da equipe como os líderes, se sintam responsáveis pelo trabalho.

"Não vejo que seja papel do líder ocupar uma posição elevada, acima dos demais, e proferir palavras eloquentes", disse-me Laura. "Creio que a principal função de um líder é verificar se as pessoas estão se comunicando umas com as outras e garantir que tenham tudo o que precisam. O meu trabalho é manter as peças unidas para sustentar o todo."

No Laos, ela disse, "tínhamos um relacionamento muito aberto dentro da equipe. Os rapazes me relatavam o que estava acontecendo; eles sabiam que eu não iria dizer-lhes como fazer o seu trabalho. Eles confiavam em mim e me apoiavam, e eu os apoiava junto aos patrões. Nunca houve nenhum problema pelo fato de eu ser mulher".

No seu cargo atual, Laura supervisiona todos os tipos de magos da ciência, inclusive físicos com Ph.D., que lhe dizem que resolvem problemas de matemática passando por buracos de minhoca que levam a outras dimensões. "Eu não agrego valor inspecionando o trabalho deles — eu não poderia conferir o que fazem; seria totalmente ridículo", admitiu prontamente. "Eu agrego valor sendo clara sobre a direção da equipe, ajudando-os a compreender os limites dentro dos quais estão trabalhando e fazendo o melhor que posso para garantir que tenham o espaço e o suporte de que necessitam."

Laura acredita que a sua formação em geologia é um trunfo importante quando se trata da gestão de diferentes equipes. "O que sei fazer é pensar sistemicamente. Eu consigo ver padrões em sistemas complexos e estabelecer relações entre eles". Essa é uma coisa que os geólogos sabem fazer muito bem, provavelmente porque precisam saber um pouco de cada ciência, da física à química, passando pela matemática e a biologia, até a zoologia. "A geologia é uma daquelas ciências que reúne todas", continuou ela, e ser capaz de fazer isso "me ajuda a auxiliar os meus colegas a definir as prioridades a que devem atender".

Por méritos próprios, Laura tornou-se uma especialista em compreender o contexto mais amplo e em ajudar indivíduos e equipes a perceber onde se situam na estratégia da BP como um todo. "Alguns dos melhores líderes que já vi são aqueles que na verdade conhecem poucos detalhes pertinentes ao objeto de sua liderança, mas compreendem o panorama geral perfeitamente bem", ela disse. Ela também aprendeu a isolar o ruído e a política presentes em toda grande organização para que o seu pessoal possa realizar o trabalho sem obstáculos.

Tudo isto insufla nas suas equipes sentimentos altamente positivos com relação a Laura e à empresa. Em tudo o que os seus liderados fazem, inclusive efetivando toda espécie de avanço técnico, eles demonstram que não veem a si mesmos como escravos assalariados, mas como membros de uma equipe comprometidos e responsáveis, prontos e ansiosos para prosseguir um quilômetro além.

Houve um momento na carreira de Laura em que, como ela se expressou, "meio que perdi as pernas". A Amoco acabara de concluir a fusão com a BP e ela estava se adaptando ao novo ambiente. Um dos seus novos colegas da BP acompanhou-a numa caminhada e lhe deu alguns conselhos "bem-intencionados": ela devia se conduzir mais como os líderes do estilo tradicional de comando e controle da BP. Temerosa de ser vista como uma líder fraca, ela começou a dar ordens às pessoas, dizendo-lhes o que fazer e o que não fazer — em outras palavras, microgerenciando. "Eu não estava desenvolvendo os líderes abaixo de mim, absolutamente, porque não estava disposta a seguir ninguém", ela disse. "Devo ter sido uma pessoa horrível com quem trabalhar. Eu estava liderando desde uma posição de medo e usando o medo para motivar os outros."

Terrivelmente infeliz com a situação, e sem que a BP soubesse, Laura procurou a ajuda de um orientador externo. Após muita introspecção e reflexão, ela começou a perceber por que não estava formando uma equipe de excelência e por que os seus líderes lhe levavam os assuntos mais triviais. A resposta: brandindo o bastão do autoritarismo, ela criara no seio da equipe a sensação de que as decisões não deviam ser tomadas em conjunto, através de consultas, mas eram de competência exclusiva dela. Ela também se deu conta de que esse não era o seu estilo natural; ela permitira que outra pessoa usasse o medo para fazê-la alterar completamente o seu modo de ver a liderança.

O que Laura aprendeu pode ser expresso de modo muito simples: líderes verdadeiros, mais do que liderar, seguem, mantendo-se atentos às necessidades e aos problemas da sua equipe, ouvindo para descobrir como inspirar a equipe a um esforço maior e à inovação. Nas palavras de Laura, "Líderes verdadeiros não têm medo de seguir porque é assim que desenvolvem os líderes do futuro".

LIÇÃO: Faça todo o possível para resgatar os inadaptados.

Laura dificilmente tira conclusões apressadas e raramente perde a oportunidade de ajudar um membro desnorteado da equipe a reencontrar o caminho. Ela é tão hábil em transformar colaboradores ineficientes em estrelas da equipe que poderia ser chamada de alquimista. A principal diferença é que enquanto esses filósofos e cientistas medievais apenas sonhavam em transformar metais em ouro, Laura realmente encontrou a fórmula.

Ela parte da convicção de que "toda pessoa é sagrada e de que nenhum caminho na vida é mais importante do que outro". Para ela, a sua missão de líder consiste em harmonizar as pessoas com o trabalho que pode fazê-las felizes. Assim, quando alguém da equipe não está trabalhando bem, ela não presume que a pessoa seja preguiçosa, teimosa ou que não esteja à altura da tarefa. Em vez disso, ela procura identificar a discrepância entre o que a pessoa quer e o que está obtendo com o seu trabalho.

Como descobri no *Benfold,* para que isso aconteça é preciso que se ouça com muita atenção. E Laura explica: "Eu me reúno com eles e procuro descobrir um modo de ajudá-los a encontrar a satisfação que precisam ter no seu trabalho ou a introduzir no que fazem alguma coisa que lhes dê satisfação". Às vezes, não há uma solução clara, e então ela atribui uma tarefa diferente à pessoa ou aceita sua demissão. "A pior coisa que se pode fazer numa empresa é deixar um mau gerente no cargo que ocupa", ela disse.

Invocando uma imagem vívida, Laura me disse que procura se preparar para essas sessões imaginando que precisa "despedir Madre Teresa" — um método que, pelo menos, cria uma atmosfera amorosa. "Fazendo isso desde uma posição de amor e preocupação pelo outro, não consigo lembrar nenhum caso em que a pessoa realmente não tenha me agradecido por livrá-la do seu tormento."

Mais frequentemente, porém, essas discussões levam a mudanças que dão ao funcionário descontente uma nova oportunidade de atuar como membro responsável da equipe, revigorando assim o seu desempenho.

Laura mencionou uma conversa que teve com um homem da sua equipe — vamos chamá-lo de João — um funcionário antigo da BP cujo desempenho e atitude eram insatisfatórios. Ela o descreveu como "um pouco como um vampiro de energia", alguém que se via como vítima dos erros alheios. Ele sugava toda a energia de Laura com a sua lista de lamúrias crônicas.

Laura chamou João para uma conversa e começou dizendo-lhe: "Quero que você saiba que gosto de você como pessoa. Algumas coisas que preciso lhe dizer podem magoá-lo, mas a questão não diz respeito a você ser ou não uma pessoa boa, amorosa e importante, o que você certamente é". Em seguida, ela esclareceu que o problema era o seu desempenho medíocre no trabalho e abordou vários aspectos específicos.

O que ela disse não era novidade para João. "Nunca se chega a esse ponto", explicou Laura, "sem antes conversar sobre o que você espera da pessoa e o que ela espera de você." Percebendo que havia falhado com ela e consigo mesmo, João chorou. No fim da entrevista, ele perguntou se podia abraçar Laura.

Essas conversas nunca são fáceis e nesse caso em particular Laura também precisou dizer a João que o trabalho dele estava sendo redefinido e que ele não se reportaria mais a ela. Mas Laura o incentivou, oferecendo-se a pagar um orientador externo para ajudá-lo a trabalhar algumas das suas questões pessoais. João aceitou a oferta e, aos poucos, toda sua atitude mudou. Ele vem tendo um desempenho "absolutamente surpreendente" desde então, disse Laura.

Hoje, quando se encontra com ela, João a segura pelo braço e diz: "Eu gostaria que alguém tivesse tido coragem vinte anos atrás de falar comigo como você falou".

Laura acredita que encobrir as falhas de alguém é muito prejudicial a longo prazo. Se você aceita o conceito de que o indivíduo é sagrado, é obrigação sua, como líder que se preocupa, dizer ao seu pessoal "o que você de fato comenta na roda do cafezinho". Com efeito, tornar as pessoas cientes de que não estão atendendo às suas expectativas é um verdadeiro ato de bondade, desde que seja praticado com a motivação correta.

Nem todos se sentem à vontade com a noção de amor e carinho no local de trabalho, é claro. Isso dá certo com Laura porque é um conceito coerente com a personalidade dela. Os meus marinheiros certamente sabiam que eu me preocupava com eles, mas todos nós teríamos ficado embaraçados se eu dissesse que os amava. Você deve manifestar preocupação e apreço por seus seguidores de modo que ambas as partes se sintam bem.

Concordo totalmente que não se pode permitir que funcionários ineficientes continuem agindo de modo desordenado, sem a intervenção dos seus líderes. Em primeiro lugar, tolerar a mediocridade (ou pior) é enviar um sinal terrível para a grande maioria dos membros da sua tripulação que estão se esforçando por você. É fácil ficar desmoralizado quando você vê algumas pessoas relaxar enquanto você está se empenhando ao máximo. Logo toda a tripulação estará imitando os folgados. E por que não, se parece não haver nenhuma consequência?

Lembro-me de uma situação no *Albert David*, meu primeiro navio, onde quase todo o grupo de oficiais subalternos captou um sinal errado porque o Comandante, além de ser um líder grosseiro, era péssimo professor. Nós não éramos preguiçosos, mas ele nos tratava como tal — e nada fazia para nos ajudar a corrigir os defeitos que via em nós.

Certa noite, ele resolveu declarar aberta a temporada de caça aos que guarneciam o passadiço, repreendendo severamente os oficiais dessa estação por simples capricho. O primeiro dos três quartos de serviço estava tendo problemas, em grande parte porque era muito difícil manobrar dentro dos limites rígidos da formação do grupo de batalha. Mas o Comandante, como de hábito, apenas se irritou e não fez nada para ajudar o grupo a resolver uma situação difícil. Declarou aos berros que eram todos imbecis e ordenou que o grupo de substitutos assumisse. Chamar os substitutos equivale a dizer que a equipe em atividade foi dispensada, pelo menos temporariamente, o que é extremamente humilhante.

Assim, o segundo quarto de serviço assumiu o turno, mas em menos de 30 minutos o Comandante estava esbravejando também contra eles. Ele então convocou o terceiro, e último, quarto de serviço, do qual eu fazia parte. Agora, porém, em vez de se sentirem humilhados, todos pensavam: "Ei, cara, o problema não somos nós; o problema é você ou a situação. Como Comandante, quem sabe você se disponha a ajudar".

Quando o Comandante chamou o meu grupo, achamos que seríamos dispensados em questão de minutos, e então a sua única opção seria convocar novamente o primeiro grupo. No fim, não fomos dispensados, porque ele finalmente se acalmou. Percebendo que havia transtornado todo o revezamento do quarto de serviço, ordenou que o primeiro grupo "reassumisse o posto".

A situação toda beiraria o cômico se como consequência não acarretasse a perda de credibilidade do Comandante. Por mais que se sentissem gratificados os que sofreram sob a sua liderança inapta, o episódio foi prejudicial para o navio.

Em flagrante contraste, quando Laura Folse se propõe a fazer uma avaliação honesta do desempenho de um funcionário, ela também procura descobrir com ele a causa do problema e uma possível solução. Se, por qualquer motivo, a pessoa não consegue aceitar a avaliação ou não quer se esforçar para mudar, ela deve ser demitida — mas sempre de forma respeitosa. Pessoas que são demitidas normalmente ficam aliviadas e até agradecem, disse Laura, porque também estavam sofrendo.

A partir do momento em que uma pessoa aceita a solução encontrada e melhora o seu desempenho e conduta no local de trabalho, é responsabilidade do líder garantir que ela seja avaliada de acordo com as novas atitudes, e não pelo que costumava fazer. É difícil livrar-se da má fama. Um líder como Laura é cauteloso em elogiar quando recomendável, e corrige quem julga um colega com base na atuação passada.

Durante seus anos de liderança, Laura conquistou a reputação de alquimista. Paradoxalmente, a sua recompensa foi ficar associada a dezenas de aparentes perdedores: pessoas com problemas de desempenho de algum modo sempre acabam na sua sala. Ela me disse: "Um dos maiores elogios que já recebi foi uma avaliação de desempenho que dizia algo como, 'Laura é capaz de fazer qualquer pessoa se desenvolver'". Se assim é, disse, é apenas porque ela respeita as pessoas em suas várias motivações e interesses, e não tem uma hierarquia para a atenção e o afeto. Quando as pessoas entendem isso, elas são realmente capazes de ouvir e aprender com Laura, sem precisar assumir a atitude de defesa habitual com que todos nos armamos quando estamos para ser advertidos.

Sempre que Laura transforma outro membro ineficiente da equipe em um entusiasta, em alguém que assume a responsabilidade pelo trabalho e amplia constantemente os horizontes, a alquimista está verdadeiramente produzindo ouro para o empregado e para a empresa.

A exemplo de Laura, eu também sentava com as pessoas que estavam tendo problemas de desempenho e tentava ajudá-las a encontrar uma solução. Dizer para uma pessoa que o trabalho dela está deplorável é uma das incumbências mais difíceis de um comandante, mas essas conversas são essenciais para a pessoa envolvida e para o moral geral do navio. A mediocridade ou o fracasso podem ser um vírus que se espalha por toda a organização.

O que você precisa lembrar é que todos a bordo sabem quem são os relapsos, e ficam apenas observando e esperando para ver como você vai lidar com o caso. O importante é deixar claro que você não irá tolerar a mediocridade, assegurando ao mesmo tempo à tripulação que, apesar disso, você se preocupa com o displicente e não fará nada para humilhá-lo — que, na verdade, fará todo o possível para ajudá-lo a retomar a caminhada.

Há, de fato, um processo positivo na Marinha que parece desconcertar muitos executivos que conheço: procura-se identificar os que apresentam desempenho medíocre e então se lhes dá a oportunidade de mudar a forma de agir. Depois de identificada uma deficiência, o marinheiro tem a oportunidade de falar sobre ela com a cadeia de comando, que oferece toda a ajuda necessária para corrigir o problema. Mas se o marinheiro não consegue efetuar as mudanças necessárias dentro de um determinado prazo, quatro a seis meses, digamos, ele recebe o comunicado de que deve arrumar a sua mochila e procurar outro lugar.

No *Benfold,* procurávamos antes realizar sessões de aconselhamento; caso isso não desse resultado, o problema percorria a cadeia de comando até chegar a mim. Lembro-me de um marinheiro, um operador de rádio, que se apresentou para o serviço na metade do meu período como Comandante e rapidamente superou a todos em número de entrevistas comigo. Fizemos tudo o que era possível para recuperar o rapaz, mas nada deu resultado. Três dos meus melhores auxiliares, o operador de rádio de primeira classe John Rafalko, o Terceiro-Sargento David Pike, e a Primeiro-Sargento Janice Harris, todos deram o melhor de si para ajudar o jovem.

Você talvez se lembre de Rafalko pelo meu primeiro livro, *Este Barco Também é Seu.* Como o descrevi lá, canais de comunicação obstruídos eram corriqueiros quando entrei na Marinha. Às vezes os problemas eram tão graves a ponto de ameaçar toda uma missão. Um defeito no equipamento quase pôs a pique toda a esquadra do Golfo durante a crise do Iraque de 1997. Graças ao próprio John Rafalko, do *Benfold,* e à sua brilhante solução, livramo-nos de uma crise em tempo de guerra.

A função mais crítica de um operador de rádio no mar é estabelecer um canal de comunicação interligando todas as frequências dos rádios e em seguida conectando os rádios às antenas para que se possa transmitir e receber comunicações. Ele também trabalha com o código que criptografa as transmissões, o que torna a cabine de rádio um espaço ultrassecreto.

Normalmente, as cabines de rádio não são modelos de desempenho, pois os operadores têm dificuldade em manter o equipamento no mar — especialmente as antenas, que tendem a enferrujar. Quando isso acontece, a qualidade da comunicação fica prejudicada. Mas o que nem sempre se consegue saber é quem está com o defeito — o seu navio ou o navio com o qual você quer se comunicar. A tendência, claro, é culpar o outro — com ou sem razão. No *Benfold*, porém, tínhamos um grupo de operadores de rádio de tamanha excelência, chefiado por Rafalko e Pike e supervisionado pela extremamente eficiente Janice Harris, que estávamos quase sempre certos quando dizíamos que o problema não estava conosco.

Enfim, o jovem que nem mesmo Rafalko, Pike e Harris conseguiram endireitar nos foi enviado pela Diretoria de Pessoal da Marinha. Mas desde o primeiro dia, ele não se adaptou. Sua higiene pessoal era péssima. Ele não estava disposto a perder peso. Parecia determinado a fracassar — e o conseguiu de maneira estrondosa.

Certo dia, o desajustado foi surpreendido na cabine de rádio com o próprio computador pessoal ligado à sua conta do AOL. É absolutamente proibido levar o seu PC para a cabine de rádio para que não se corra o risco de efetuar transmissões não autorizadas de códigos criptografados ultrassecretos. A maioria dos grandes eventos de espionagem nas últimas duas ou três décadas envolveu pessoal de rádio e códigos de criptografia.

Eu tinha que relatar esse lapso de segurança ao Comodoro. Transmitir um código por uma conta do AOL é uma violação automática das regras de segurança, e é tão grave que um Comandante que reporta até mesmo uma suspeita de violação pode ser excluído da lista de concorrentes ao Battle E [*Battle Effectiveness Award*, prêmio concedido anualmente aos navios, submarinos, aviões e unidades da Marinha dos EUA que vencem a competição de comprovada eficácia em combate] e também ao Troféu Spokane. Obviamente, consequências como essas incentivam algumas pessoas da cadeia de comando a silenciar sobre possíveis falhas de segurança.

Se um pensamento semelhante, mesmo que fugaz, passou pela minha cabeça, eu sabia que não podia manter silêncio sobre o acontecido. Por um lado, o rapaz podia realmente ter transmitido o código secreto. Por outro, todos os operadores de rádio conheciam o fato. Eu não podia dar sinais de que infrações assim seriam negligenciadas.

Eu estava furioso, mas sem demora relatei ao Comodoro o que havia acontecido. Mencionei-lhe também as providências que estávamos tomando para verificar se alguma informação secreta fora transmitida. Ele me agradeceu por admitir o problema e me pediu para mantê-lo informado sobre o resultado da investigação.

Felizmente, o culpado nos deu acesso total ao seu computador, de modo que foi possível examinar tudo o que ele havia recebido e enviado desde a sua chegada a bordo. Uma varredura total no seu computador excluiu a hipótese de espionagem.

Eu o rebaixei imediatamente de graduação, mas ele ainda podia receber orientações e ser informado das suas deficiências. Dei-lhe seis meses para se adaptar às normas ou, literalmente, "zarpar". O meu tempo de Comando terminou antes dos seis meses que eu lhe dera de prazo, mas o rapaz não melhorou e finalmente foi excluído da Marinha. Infelizmente, nem todo inadaptado pode ser resgatado.

LIÇÃO: Proteja os seus ativos.

Laura Folse normalmente "compra a briga" quando alguém da sua equipe entra em conflito com um gerente de posição mais elevada ou "quando as pessoas mais antigas lançam granadas por e-mail, uma maneira bem covarde de lançar granadas, aliás". A sua equipe sabe que ela os defenderia em qualquer batalha, mas é de duvidar que imaginem até que ponto ela pode realmente bater-se por eles.

Provavelmente a sua maior façanha tenha acontecido numa acirrada discussão alguns anos atrás em torno do projeto dos escritórios para a sua equipe. Exceção feita ao pagamento, não há questão mais candente para a maioria dos funcionários. "John Browne [CEO da BP] me paga para ser uma grande líder nessa empresa, e eu acredito que o espaço dos escritórios deve servir aos funcionários e não vice-versa", explicou Laura.

A administração definira um conjunto de diretrizes gerais sobre a organização do espaço no prédio, e o pessoal de Laura se mobilizara a respeito. Ela, por sua vez, estava preocupada com o impacto negativo que o novo ambiente poderia ter sobre o desempenho da equipe. Temia também que a sua equipe caísse no que ela chama de "modo vítima", achando que nem a esfera de influência da equipe nem da própria Laura poderiam superar os padrões e a burocracia corporativos quando se tratasse de algo como o espaço do escritório.

Determinada a provar que as suas esferas de influência são infinitas, Laura, por conta própria, contratou um engenheiro ambiental para descobrir como os integrantes da sua equipe se relacionavam com a sua área de trabalho e a expectativa de cada um com relação à aparência dessa área. De posse do levantamento, ela contratou uma consultora para remodelar a sala de reuniões, e também pediu a um amigo responsável pelo espaço do escritório que observasse o novo esquema com um olhar diferente do habitual durante alguns dias.

A consultora criou um cenário de "café mediterrâneo", com fontes de água e mesas de piquenique circulares com cadeiras. Pintou cada parede com uma cor diferente e trocou o carpete. Alguns membros da equipe adoraram o espaço, outros o odiaram, ela me disse, mas todos concordaram com o impacto produzido. Todos concluíram que a surpresa do novo arranjo demonstrou o poder de Laura de testar limites e de assumir posições firmes em questões de importância para a equipe.

Depois de visitar Laura em seus escritórios em Aberdeen, Escócia, pude entender a reação da equipe. Nós, homens — e registre-se que Laura dirigia uma equipe de maioria masculina na época — somos muitas vezes acusados de desmerecer um ambiente que não inclua uma cerveja gelada e um televisor sintonizado em um canal de esportes. Mas era difícil ser indiferente a esse espaço.

Que maravilha! Nada de cubículos monótonos para os executivos. A sala de reuniões, em especial, fugia totalmente aos padrões convencionais. Era mobiliada com cadeiras de praia e uma mesa com um guarda-sol sobreposto. A sala em si transmitia uma sensação tão agradável de entretenimento que cheguei a imaginar que as reuniões nesse espaço também deviam ser divertidas. Algumas pessoas são mais afetadas pelo ambiente do que outras, mas acho que uma sala de reuniões como a de Laura pode definitivamente inspirar pensamentos e ideias fora dos padrões habituais. A combinação de trabalho e diversão na mesma sala refletia a própria filosofia de Laura. "Levo o meu trabalho a sério, e estou profundamente motivada pela busca da excelência no que fazemos", ela me disse. "Apenas penso que distribuir dividendos para os acionistas e divertir-se são ações complementares, e não mutuamente excludentes. E caso você esteja se perguntando, devo dizer que a sala de reuniões 'excêntrica' custou pouca coisa a mais do que a antiga e lúgubre, e eu não tenho dúvidas de que recuperamos a diferença na primeira semana."

Sem surpresas, a ação ousada de Laura causou alvoroço em todo o prédio. Mesmo pessoas de outros departamentos que odiaram as mudanças ficaram impressionadas com a disposição de Laura de ir à luta por sua equipe. "Eu sabia de antemão que o grupo gostava de mim e confiava em mim, mas eles achavam que não havia muito que eu pudesse fazer com relação ao problema do espaço do escritório. Basicamente, a mensagem que eu passava era, 'Não há limites para o que vou fazer, para os riscos que vou assumir, se for importante para a minha equipe'".

A disposição de Laura de enfrentar as posições autoritárias da administração demonstrou a coragem de um verdadeiro líder. Somente alguém profundamente comprometido com a própria equipe poderia ignorar tão ostensivamente uma decisão da administração. Ao mesmo tempo, Laura deixou claro que não se tratava simplesmente de um jogo de poder, e que líderes só quebram regras quando um propósito maior está em jogo. Na verdade, o que ela comunicava era: "As minhas responsabilidades como líder me impelem a encontrar novas e melhores soluções, e é assim que deve ser. Mas ações como a que empreendi exigem de fato motivos muito fortes para contornar as normas empresariais. Sou gestora, não boiadeira".

Quando eu comandava o *Benfold,* alguns pensavam que quebrávamos tudo que era regra. Mas não era bem assim. Recebíamos orientações e vivíamos segundo o espírito dessas orientações. O que fazíamos era modificá-las para atender às nossas necessidades e à nossa situação.

É preciso lembrar em primeiro lugar por que você exerce um papel de liderança. O presidente da empresa o contratou ou promoveu porque você demonstrou capacidade de julgar com discernimento. Independentemente da quantidade de normas e regulamentos produzidos por uma organização, nenhum livro de regras pode cobrir todas as situações; nem deve. Isso tornaria a vida muito enfadonha. Ser gerente seria absolutamente horrível se tudo o que você fizesse se resumisse em seguir um manual de normas. Aliás, você nem mesmo precisaria de gerentes de nível médio ou de Comandantes da Marinha.

Felizmente, as coisas funcionam de outros modos. Há sempre zonas cinzentas que necessitam de interpretação. Laura usou o bom senso e concluiu que um esquema de decoração interior não convencional poderia ser exatamente o elemento apropriado para estimular a sua equipe. E foi o que aconteceu.

Laura imaginou que a equipe ficaria satisfeita com sua atitude corajosa, mas o que não podia prever era o impacto que isso teria sobre os critérios adotados para avaliar a satisfação dos funcionários. De uma marca bastante baixa na época em que ela ingressou na empresa, o nível de satisfação da sua equipe alcançou o topo em menos de dois anos. E, ao mesmo tempo, o desempenho também melhorou — tudo porque Laura emitiu um sinal de que ela não só ouvia o que a sua equipe tinha a dizer, mas também de que estava pronta para fazer todo o possível para manter a todos satisfeitos.

LIÇÃO: Tarefas rotineiras ou sujas: uma questão de atitude.

Laura está sempre atenta a situações de descontentamento entre os membros da sua equipe. A vida de cada um de nós pode envolver boa parcela de atividades rotineiras, maçantes, nojentas até, e muitas pessoas, provavelmente a maioria, dirão que dedicam a maior parte da vida exatamente a essas tarefas. Laura, porém, contesta esse conceito. Como vice-presidente de tecnologia, ela tem a sua cota de tarefas que aprecia menos do que outras, mas as encara com serenidade — todas fazem parte do seu trabalho.

Para ela, tarefas rotineiras ou sujas são uma questão de atitude. Para ajudar as pessoas a lidar com isso, um líder pode mostrar que está ciente de que o trabalho que fazem envolve alguns afazeres enfadonhos ou sujos e orientá-las a perceber que, não obstante, esses afazeres contribuem para os resultados globais produzidos por toda a equipe. Acima de tudo, salientou Laura, um líder deve agradecer a todos as contribuições oferecidas.

Ela mesma envia regularmente recados manuscritos para os colegas — para a cadeia de comando acima dela, para os que estão no mesmo nível e para os que estão abaixo dela. Ela explicou que as mensagens são simplesmente uma maneira de se relacionar com outra pessoa — talvez oferecendo uma palavra de estímulo ou de agradecimento por algo que o destinatário tenha feito ou transmitindo um pouco do seu humor autocrítico. "Creio que uma mensagem escrita, especialmente de agradecimento, é uma arte em extinção", disse, e acrescentou: "É uma pena, porque eu fico muito surpresa com o impacto que essas notas provocam. Seguidamente, as pessoas me revelam o que significou para elas o fato de alguém na minha posição tirar tempo para escrever um bilhete felicitando-as por um bom trabalho. Penso que essa atitude favorece o espírito de humildade. Quero apenas agradecer-lhes a contribuição que dão para a equipe e dizer-lhes que reconheço que nem sempre é fácil e que qualquer trabalho que façamos envolve partes que são, bem, chatice pura".

"Acredito que a qualidade da sua vida é determinada pela qualidade do seu modo de pensar", continuou Laura. Assim, a questão subjacente para um líder é transformar em positivos os sentimentos negativos do grupo a respeito do trabalho. Às vezes, tudo o que se precisa é de um muito obrigado. Sentimentos positivos se traduzem em um sentido de responsabilidade pela empresa e por seu trabalho. E quando o seu pessoal realmente assume a responsabilidade, eles engatam uma marcha rápida, trabalhando mais e melhor, abrindo novos caminhos. Resultado: grandes ganhos de desempenho.

Em se tratando de tarefas sujas em navios da Marinha, os que são designados para atividades no convés, como lixar e pintar, talvez digam que executam o trabalho mais sujo do navio. Mas eu posso mencionar outra tarefa que satisfaz ainda melhor esse critério, tanto em termos literais como figurados.

Antes, um pouco de contexto. O sistema de esgoto do *Benfold* consistia em oito bombas divididas em duas áreas separadas, com quatro bombas cada uma. Os selos mecânicos dessas bombas, muito mal projetados, apresentavam defeitos constantes, aumentando a possibilidade de que, em caso de emergência, talvez não conseguíssemos processar ou eliminar o esgoto. Um cenário assustador — e que me fazia pensar em esgoto com mais frequência, aposto, do que praticamente qualquer outro Comandante na Marinha dos EUA. Obcecava-me a preocupação em assegurar que tivéssemos selos sobressalentes em número suficiente para que nós mesmos pudéssemos resolver qualquer problema inesperado — uma tarefa que poderíamos qualificar literalmente como nojenta.

Além dessa obsessão pelas peças sobressalentes, eu também passava muito tempo no compartimento de bombas, onde ficava o tanque contaminado, conversando com o único técnico treinado na manutenção dessas bombas. Dia sim, dia não, eu ia até as entranhas do navio, escalando mão por mão (segurando numa corda, N.T.) num espaço encardido com quase metade das dimensões de um poço de elevador. Marinheiros já caíram e se feriram ao fazer essa escalada. Isso é difícil, sujo, perigoso e, em mar agitado, bem, você pode imaginar.

O marinheiro que eu ia ver nesse lugar era Shaun Perkins. Aí estava um rapaz que trabalhava em condições realmente imundas, e eu não podia fazer muita coisa a seu favor além de dizer-lhe que estava ciente de que ele realizava um ótimo trabalho e de que eu realmente dependia dele. Acho que ele gostava disso. E como resultado desse meu interesse e da manifestação de que não podíamos operar o navio sem ele, Shaun parecia ter grande orgulho em executar essa faina sórdida. Eu não podia melhorar suas condições de trabalho, mas podia fazê-lo sentir-se melhor com relação à tarefa — e talvez torná-la um pouco menos repugnante.

Dificilmente alguém poderia imaginar, mas quando Shaun Perkins fez o SAT [*Scholastic Assessment Test*, o equivalente ao vestibular brasileiro] que oferecíamos no *Benfold*, ele obteve 1.290 pontos — muita gente faria qualquer coisa para chegar a essa pontuação. Aí estava um marinheiro que passava os dias no fundo de um navio, fazendo a manutenção do sistema de esgoto, e que alcançou uma pontuação mais elevada do que milhares de estudantes do ensino médio frequentando escolas de grande prestígio.

Depois que Shaun começou a estudar conteúdos de nível superior no *Benfold*, certa ocasião, passeando pelo refeitório por volta da meia-noite, encontrei-o lendo um livro. Sabendo que era um rapaz inteligente, fiquei curioso para ver o que ele estava estudando. Espantei-me ao ouvir, "Filosofia". Quando perguntei que outras matérias ele estudava, ouvi a resposta, "Psicologia". Então a minha perplexidade chegou ao auge. Com a sua inteligência e habilidades técnicas, pensei comigo mesmo que ele estava perdendo tempo. Por causa dos meus preconceitos, a minha tendência era vê-lo fazendo outra coisa, algo que lhe rendesse mais financeiramente e lhe desse condições de aplicar mais objetivamente as suas invejáveis aptidões.

Por fim, Shaun graduou-se em engenharia civil numa universidade do sul da Califórnia. Sua incursão pela psicologia e pela filosofia ajudou-o a perceber que esse não era o caminho a seguir. Hoje ele trabalha como engenheiro civil.

Lição: Deixe a equipe construir a sua própria visão.

Laura Folse tem pouca paciência com os líderes que proclamam da tribuna a visão e os objetivos corporativos que todos os funcionários devem acatar. Para Laura, visão e motivação andam de mãos dadas. Mas "não faço a menor ideia sobre o que motiva as outras pessoas; eu sei o que motiva a mim", ela disse. Então, quando Laura fala ao seu pessoal sobre os objetivos da equipe, ela descreve o processo de definição desses objetivos em termos da ação de pintar um quadro. Cada integrante da equipe, com base na própria motivação pessoal, contribui com pinceladas até que a visão assume existência própria.

"As pinceladas que acrescento no quadro são as coisas que me tiram da cama todas as manhãs e me alimentam espiritualmente. Eu estimulo os colegas a me dizer quais são as pinceladas deles." Desse modo, ela e os membros da equipe ficam sabendo o que é mais importante para uns e para outros, o que os motiva.

Laura disse, "A forma verdadeira de construir uma empresa de qualidade é descobrir o que dá satisfação às pessoas, o que elas buscam no trabalho que fazem. Algumas procuram a realização. Outras procuram um lugar onde fixar uma espécie de cordão umbilical e encontrar um senso de comunidade. Outras ainda não querem nada além do dinheiro, e é preciso respeitar isso. Claro, você não vai se empenhar em construir uma comunidade com pessoas que não querem fazer parte dela".

Quando você compreende as motivações que regem as atitudes e o desempenho profissionais dos membros da sua equipe, você pode ajudá-los a alcançar esses objetivos, adequando as condições de trabalho, as atribuições e mesmo as horas de expediente deles. Esse é o caminho mais seguro para inspirar a sua equipe a ver a atividade que exercem desde a perspectiva do dono do negócio. A partir do momento em que as pessoas assumem a responsabilidade de alcançar os objetivos comuns, a partir do momento em que se veem como proprietárias e não como subalternas, elas expandem a definição de possível. Naturalmente, o quadro que Laura e sua equipe produzirão tem algumas restrições: "Há limites relacionados com a ética, com certo senso de justiça e com o fato de que todos trabalhamos para uma empresa — um grupo de acionistas. Precisamos ser lucrativos".

Dentro desses limites, porém, a visão crescerá, refletindo a inspiração e o entusiasmo de cada membro da equipe. Como tal, ela será muito mais significativa do que qualquer coisa decretada da tribuna.

LIÇÃO: Ajude a manter o seu grupo afinado.

Em uma sociedade obcecada por esportes como a americana, palavras como *primeiro*, *melhor* e *vencedor* condimentam as conversas em todas as áreas, especialmente a empresarial. É importante vencer? Sem dúvida nenhuma. Mas, paradoxalmente, se você não consegue entender o verdadeiro significado de ser o primeiro e as responsabilidades que acompanham a posição número um, você pode embaraçar a capacidade de vencer da sua equipe. Laura aprendeu isso ainda menina.

Integrante destacada da banda marcial da sua escola no Alabama, Laura trabalhou muito e durante bastante tempo para conquistar a posição de primeira flautista. Muito bem conceituada, essa banda se apresentava em eventos em todo o país, de modo que a distinção como primeira flautista lhe angariou, como ela diz, "certo reconhecimento individual". Mas ela logo percebeu como essa posição significava pouco no momento mais importante: durante uma apresentação ao público. A banda "dependia de cada pessoa dando o melhor de si", disse Laura. "De nada adianta a primeira cadeira destacar-se se o ocupante da décima quinta cadeira também não tem um desempenho de excelência durante a apresentação."

Também na empresa a sua equipe só se dará conta do seu pleno potencial quando todos os seus integrantes sentirem orgulho do que fazem e se tornarem totalmente responsáveis por suas ações, apresentando a cada dia o melhor desempenho e sempre procurando novas maneiras de aperfeiçoá-lo. Se um ou dois membros tocam desafinados, sejam eles estrelas ou luzes menores, a equipe em si e a organização como um todo sofrerão as consequências.

Assim, como você pode assegurar-se de que cada membro da sua equipe está tocando na tonalidade correta? Novamente, Laura teve a resposta naquela mesma banda do ensino médio. Acontece que ser a primeira flautista tinha mais a ver com assumir responsabilidades do que com aprazer-se com a glória de ser a número um. Embora não verbalizada expressamente, disse ela, a mensagem implícita "em tudo o que fazíamos era aquela parte do meu trabalho como primeira flautista que consistia em ajudar os demais flautistas".

Laura precisava ser cautelosa, claro. "Eu não saía por aí dizendo que era de fato hábil e perguntando se queriam a minha ajuda. Em vez disso, quando eu ia me dedicar a alguma parte especialmente difícil de uma peça, perguntava se eles estavam interessados em trabalhar comigo." Com sua atitude humilde, Laura ajudou a impulsionar o desempenho não só do naipe das flautas, mas também da banda como um todo. "A humildade é muito importante quando você ocupa um papel de liderança", concluiu.

Interpretando a sua posição como uma oportunidade para melhorar o desempenho de todo o grupo, ela chamou a si toda a responsabilidade e passou a conduzir-se de acordo com as exigências impostas a um líder, em termos de iniciativa e de interesses voltados a um objetivo. Ela também serviu de exemplo ao grupo, mostrando como uma atitude correta pode aumentar a satisfação e o senso de realização de todos.

Devo observar que quando Laura ingressou na banda da Universidade Auburn, sua experiência foi muito diferente. Numa banda formada por pessoas talentosas que estudavam para seguir uma carreira musical, ela estava longe de ser a primeira flautista. Na verdade, ela ocupava uma posição bem baixa na hierarquia dos flautistas. Mas as lições fundamentais que havia aprendido em sua banda no ensino médio continuavam válidas: cada participante, dando o melhor de si, era essencial para o sucesso da banda como um todo. Com esse pensamento em mente, Laura disse: "Nunca me senti uma integrante de segunda classe na banda da faculdade, embora de fato o fosse, com relação a todos os outros".

Como você pode convencer a todas as pessoas da sua equipe, desde as menos até as mais importantes, a assumir a responsabilidade pelo desempenho do grupo? Ajude-as a compreender que ordens de cima são contraproducentes, que cada integrante da equipe é essencial para o sucesso de todos. Na verdade, reelaborando um antigo ditado, toda banda é tão boa quanto é bom o seu integrante mais fraco.

LIÇÃO: Lembre-se de quem você é.

Ainda jovem, Laura já havia consolidado uma carreira impressionante na Amoco quando esta passou a fazer parte da gigante BP. Como líder e como musicista, fazia muito tempo que ela acreditava realmente em equipes e trabalho de equipe e no modelo consultivo. A partir dos conselhos "bem-intencionados" de um colega, no entanto, ela achou que precisava se transformar instantaneamente numa "líder onisciente, onividente e claramente diretiva". Ela fora levada a acreditar que era isso que a BP esperava dela. Ela tentou, mas a tentativa redundou em fracasso. Pior do que isso, Laura se sentiu amargamente infeliz ao tentar se adaptar a um estilo de liderança incompatível com a sua personalidade.

Sentindo-se desajustada, Laura começou a enviar sinais para o mundo externo de que estava interessada em sair da BP. Em pouco tempo, recrutadores de executivos começaram a telefonar. Percebendo, disse ela, que havia "perdido o roteiro", o modelo de liderança que a levara tão longe tão rapidamente, ela decidiu comparecer às entrevistas sem a máscara. Ela disse, "Eu queria que vissem quem eu era. Sim, eu lhes dizia que queria fazer parte de uma empresa de alto desempenho, mas que o meu maior interesse voltava-se para o modo como chegar a esse nível. Pessoalmente, eu conseguira alcançar um bom desempenho identificando-me com o sentido do trabalho, com a sua importância para o mundo e com o seu aspecto de diversão". Essa era a Laura verdadeira, a líder que, no passado, havia inspirado suas equipes a assumir responsabilidade por suas funções, a superar em muito as antigas formas de atuação e a saborear a experiência.

Inicialmente, Laura temia que a sua atitude pudesse desconcertar os entrevistadores. Mas ela se deu conta de que eles gostavam dessa postura, e muitos mostraram interesse em dar continuidade ao processo de recrutamento. Com o restabelecimento da sua autoconfiança, a verdade se revelou: "Comecei a perceber que a barreira que me impedia de fazer o que eu desejava não tinha nada a ver com a cultura da BP. Tinha tudo a ver comigo, com o modo como eu me relaciono e me preocupo com o que os outros pensam. Eu tinha medo de ser julgada com severidade ou de perder o emprego. Finalmente entendi que se essa era a pior coisa que poderia me acontecer, não seria algo tão assustador assim. O medo se dissipou". Laura recusou uma oferta, cancelou as demais entrevistas e decidiu permanecer na BP. "Também me comprometi comigo mesma a desenvolver ainda mais a percepção de mim mesma para aplicar o meu verdadeiro estilo de liderança no trabalho diariamente."

Pouco tempo depois, com a confiança e foco renovados, Laura preencheu um questionário da BP sobre os seus objetivos de carreira, uma autoanálise que todos os principais executivos da empresa deviam fazer. Em vez da resposta típica "Quero conhecer a fundo o trabalho que estou realizando para em seguida assumir um cargo mais elevado e por fim tornar-me CEO", Laura escreveu que a sua motivação não estava no "poder da posição", mas na possibilidade de "receber o meu alimento espiritual através do meu trabalho e, com isso, divertir-me muito". Para ela, posições futuras que viesse a ocupar seriam decorrência e resultado natural dessa atitude, não objetivos em si mesmos.

Depois de encaminhar o formulário, Laura recebeu um telefonema urgente de outro amigo "bem-intencionado" que também era um dos principais executivos da empresa. Ele lhe pedia insistentemente que alterasse a resposta antes que o questionário chegasse à diretoria, pois não fora escrito de acordo com o "padrão normal da BP", e externou sua preocupação com relação a ela. Ela se recusou a fazer isso, dizendo: "Se eles não me querem como líder por causa do que escrevi, vai ser muito bom eu saber disso".

Mas os membros da diretoria aparentemente tiveram uma reação diferente. Em vez de mostrar-lhe a porta, resolveram mandá-la para a Universidade Stanford para fazer um mestrado em administração. Foi uma grande honra para ela. Stanford é uma das *alma matres* de John Browne, e ele entrevista e endossa todo candidato enviado pela BP. Apenas uma ou duas pessoas são selecionadas a cada ano. Concluído o curso, a empresa deu a Laura a promoção que a conduziu ao seu cargo atual de vice-presidente.

Ao voltar à rotina, Laura se sentiu feliz com o retorno e também começou a obter resultados fenomenais de sua equipe. Quando conheci Laura, em maio, os objetivos de produtividade da sua unidade para o ano inteiro já haviam sido alcançados. Todos ainda estavam realizando o mesmo volume de trabalho, mas atuavam com mais inteligência e eficiência, o que os levou a alcançar os objetivos de lucro e de produtividade previstos para 12 meses em menos da metade desse tempo.

Nas forças armadas, existem expectativas definidas de comportamento e liderança — muitas delas não escritas e frequentemente autoimpostas. É fácil dedicar-se totalmente a ser o líder que você imagina que a organização deseja, mas ao mesmo tempo sufocar o seu verdadeiro eu, a pessoa que você deve ser realmente. Eu só comecei a me desenvolver de fato quando descobri que tipo de líder Mike Abrashoff queria se tornar, em vez de tentar espremer-me num molde de Comandante da marinha válido para todos. Foi então que o sucesso entrou na minha vida. As pessoas podem sentir a autenticidade e a veracidade, e é a isso que eles realmente respondem.

As extraordinárias habilidades de liderança de Laura Folse tornam-se mais evidentes na sua capacidade de liderar equipes, na sua aptidão para ajudar pessoas que estão em dificuldades, na sua autoconfiança e na sua grande coragem. Mas todas essas qualidades emanam da sua maneira franca de lidar com as pessoas, a começar por ela mesma. Para crédito da BP, a empresa reconheceu isso. Sua autenticidade pessoal é fundamental para convencer os seus companheiros de equipe a seguir o seu exemplo e a assumir uma atitude positiva com relação aos seus empregos, e esse é o verdadeiro ouro que ela garimpa para a BP.

Tendo colocado sempre a sua fé na liderança consultiva, orientada para a equipe, desde os seus primeiros dias como viajante-do-mundo com uma equipe diversificada de geólogos, Laura não teme admitir que não sabe tudo. Sua humildade e honestidade, combinadas com o seu interesse evidente pelas pessoas e a sua disposição para lutar por sua equipe, fizeram dela um destaque na BR. Como tantos outros líderes apresentados neste livro, Laura demonstra que a fidelidade a si mesmo opera como magia que atrai as pessoas para a sua causa e as entusiasma a ajudá-lo a conquistá-la.

LIÇÕES

- Para atrair seguidores, compartilhe a liderança.
- Faça todo o possível para resgatar os inadaptados.
- Proteja os seus ativos.
- Tarefas rotineiras ou sujas: uma questão de atitude.
- Deixe a equipe construir a sua própria visão.
- Ajude a manter o seu grupo afinado.
- Lembre-se de quem você é.

CAPÍTULO 6

DELEGADO WARD CLAPHAM TRANSFORMA OS MOUNTIES, A POLÍCIA MONTADA DO CANADÁ

> Falar calmamente e sempre levar um taco de hóquei
> é um lema apropriado para um policial cuja
> visão lúcida da liderança rendeu bons dividendos
> em comunidades em todo o mundo.

Ward Clapham é um *mountie*, um integrante da polícia montada do Canadá. Se essa descrição lhe lembra um policial de queixo quadrado, com chapéu de abas largas e camisa vermelha, perseguindo ladrões de terras num trenó puxado por cães, você está bem defasado no tempo. A originalidade de Ward está no seu conceito de "policiamento inteligente", definido de modo muito simples como policiais trabalhando em parceria com as pessoas a que servem para resolver os problemas de segurança da comunidade. Ward viaja regularmente para levar a sua mensagem a órgãos de segurança que operam na Ásia, na Europa e na América do Norte. Não será surpresa para você perceber que as lições de liderança que ele transmite são muito semelhantes às que constituem o meu próprio credo e aos ensinamentos que outros líderes abordados neste livro também aprenderam.

Quando Ward crescia nos anos 70, em Nanaimo, Colúmbia Britânica, e quando começou a sua carreira na Real Polícia Montada do Canadá, RPMC, [RCMP, *Royal Canadian Mounted Police*] em 1980, toda atividade policial era de cunho individual. Eram os policiais que identificavam os problemas e que diziam como seriam resolvidos. O papel da comunidade restringia-se a cooperar quando fosse solicitada ("apenas os fatos, senhora"), devendo em seguida sair de cena e deixar que os profissionais assumissem as funções que lhes eram pertinentes.

Ward nunca se sentiu muito à vontade com esse modelo, que, na prática, não era eficiente nem eficaz. Era possível a polícia estar concentrando todos os seus esforços no combate a assaltos, ele me explicou, num momento em que vizinhos, junto à cerca dos fundos, se queixavam dos rachas nas proximidades ou da violência nas escolas. Ward estava tão aborrecido com a arrogância institucional e com o tratamento indiferente dispensado ao cidadão comum que chegou a pensar em realmente mudar de profissão. Felizmente, os integrantes da Polícia Montada são estimulados a ser criativos, adaptáveis e flexíveis, o que o deixou livre para testar algumas das suas próprias ideias e o impediu de desistir enquanto ainda integrava os escalões inferiores da força.

Então, em 1991, a doutrina emergente do policiamento comunitário, que fora pioneira no outro lado da fronteira, nos Estados Unidos, foi oficialmente apresentada à RPMC. As ideias de Ward Clapham coincidiam perfeitamente com a nova filosofia, e ele logo começou a publicar artigos, elaborar manuais e fazer palestras sobre as vantagens dessa filosofia de parceria. Na sequência, ele recebeu inúmeros prêmios por serviços públicos prestados. Atualmente, em sua função de superintendente do destacamento da RPMC de Richmond, Colúmbia Britânica, Ward aplica os conhecimentos assimilados ao longo de uma rica experiência profissional que abrange quase um quarto de século de atuação em postos avançados isolados do norte do Canadá e também em grandes cidades.

No processo de aprimoramento da sua teoria do "policiamento inteligente", Ward também chegou a alguns princípios de liderança muito valiosos que, a meu ver, poderão ser úteis a líderes de toda parte. Veja você mesmo.

LIÇÃO: Jogue de acordo com as regras — de modo geral.

O que as crianças canadenses chamam de hóquei de rua é a primeira estação da via-sacra do hóquei no gelo, o jogo que canadenses de todas as idades adoram, quase como uma religião nacional. As crianças o praticam em ruas pavimentadas com gelo imaginário, usando tacos de hóquei de verdade para lançar bolas ou pedras para "redes" demarcadas com giz. Como o hóquei de rua é violento e desregrado, logo surgem discussões acaloradas entre os jogadores, forçando os vizinhos a chamar a polícia para dispersar os briguentos, especialmente quando jogam em becos dos subúrbios. Preferidas pelos praticantes devido à quase inexistência de tráfego, essas pistas improvisadas são também câmaras de ressonância que amplificam toda a algazarra produzida, levando muitos adultos à loucura.

Ward Clapham, ele próprio ex-jogador de hóquei de rua, mal ingressara na Polícia Montada quando recebeu o primeiro chamado para reprimir uma arruaça em andamento em um dos bairros ao norte de Alberta. Veloz no seu carro radiopatrulha reluzente, giroflex cintilando, o jovem policial chegou rapidamente no local, bloqueou a rua com a viatura e desceu, uma figura imponente no seu chapéu de abas largas, botas de cor marrom e pistola à mostra. Os baderneiros, gentalha rematada, agora amedrontados e silenciosos, analisaram a situação e ficaram esperando pelo pior.

O que não aconteceu, pois Clapham, num momento de inspiração, lembrou que era um pacificador, não um carrasco. Ele ponderou que o fato de fazer-se amigo de garotos barulhentos poderia ser mais útil à comunidade do que recriminá-los. Então, propôs-lhes um acordo praticamente irrecusável: "Posso aplicar-lhes uma multa por obstrução do trânsito ou posso jogar hóquei com vocês".

Um sorriso de alívio estampou-se nas faces juvenis, um taco apareceu, e o policial Clapham jogou hóquei com os seus pequenos companheiros durante meia hora. No seu entusiasmo, livrou-se do chapéu de abas largas, bom para o jogo talvez, mas flagrante violação das rígidas normas da Polícia Montada.

Espreitando a cena pelas janelas, os vizinhos não puderam conter sua indignação. Em vez de ser punidos, os garotos estavam sendo recompensados, resmungavam. O autor da denúncia voltou a ligar para o delegado, reclamando que Clapham não estava cumprindo o seu dever. Ao retornar, Ward foi severamente repreendido por seu superior: ele não dera atenção às queixas dos vizinhos; pior ainda, havia tirado o chapéu em público e dado um espetáculo de cabriolas vestido de uniforme, uma injúria à dignidade da corporação.

O que o seu chefe não entendeu ou pelo que pouco se interessou foi que Ward fez mais do que apenas jogar com os moleques. Depois do jogo, Clapham e os garotos ficaram conversando sobre diversos assuntos importantes — garotas, drogas, hóquei profissional, o que é ser um policial montado, quase nessa ordem. Eles criaram laços: ele os viu como aliados em potencial; eles o viram como um tira original, interessado no bem-estar deles, não em prendê-los. Todos se separaram como amigos imprevistos.

Ao optar por falar calmamente e usar um taco de hóquei, Ward compreendera o sentido pleno das suas atribuições como policial e dera a um bando de crianças turbulentas um exemplo importante do que é viver em comunidade. "Estabeleci um vínculo real com aqueles garotos", ele me disse. "Descobri que eles participavam do programa de escoteiros da escola, mas não tinham um líder. Eu me sentia bem quando me despedi, e disse-lhes que poderiam continuar jogando." Melhor ficarem jogando hóquei de rua, ele raciocinou, do que se envolver com problemas mais sérios — beber ou usar drogas, talvez, ou mesmo pensar em roubar, por falta de algo mais interessante a fazer. Mais tarde, Ward se tornou chefe do grupo de escoteiros.

Hoje superintendente da Polícia Montada, Ward sempre verifica se todos os seus agentes levam tacos de hóquei em seus carros de patrulhamento. Os tacos simbolizam a sua convicção de que o policiamento comunitário produz melhores resultados quando os policiais tomam a iniciativa de reforçar a crença das pessoas de que a comunidade é delas. Claro, as autoridades podem controlar um bairro, literalmente, invadindo áreas dominadas pelo crime com centenas de policiais valentões e confinando os bandidos atrás das grades. Os resultados positivos, porém, serão superficiais e passageiros — o crime acabará se reinstalando — enquanto os inimigos feitos podem durar para sempre. Como as nossas tropas no Iraque aprenderam à custa de muito sofrimento, a única coisa que todo exército de ocupação realmente possui é o seu arsenal de armas. A paz verdadeira requer trabalho árduo prolongado e esforço intenso levados a efeito pela população local.

Superintendente Clapham comanda hoje 215 agentes policiais e 85 funcionários de apoio em Richmond, Colúmbia Britânica, e todos são incentivados a seguir o exemplo por ele dado há muitos anos naquela pista de hóquei improvisada, trabalhando com a população local para impedir o crime antes mesmo que ele comece a se manifestar. Sua ordem permanente — unam-se à comunidade — é clara, embora nem sempre simples de cumprir, porque implica que as regras estabelecidas podem às vezes ser sacrificadas em prol da causa maior. E, de fato, a história do chapéu de Clapham e os tacos de hóquei simbólicos dão efetivamente ao seu pessoal autorização para quebrar as regras sempre que essa decisão os ajuda a se associar à comunidade.

Devo dizer, porém, que considero essa ideia ardilosa. Tudo bem que líderes quebrem regras — desde que o façam com cuidado. Muitas vezes precisamos da distensão que propicia o arrojo necessário para inspirar os nossos colegas de profissão. Mas não podemos dar a cada marinheiro o mesmo espaço de manobra; não podemos administrar um navio com trezentos espíritos livres. A bordo do *Benfold*, descobri que eu precisava impor determinadas regras, sem nenhuma exceção. Uma delas se referia à segurança (impedir que vidas corressem perigo); outra era fiduciária (não desperdiçar o dinheiro do contribuinte). Além dessas regras invioláveis, eu me baseava na intenção do Comandante, ou seja, eu me empenhava em tornar as minhas políticas o mais claras e vigorosas possível, delegando aos meus marinheiros a responsabilidade de decidir se a nossa causa desrespeitava alguma norma ou regulamento específico. E agi do mesmo modo ao interpretar a minha própria intenção do Comandante, procurando estimar onde a missão geral prevaleceria sobre regulamentos impressos. Essa atitude já vem abrindo novas perspectivas em toda organização militar que segue o manual.

Estou impressionado, porém, com a flexibilidade da RPMC em dar a Ward carta branca para estabelecer a sua própria intenção do Comandante. Aparentemente, os seus comandados não se sentem constrangidos em ir ao encontro das pessoas e fazer o que for necessário para convencê-las a assumir a comunidade como um bem que lhes pertence de fato. Eles progrediram muito desde o dia em que o próprio Ward foi repreendido por tirar o chapéu em público.

Ward Clapham parecia saber instintivamente, desde o início, que o policiamento eficaz exigiria certa flexibilidade nas normas. Seus instintos naquele dia no beco lhe sugeriam ignorar algumas regras sobre chapéus e garotos jogando hóquei e concentrar-se no objetivo maior de ser um policial montado. O chapéu, afinal, é apenas um símbolo da dignidade da polícia. Usá-lo significa que o policial está em serviço, combatendo a criminalidade e mantendo a paz. Mas se o combate ao crime e o desenvolvimento da comunidade podem ser empreendidos de modo mais apropriado por um policial sem chapéu, então, na minha opinião, esse símbolo perde o seu significado. Ward provou isso quando conquistou a simpatia dos jovens. Mais especificamente, o jogo de hóquei com os garotos foi totalmente coerente com o principal objetivo da Polícia Montada: a prevenção ao crime. O superior hierárquico de Ward simplesmente não compreendeu isso, deixando que a sua obsessão pela norma do chapéu obscurecesse a perspectiva mais ampla.

A minha própria orientação no *Benfold* era separar as normas rígidas das ambíguas. Incluem-se na primeira categoria situações como consumo de álcool no mar e cumprimento dos regulamentos de segurança. Nunca pergunte ao seu chefe a respeito da aplicação dessas regras. Apenas cumpra-as. Mas normas ambíguas podem infiltrar-se em zonas cinzentas que não promovem o que você considera ser do melhor interesse do navio. É aí que o líder entra em cena. Você precisa decidir qual é a verdadeira intenção do comandante.

Abrace firmemente a causa do seu comandante e permaneça fiel a ela, principalmente quando impera a confusão. Como Ward Clapham, aprendi com a experiência que regras e necessidades situacionais muitas vezes divergem, em parte porque as últimas mudam muito mais rapidamente do que as primeiras. Em teoria, por exemplo, a Marinha me autorizava a conceder apenas 15 medalhas anuais por bom desempenho. Eu considerava essa restrição um equívoco, pois me impedia de realizar a minha verdadeira intenção de comandante, que era promover o moral e o entusiasmo na minha tripulação. Como consequência, no meu primeiro ano no *Benfold*, conferi 115 medalhas. Nunca ouvi uma palavra sequer do Almirante, fato que tomei como sinal de que eu havia interpretado corretamente a sua intenção.

Em suma, quem faz a regra não consegue prever todas as situações de aplicação futura dessa regra. Por isso, é recomendável que o líder identifique a intenção original do legislador e depois examine a melhor maneira de adequá-la à situação que se apresenta. (É isso precisamente o que fazem os juízes quando interpretam as leis da Constituição dos EUA, vigente há 217 anos, para resolver conflitos dos dias atuais.)

Ward Clapham compreendeu que um chapéu conferia a um *Mountie* uma aparência impositiva em território hostil; e percebeu também que tirar o chapéu favorecia a causa maior do comandante na prevenção da criminalidade. Tiremos o chapéu para Ward Clapham.

LIÇÃO: O respeito mútuo é fundamental para o sucesso da equipe.

Ward Clapham teve a sua primeira experiência oficial de liderança como *Mountie* quando foi designado para comandar uma das quatro equipes de doze membros da força, fração do destacamento de sessenta integrantes, no Aeroporto Internacional de Calgary. Basicamente, o aeroporto contratou a Polícia Montada para que esta atuasse como guarda de segurança; o policiamento propriamente dito era realizado por policiais da cidade de Calgary — uma situação bastante constrangedora e insatisfatória para os *mounties*. Além disso, Cabo Clapham era o *mountie* mais jovem do destacamento e também o menos antigo, com exceção de um ou dois outros companheiros. Previsivelmente, os oficiais mais antigos o viam como um garoto inapto, um intruso no território deles. Eles faziam o que era possível para ignorar Ward, evitando-o do mesmo modo que uma criança foge do banho.

Para transformar esse bando descontente em uma equipe de qualidade, antes de mais nada Ward precisou conquistar o apoio e, em seguida, o respeito de todos. Não bastava apenas mandar que cumprimentassem e sorrissem. Eles eram policiais, não robôs, e desdenhavam a própria presença dele. "Se adotasse o estilo autocrático padrão, eu acabaria me queimando", disse-me. De alguma forma, ele precisava levá-los a sentir-se satisfeitos com a função que desempenhavam e assim dissipar o ressentimento. Eles precisavam gostar do trabalho que realizavam para ele, mesmo que não gostassem de trabalhar com ele. A empreitada era difícil.

A cultura da Polícia Montada valoriza muito a criatividade e a flexibilidade, e Ward fazia bom uso de ambas. Primeiro, ele se tornou inevitável, literalmente — imaginou que os homens não poderiam evitá-lo se ele não fosse para casa. "Eu trabalhava em plantões noturnos e nos finais de semana", lembrava Ward. "Eu estava lá 24 horas por dia, 7 dias por semana", demonstrando o seu compromisso com o grupo.

Mas Ward sabia que era preciso mais, muito mais. Ele precisava fazer essas pessoas trabalhar para ele, não contra ele, como tantas vezes acontece quando se confunde arrogância com liderança. Como chefe, compete a você tomar decisões difíceis, mas elas só serão implementadas se o grupo o reconhecer como uma liderança legítima. Como convencê-los? Como conquistar respeito sem perder autoridade? Ward começou a fazer experiências.

Ward jurou que jamais seria visto sentado atrás da escrivaninha. "Eu precisava estar lá fora com eles — na rua, na terra, nos carros", ele me disse. "Mas eu não estava lá para microgerenciar e deixá-los desvairados, interferindo no que faziam. Na medida do possível, eu estava lá para valorizar o trabalho deles e mostrar que esse trabalho era realmente importante — para eles e também para mim. Imaginei que a sensação de sentir-se importante levaria à sensação de posse, de propriedade pessoal da instituição. E sabe? As coisas começaram a acontecer. Nada o deixa mais orgulhoso do seu trabalho — e de você mesmo — do que o elogio que você recebe do seu chefe."

Em seguida, Ward começou a incentivar o pessoal a sugerir modos de tornar as atividades mais animadas e de aprimorar o desempenho da equipe. Inclusive ofereceu a todos a oportunidade de ver os problemas através dos olhos dele, exercendo as funções do Cabo Clapham durante um dia. "Fiz cada um deles ocupar o posto de Cabo, sentando na minha cadeira, despachando a papelada, montando a escala de serviço", disse Ward, enquanto observava de longe.

Essa é uma ideia interessante que eu gostaria de ter aplicado, mas a Polícia Montada está à frente da Marinha americana nesse aspecto. A nossa tradição proíbe terminantemente que qualquer pessoa, além do próprio Comandante, sente na "cadeira do Comandante" [localizada no passadiço; constitui ofensa grave a bordo outra pessoa sentar-se nessa cadeira]. Naturalmente, Comandantes ainda podem seguir o exemplo de Clapham, auxiliando em alguma tarefa difícil, desde que jamais percam a indispensável aura do Comando.

Dando aos membros da sua equipe a oportunidade de sentar-se na "cadeira do chefe", Ward podia observar não só até que ponto cada um tinha condições de administrar uma tarefa nova e exigente, mas também como o estilo de liderança de cada um afetava os colegas. Vendo-os representar as suas versões do Cabo Clapham, Ward pôde entender melhor o retraimento inicial do grupo. Alguns haviam se ressentido porque ele se parecia com um antigo líder de quem não gostavam; outros haviam resistido porque ele era novato e jovem, ao contrário deles. Ele começou a compreender o que os levava a assumir determinadas atitudes.

Por sua vez, os comandados de Ward começaram a valorizar o trabalho do novo Comandante e também a sua disposição para ouvir as suas opiniões. Um sentimento de respeito mútuo começou a redimensionar o relacionamento. "Foi então que comecei a entender realmente a diferença entre chegar a um consenso e ser autocrático", disse-me Ward.

Ward, então ainda jovem, teve o bom senso de evitar toda demonstração de arrogância ou pressa. Com muita frequência, um novo líder se complica ao promover mudanças precipitadas que desencadeiam uma atitude de inércia nervosa. O momento em que ele assume pode muito bem ser ocasião para eliminar políticas e procedimentos obsoletos, mas fazer isso sem antes estudar a intenção original desses princípios e costumes é atrair o fracasso. Pior, o reformador obstinado pode incitar algumas pessoas a sabotar as mudanças que elas não compreendem bem. Ward sabia que precisava envolver-se, ouvir com atenção, respeitar os costumes do grupo, comunicar os seus planos, e andar devagar. Ele entendeu que a mudança organizacional duradoura decorre da evolução, não da revolução.

Aprofundando o seu relacionamento com o pessoal e concretizando os seus planos, Ward expandiu gradualmente o papel da Polícia Montada no aeroporto de Calgary. Ele não pretendia deixar que a polícia nacional do Canadá, de renome internacional, continuasse a ocupar uma posição de subordinação à polícia da cidade de Calgary. Era um absurdo, para não dizer humilhante, a Polícia Montada desbaratar uma quadrilha de ladrões, por exemplo, e depois ser obrigada a entregar o caso à polícia local.

Para mudar tudo isso, Ward abandonou o chamado policiamento "profissional" — apenas apresentem os fatos; deixem o resto conosco — e passou a solicitar ideias da comunidade do aeroporto sobre como melhorar a proteção policial. Depois de reunir um grupo de funcionários das companhias aéreas e de lojistas para fazer um levantamento das suas necessidades e formas de segurança, ele deu início a um novo procedimento, "vigilância comercial", para as lojas, e a um programa, "atenção, senhora", para ensinar às mulheres medidas de segurança a ser seguidas no trajeto entre o desembarque e o carro estacionado.

A comunidade aeroportuária aplaudiu, e os policiais de Ward começaram a se sentir necessários e valorizados.

Mas Ward não parou por aí. Ele se empenhou de modo especial para ajudar o seu pessoal a desenvolver novas habilidades para atividades futuras, especialmente para funções de liderança. Ele notou que muitos poderiam facilmente executar o trabalho dele; apenas não haviam sido treinados, orientados ou incentivados a ocupar esse cargo. Ele deixou claro que considerava a todos um grupo talentoso com potencial ilimitado. "Sugeri a alguns policiais que se matriculassem em cursos universitários. Reduzi algumas folgas para que pudessem frequentar as aulas nos períodos de serviço", esclareceu-me ele.

Vendo o seu pessoal crescer em habilidade e satisfação, Ward sentiu-se como um pai dotado de força moral — uma forma apropriada de definir um bom líder.

Certa manhã, bem cedo, enquanto o sol surgia e ele voltava para casa depois de cumprir um turno de doze horas, Ward sentiu uma súbita explosão de amor por seu trabalho. Todas as coisas estavam finalmente entrosadas. A equipe concluía as investigações com relatórios realmente muito bons. Cada membro orgulhava-se de cumprir as suas obrigações numa atividade sem nenhum atrativo. "Eu começava a ver o retorno de todo o meu esforço", disse Ward. "Foi ótimo. No meu pequeno círculo de influência, eu tinha feito uma grande diferença. A partir desse ponto, nada iria deter-me".

LIÇÃO: Proteja o seu flanco com o apoio de líderes informais.

Enquanto ainda em Edmonton, Ward foi designado para trabalhar com a polícia urbana numa operação de infiltração destinada a identificar receptadores e vendedores de produtos furtados. Ward e seu parceiro, um policial veterano de Edmonton, eram bem conhecidos na região, o que tornava a missão camuflada especialmente arriscada. Muitos criminosos que eles pretendiam flagrar já os haviam visto fardados. "Eles nos olhavam e perguntavam de onde nos conheciam", lembrava Ward.

Mas a maneira de agir casual e informal dos dois ao longo de inúmeras transações de muamba fez com que conquistassem a confiança dos delinquentes. Por fim, quando o estratagema produziu provas de que os ladrões planejavam uma grande operação, Ward e seu parceiro emitiram a ordem de prisão.

Antes do julgamento, detidos na prisão de Edmonton, os trapaceiros começaram a comparar informações e a suspeitar de possíveis traidores. Como ninguém do bando era "santinho" — alguns haviam anteriormente se envolvido em homicídios — os ânimos logo se acirraram.

Mas então, surpreendentemente, um dos líderes informais do grupo pôs-se a defender Ward e o seu parceiro. O disfarce deles havia sido tão convincente que esse sujeito teimava em dizer que eles eram gente boa e que jamais os delatariam. "Na verdade, ele chegou a brigar na cela para proteger a nossa reputação", disse Ward. E esse aliado estava tão convencido, e convincente, de que Ward e o parceiro eram comparsas na criminalidade, e não policiais, que outros ladrões continuaram a traficar produtos roubados com a dupla.

Com efeito, Ward disse, "Na primeira vez que encontrei o jovem depois de concluídas as investigações, ele ainda se recusava a admitir que eu era policial. Eu lhe mostrei o meu distintivo e a minha identidade e lhe dei detalhes de como o prendíamos cada vez que ele cometia um crime. Mas ele simplesmente continuou não acreditando.

"É uma situação estranha, mas nos faz pensar na influência que líderes informais podem exercer. Esse nos protegeu de todas as formas de represália", disse Ward, salientando que a notícia poderia ter se espalhado rapidamente sem eles saberem que o seu disfarce havia sido descoberto, até ser tarde demais.

A verdade é que líderes informais podem influenciar tanto para o bem quanto para o mal. Ao longo da história, os melhores líderes sempre mantiveram potenciais desordeiros bem à vista. Um dos meus exemplos favoritos é o do lendário *Sir* Ernest Shackleton, o explorador britânico que partiu em 1914 para conquistar uma das últimas premiações da exploração polar: a primeira travessia a pé do continente antártico. A menos de 90 milhas do litoral da Antártica, o *Endurance*, navio em que Shackleton e sua tripulação haviam navegado para o Atlântico Sul, ficou preso em uma banquisa no Mar Weddell, na Antártica. Pouco depois o navio acabou se partindo ao meio e o grupo ficou à deriva em uma massa de gelo flutuante que os afastou mais de 350 milhas da terra mais próxima. A incrível história da sobrevivência desses homens poderia ter terminado de modo muito diferente, não fosse a liderança de Shackleton e o seu grande conhecimento do comportamento de baderneiros.

Conhecido como um otimista incurável e um líder extraordinário e carismático que sempre colocava os seus homens em primeiro lugar, *Sir* Ernest sabia como era importante manter a disciplina, mas de modo geral ainda adotava uma forma descontraída de relacionamento com a tripulação. Foi, porém, a sua maneira astuta de lidar com os encrenqueiros que impediu o caos nos piores dias desse desastre.

Depois que o navio se partiu ao meio devido à ação incessante dos ventos e à pressão esmagadora de enormes blocos de gelo em movimento, o grupo montou acampamento a uma pequena distância do local. Em sua barraca, *Sir* Ernest recolheu aqueles que, nas palavras de um tripulante que mantinha um diário, "ele achava que não se misturariam com os demais.... Não eram pessoas de fácil relacionamento". Shackleton teve o cuidado de consultar e incluir nas discussões importantes o homem que mais o preocupava, Frank Hurley. Hurley, um excepcional fotógrafo que registrava a aventura para a posteridade, era mental e fisicamente forte, mas Shackleton desconfiava da sua lealdade. Hurley também contava com alguns seguidores entre os membros da tripulação. Mantendo-o perto de si e aproveitando os seus conhecimentos e habilidades, Shackleton evitou que Hurley fomentasse o descontentamento. Shackleton sabia que se perdesse o controle sobre os seus homens, eles provavelmente estariam condenados. A sobrevivência de todos dependia da disposição de cada membro da equipe de trabalhar em conjunto, de todos permanecerem unidos.

No fim, os homens foram salvos depois de Shackleton navegar 800 milhas no barco partido até a Ilha Geórgia do Sul. Deslocando-se com grande dificuldade através da ilha montanhosa, ele chegou a uma estação baleeira, onde então organizou uma equipe para resgatar os seus homens. Eles haviam suportado um calvário de vinte meses sobre uma lâmina de gelo flutuante de um metro e meio de espessura que os manteve suspensos sobre as profundezas escuras do Mar de Weddell. Às vezes, o rangido e o estrondo das placas de gelo atritando-se deviam ser de enlouquecer. Durante meses seguidos, o sol desaparecia totalmente. Não obstante todo esse infortúnio e atribulação, eles sobreviveram, devido em grande parte à liderança de Shackleton e à sua percepção de que era crucial para o sucesso do grupo manter ao seu lado um encrenqueiro em potencial como Hurley.

LIÇÃO: Disponha-se a ajudar e fortaleça a sua equipe.

Como um *mountie* trabalhando com a polícia local em todo o Canadá, Ward Clapham passou vinte anos lidando com sentimentos feridos e guerras territoriais. Os policiais locais naturalmente se ressentem quando agentes federais chegam à cidade com estardalhaço. Assim Ward, que tem uma capacidade fora do comum para ver o cenário todo, pode usar a sua energia e a energia da equipe para resolver problemas complexos porque aprendeu a arregimentar o maior número possível de pessoas, inclusive potenciais rivais e até mesmo adversários, como membros da sua equipe.

Um exemplo claro disso se refere à sua designação para trabalhar com a polícia da cidade de Calgary com o objetivo de desmantelar uma rota de cocaína originária da América do Sul. Com policiais e *mounties* trabalhando isoladamente para desmontar a operação, a coisa mais sensata a fazer era reunir mentes e músculos. Nada inteligente foi a tensão que se criou entre os dois grupos, uma situação potencialmente desastrosa se não fosse adequadamente controlada.

No passado, Calgary foi uma cidade de fronteira muito violenta, situada no extremo oeste da província de Alberta. Como sede do Calgary Stampede anual, o maior rodeio do mundo, ela ainda conserva a imagem de posto fronteiriço turbulento. Mesmo hoje, com uma população de mais de 1 milhão de pessoas, seus habitantes se consideram valentes e autossuficientes. Não deixando por menos, a polícia local assume a mesma postura — uma atitude que chocou os *mounties* quando se iniciaram os esforços conjuntos em 1993. Ambas as partes sabiam que a colaboração era essencial para prender os bandidos, mas o orgulho e a rivalidade ameaçavam arruinar as diligências — quer dizer, até que Ward Clapham abriu mão da vaidade para garantir que o chefão fosse fisgado. "Se você se concentra no relacionamento, a tarefa será cumprida", ele me disse.

A logística sugeria que a operação cocaína fosse conduzida a partir do quartel da polícia de Calgary, colocando os *mounties* em território desconhecido desde o início. Eles tiveram de aprender todo um conjunto de novos procedimentos operacionais internos. Questões de prestígio e de hierarquia logo produziram uma divisão. "Em termos moderados, nós éramos de Vênus e eles de Marte", disse Ward. Na Polícia Montada, um cabo era líder de um grupo e podia ser autorizado a conduzir uma investigação de droga importante. Mas a polícia local "operava segundo uma estrutura hierárquica em que o todo-poderoso era o detetive. Para eles, um detetive era superior a um cabo".

Ward sabia que o posto é irrelevante. Quem se importa com o título que a sua organização lhe confere ou com o salário que ela lhe paga, quando um furacão devasta a sua região ou o inimigo ataca? Liderar significa ser mais rápido e mais inteligente do que os outros, pronto a lutar pelo que é certo. Tudo o que Ward queria era resolver o caso antes que as pistas desaparecessem. Mas os policiais de Calgary hesitavam em deixar os *mounties* participar do seu círculo interno, achando que quisessem assumir as investigações. "As opiniões dos meus homens quase não tiveram aceitação porque fazia pouco tempo que estávamos lá", disse-me Ward.

A Polícia Montada, que contava com serviços de inteligência em todo o Canadá, queria participar com ideias e informações. Ward lembrou aos policiais locais que "chegar e olhar um velho problema com novos olhos é a forma de resolver os problemas", mas eles ainda não estavam preparados para dar um salto de fé e aceitar Ward e os seus homens como membros da equipe.

Ward assumiu uma conduta honrosa, comunicando à polícia da cidade tudo o que sabia, pedindo em troca apenas reciprocidade. Mesmo assim, o chefão do tráfico continuou se evadindo. Claro que o grupo conseguia apreender pequenas quantidades de drogas e traficantes miúdos, mas o objetivo era encontrar o filão principal. Enquanto isso, as detenções corriqueiras só serviam de advertência para que o cérebro dos delinquentes evitasse o risco de ser preso.

O projeto esmorecia, não dando nenhum sinal de sucesso efetivo. "Não conseguíamos prender o bandido nem apreender a droga", disse Ward. A polícia rastreou o traficante principal até Montreal, onde suspeitava que ele estaria recebendo um grande carregamento de cocaína para levar para Calgary. Mas ele conseguiu ludibriar a vigilância.

O momento decisivo ocorreu quando Ward, baseado em um palpite, pediu a todos os destacamentos da Polícia Montada da província de Ontário, por onde o traficante deveria passar ao retornar a Calgary, que embarcassem um policial em cada ônibus com destino ao oeste, na tentativa de localizar o meliante. Ward recebeu a informação de que o suspeito estava em um ônibus que seguia em direção a Medicine Hat, Alberta, distante cerca de 300 quilômetros de Calgary.

Foi então que Ward marcou um verdadeiro "gol de letra". Em vez de calar-se e deixar a Polícia Montada efetuar a prisão e receber todo o crédito, ele imediatamente avisou o detetive que liderava a equipe de polícia de Calgary. Ward sabia que uma parceria de longo prazo estava em jogo nesse momento, e para que a Polícia Montada tivesse sucesso em sua atuação com a polícia local no futuro, eles precisavam consolidar uma relação de confiança. "O detetive me disse que me beijaria se eu não estivesse apenas caçoando; daí em diante, passamos a confiar totalmente um no outro", me disse Ward. "A equipe de Calgary prendeu o traficante com toda a cocaína, um carregamento enorme que estava sendo levado para o oeste do Canadá."

A Polícia Montada resolveu um caso complicado e retirou um traficante das ruas, o que era o objetivo imediato. Mas deixando que os policiais de Calgary capturassem o homem que procuravam, Ward também estabeleceu uma relação de parceria entre as duas forças policiais que prospera até hoje — embora, segundo me disse, ainda esteja esperando aquele beijo.

Por mais que me esforce, não consigo entender como, no esforço de manutenção da lei, rivalidades triviais possam prevalecer, especialmente hoje, quando o que está em jogo é a segurança nacional. Todos os americanos pagam por essa trivialidade sob a forma de segurança reduzida. Os dirigentes de qualquer órgão governamental responsável pela nossa proteção — seja federal, estadual ou municipal — deveriam seguir o exemplo generoso de Ward.

Na verdade, em todo lugar em que serviu, Ward sempre encontrou formas de atrair pretensos competidores ou até adversários para a sua equipe, quer fossem forças policiais rivais ou jovens assaltantes e vândalos descontentes e revoltados. Nesse aspecto, a sua filosofia está sintetizada nas palavras, "Ter essa gente no time, custe o que custar". No bairro Strathmore de Calgary, Ward usou um estratagema especialmente engenhoso para ampliar o seu círculo de companheiros de tripulação.

O problema eram as lojas que vendiam cigarros a menores, uma prática que o governo canadense combatia enviando agentes disfarçados para encontrar os culpados e levá-los aos tribunais, onde eram multados. Ward teve uma ideia diferente, e depois de estudá-la com os órgãos da saúde e do bem-estar do Canadá, ele se dirigiu ao foro e pediu ao juiz que arquivasse as acusações contra os proprietários de lojas enquanto ele tentava uma nova abordagem. O juiz concordou.

A solução de Ward era uma campanha antitabagismo, começando com uma reunião de conscientização para os funcionários das lojas contraventoras. Como os donos das lojas estavam ansiosos para evitar as temíveis multas, todos aderiram. No final, lojistas e empregados passaram a fazer parte do time de Ward.

O programa foi tão eficaz que quando os federais realizaram outra operação de infiltração, não encontraram nenhuma infração. Pais e supervisores escolares estavam felizes. E Darryl Badard, o *mountie* que Ward havia designado para executar a operação, recebeu uma citação especial da Sociedade Canadense de Câncer.

Mais tarde em sua carreira, quando Ward já era inspetor e trabalhava na sua cidade natal, Nanaimo, na Ilha de Vancouver, ele adotou a mesma estratégia com os proprietários de bares, cujas *happy hours* despejavam centenas de bêbados encrenqueiros nas ruas. Ward incluiu os donos de bares em "contratos sociais" em que eles reconheciam os problemas que causavam praticando preços predatórios e servindo pessoas embriagadas, e efetivamente criou um cessar-fogo na guerra relacionada com o momento de lazer do final do dia. Toda comunidade pode agir do mesmo modo com relação a problemas semelhantes, ele acredita; trata-se apenas de reiterar às pessoas que assumam a responsabilidade pelo problema que elas mesmas causam.

LIÇÃO: Proponha-se desafios e desenvolva-se.

Depois do sucesso com o grupo de combate ao narcotráfico em Calgary, Ward Clapham tornou-se uma das estrelas brilhantes da Polícia Montada. Ele poderia ter escolhido o posto que quisesse, inclusive uma atividade sossegada como comandante numa cidade pacata e ordeira perto de uma base militar. Em vez disso, ele escolheu um fim de mundo que todos evitavam, uma cidade tão deprimente e violenta que a RPMC se via forçada a prometer turnos de serviço curtos e algumas outras vantagens para convencer os policiais a servir nesse lugar.

O nome desse cafundó, muito apropriado, aliás, era Faust [Fausto; em inglês, pronuncia-se *fóst*, diferentemente do nome do mago da lenda alemã que faz um pacto com o diabo, pronunciado *faust*]. O próprio Ward efetuou uma barganha faustiana, mas em sentido inverso. Em vez de encarar o trabalho como um ganho presente, sem levar em consideração as consequências futuras, Ward considerou o suplício do momento como oportunidade para benesses futuras.

Todos os seus companheiros de farda achavam que ele estava maluco, disse-me Ward anos mais tarde. "Mas eu queria a tarefa mais difícil — aceitar o desafio e vencê-lo." Era o barco dele mesmo, e explicou dizendo: "Eu tinha um campo de ação onde podia fazer o que quisesse, de A a Z, cabendo a mim toda responsabilidade".

A jurisdição de Faust abrangia um conjunto de vilas às margens do Lago Lesser Slave, nos confins de Alberta. Os habitantes da cidade propriamente dita de Faust eram principalmente o que os canadenses chamam hoje de povo das Primeiras Nações, ameríndios cuja subsistência básica dependia da pesca e da criação da marta para obtenção da pele, e que sofriam o flagelo do excesso de drogas, do alcoolismo, da violência doméstica e de crimes brutais.

Ao entrar na cidade pela primeira vez em 1994, de carro, Ward era obrigado a desviar-se das verdadeiras crateras que praticamente impediam o trânsito nas ruas, enquanto a sua esposa, com o bebê apertado nos braços, sem dúvida se perguntava para que inferno o marido os levara. "A minha mulher não disse uma única palavra", lembrava Ward. "Ela aguentava muito bem as dificuldades, mas naquele momento ela estava engolindo sapos."

Sufocando provavelmente seja um termo mais apropriado, à medida que a jovem mãe via pela janela do carro casas abandonadas com vidros quebrados — barracos, na realidade — em lotes tomados de entulho. Eles passaram por uma escola vazia com janelas fechadas com tábuas que refletiam não as alegres criações coloridas de jovens felizes em um ambiente acolhedor, mas a dura realidade da pobreza abjeta.

Caso Ward e a esposa quisessem passear por uma das ruas esburacadas de Faust, teriam de levar uma lata de repelente de urso para defender-se de possíveis ataques de ursos pardos e de matilhas de cães selvagens. Produto do acasalamento de lobos com coiotes, os cães rosnavam e latiam ameaçadoramente enquanto o casal percorria as assustadoras ruas. Os moradores não eram mais acolhedores do que os cães. Os acenos amigáveis de Ward atraíam olhares duros e hostis à sua passagem pela cidade. Para os cidadãos de Faust, a Polícia Montada era o caçador e eles eram a caça.

Quanto ao trabalho, Ward contava com uma equipe de apenas quatro policiais e um auxiliar administrativo para policiar uma comunidade de 3 mil almas que tinha o terceiro maior índice de criminalidade *per capita* de Alberta. Ele e a equipe trabalhavam praticamente sem parar, tendo pouco tempo de folga. "Eu estava muito, muito ocupado, e os policiais não tinham dia nem noite", lembrava Ward. As chamadas por telefone eram tantas que eles se viam obrigados a fazer uma espécie de triagem de risco, decidindo quais poderiam ser ignoradas com segurança. Era uma situação angustiante que exigia um novo modo de liderar, e Ward Clapham propôs-se a implementá-lo. Foi em Faust que as ideias e o estilo de liderança de Ward finalmente assumiram forma definitiva em uma técnica que envolve e motiva os agentes policiais a se integrarem às comunidades em que atuam e, assim agindo, alcançarem resultados inesperados.

Uma das primeiras e mais importantes ações que Ward realizou em Faust foi idealizar um modelo de liderança de dentro para fora que o ajudasse a priorizar mais do que apenas os problemas relacionados com o trabalho. De forma inteligente, ele aprendeu a resolver primeiro o que era mais importante para ele pessoalmente, para a sua família e por fim para a sua equipe. "Se não sou bom comigo mesmo, não vou ser bom com ninguém mais", percebeu, "e se a minha família precisava de uma semana para se acomodar, eu precisava ter as coisas em ordem em casa. Em seguida, havia a nova realidade da equipe."

Ao estilo típico de Ward Clapham, ele queria agir a um ritmo calculado que lhe permitisse respeitar os costumes da equipe, ao mesmo tempo que pudesse conhecer cada membro individualmente e envolver-se em suas vidas. Ele sabia que tudo isso era necessário antes que pudesse comunicar as suas ideias de forma eficaz e levar a equipe na direção que ele queria seguir. Todo líder que espera impor a sua vontade de cima, para em seguida conquistar a confiança dos liderados, sem antes compreender com quem está lidando, corre um sério risco de se dar mal. Como parte da sua proposta de agir de dentro para fora, Ward realizava reuniões, conversava individualmente com os integrantes do grupo para conhecê-los, saía para tomar um cafezinho com eles, e observava e escutava constantemente para compreender as suas preocupações, objetivos e problemas.

Embora tivesse sido promovido recentemente, Ward pediu à sua equipe que se dirigisse a ele não como Sargento Clapham, mas chamando-o por seu primeiro nome. Ele não tinha nenhuma intenção de ser visto como comandante ou chefe, ele me disse. Antes, via a si mesmo como o primeiro entre iguais — "facilitador do destacamento" foi o título que ele se conferiu. "Isso pegou alguns de surpresa, posso lhe garantir", disse ele, disfarçando um sorriso. Em seguida, ele comunicou que a partir daquele momento, três tipos de decisões seriam tomadas: decisões consensuais, em que todos tinham de concordar; decisões democráticas, obtidas através de voto, e ordens autocráticas, que ele tinha de dar — mas apenas, prometeu, após consultar o grupo e ponderar seriamente sobre as suas opiniões.

Quanto às operações do dia a dia, Ward abandonou rapidamente um dos costumes do seu antecessor. Em vez de trabalhar no turno diurno, de segunda a sexta-feira, principalmente preenchendo papelada em sua mesa, Ward acompanhava a pressão exercida sobre a equipe e trabalhava em fins de semana alternados, inclusive sextas e sábados à noite. Ele também fazia questão de sair em patrulha com os seus homens para ter uma visão geral do que eles enfrentavam. As mudanças no topo favoreceram a programação para todo o destacamento e permitiram algumas folgas para os policiais em fins de semana. "O moral, como um foguete, subiu quase imediatamente", disse Ward. Ele obteve "credibilidade instantânea porque eles estavam recebendo apoio e havia mais pessoas nas ruas". As mudanças de horário também deram ao chefe a oportunidade de liderar pelo exemplo, envolvendo e treinando os seus homens em situações reais e mostrando-lhes como lidar com as pessoas e com os problemas de Faust.

Trabalhando ao lado dos seus policiais em Faust, Ward não precisou de muito tempo para descobrir que não era apenas mão de obra que faltava. O destacamento precisava de mais e melhores equipamentos — como viaturas com tração nas quatro rodas para percorrer estradas secundárias acidentadas a temperaturas abaixo de quarenta graus, quadriciclos e motos de neve para patrulhar regiões remotas, um barco para atender as chamadas no lago. Graças ao prestígio que havia construído em Calgary, ele conseguiu tudo isso.

Os resultados foram espetaculares. Com telefones celulares em todos os carros, por exemplo, a comunicação melhorou sensivelmente. Ao chegar para resolver uma briga doméstica, por exemplo, um policial podia telefonar para a residência a fim de avaliar a situação. Se a mulher dissesse: "Não entre, ele tem uma faca", o agente poderia pedir para falar diretamente com o homem e alertá-lo sobre as consequências dos seus atos.

Mais importante, Ward chegou a compreender o verdadeiro significado do policiamento comunitário. O modelo profissional do trabalho policial restringe-se em grande parte a policiais lidando com problemas e criminosos. Eles conhecem cada criminoso da cidade pelo primeiro nome, mas raramente conhecem os cidadãos honestos e trabalhadores ou veem as atividades positivas que compõem 99% da vida do dia a dia de uma cidade. Do mesmo modo, a população urbana vê os policiais como agentes rigorosos da lei ou, às vezes, como predadores. "Você só vem para prender mamãe e papai", foi o que um menino disse a Ward.

Em contraste, o policiamento comunitário começa com a consulta à comunidade, discutindo seus objetivos e problemas reais e tentando encontrar uma solução permanente, em vez de simplesmente jogar um "problema" atrás das grades por algum tempo. Ward fez os seus policiais saírem em trajes civis para criar grupos de discussão em cada aldeia de Faust, visitar igrejas e escolas e tomar um cafezinho com líderes respeitados em cada comunidade.

Um dos policiais, Ron Smith, almoçava regularmente em uma escola da comunidade, onde se tornou ídolo e modelo para as crianças — e Ward favoreceu esse vínculo pagando as refeições de Smith.

Os policiais aprenderam que "essas pessoas não são diferentes de você e de mim. Elas apenas estão habituadas a um estilo de vida diferente", disse Ward. Uma lição do policiamento comunitário, explicou, é que "você não está lá para julgar, mas para compreender e apoiar". Conforme aprenderam, os policiais se tornaram mais tolerantes. Em vez de acusar um casal por uma briga doméstica, por exemplo, eles procuravam restabelecer a paz.

Com o tempo, os integrantes da Polícia Montada passaram a ser vistos como amigos — tanto que Ward mandou imprimir "figurinhas do policial", semelhantes às do beisebol, para cada um dos seus policiais. Eles davam a figurinha a quem tivesse praticado uma boa ação ou demonstrado amizade. As figurinhas se tornaram muito populares. O policial favorito era Perry Cardinal, ele próprio um canadense das Primeiras Nações. Tanto crianças como adultos adoravam as figurinhas de Perry Cardinal.

Uma figurinha do policial pode inclusive ter salvo a vida de um *mountie*. Ao atender a uma chamada denunciando um homem armado, dois policiais chegaram e encontraram um sujeito estirado no chão, evidentemente inconsciente devido a um golpe desferido com um pedaço de pau que estava junto ao corpo. Eles prenderam o indivíduo que ferira o homem, mas o soltaram quando ele explicou que a "vítima" era de fato o homem que estava armado e que planejara atirar nos dois policiais. Ele mesmo havia feito a chamada, esperando atraí-los para a morte. O Bom Samaritano, descobriu-se, ajudou os *mounties* porque um deles havia lhe dado uma carona para casa — e lhe oferecera uma figurinha do policial. As figurinhas foram bem mais do que um artifício de relações públicas, disse Ward — elas construíram pontes para a comunidade.

No final, tanto a Polícia Montada como Faust passaram por uma mudança radical, tudo porque Ward Clapham "queria a tarefa mais difícil — aceitar o desafio e vencê-lo". Os policiais passaram a fazer parte da comunidade, tolerando transgressões menores, mas determinados a tornar Faust um lugar melhor para se viver. Os cidadãos de Faust passaram a ter orgulho de si mesmos e a respeitar-se, e começaram a pensar grande por si mesmos. "Algumas comunidades das Primeiras Nações implantaram o seu próprio serviço policial e já se perguntavam como poderiam começar a se autoadministrar", disse-me Ward.

LIÇÃO: Comece pequeno e expanda a partir daí.

Em Faust, Ward Clapham aprendeu muitas lições sobre treinamento e sobre a melhor forma de aproveitar um grupo de policiais. Uma delas foi começar pequeno — iniciar com tarefas relativamente fáceis, servir-se delas para construir fé e confiança tanto dentro da equipe quanto com a comunidade, e então concentrar-se nos problemas mais difíceis.

Um problema inicial foi o bar do Hotel Faust, um antro famigerado pelo consumo excessivo de bebidas alcoólicas e por brigas violentas. Uma solução se fazia necessária, mas acontecesse o que acontecesse, os responsáveis nunca chamavam a polícia. Depois do fato ocorrido, Ward e os seus colegas ouviam dizer que alguém havia entrado no local com uma arma e disparado. Ou eles mesmos viam cacos de vidro na calçada, restos de garrafas de cerveja quebradas para servir de armas.

Relutantes em entrar no bar sem ser chamados — "teríamos sido vítimas", disse-me Ward — os policiais, com cautela, procuraram conhecer os responsáveis pelo bar e alguns clientes. Em seguida, Ward arriscou um pouco mais e começou a frequentar o local. "Eu entrava, sozinho ou com um colega, pedia ao garçom um refrigerante de gengibre ou uma Coca-Cola, sentava a uma das mesas e puxava conversa", disse Ward. "Eles tomavam a sua cerveja e eu a minha soda, e nós conversávamos, ríamos e falávamos sobre os assuntos do momento." Nas sextas à noite, a noite do caraoquê, Ward aparecia de uniforme e cantava; sua canção preferida para agradar a plateia era "Eu Enfrentei a Lei, e a Lei Venceu".

Ward beneficiou-se mais do que eu nesse aspecto. Nós tínhamos noites regulares de caraoquê no *Benfold*, quando quem quisesse levantava da sua cadeira e cantava — oficiais, chefes, marinheiros, todos, menos eu. O Comandante não estava autorizado a cantar porque ele não sabia cantar.

Com os frequentadores do bar do hotel conhecendo-o melhor, Ward podia tranquilamente aconselhar alguém que estivesse alcoolizado. "Agora veja, Pedrinho, o seu carro está aí na frente, mas não vá para casa dirigindo esta noite. Eu lhe dou uma carona." Ele voltava na hora de fechar e mantinha a promessa, preferindo levar um residente para casa, em vez de ter de preencher a papelada para processar um motorista bêbado ou, pior ainda, limpar o cenário de um acidente.

Isso provou para Faust que os *mounties* faziam parte da comunidade, que eles eram humanos e que cumpriam o que diziam — realidades essas que muito ajudaram a levar a missão a cabo. Mas também preparou o caminho para um diálogo mais sério no bar. "Agora eu podia dizer-lhes que tínhamos tolerância zero para agressões domésticas, e se ultrapassassem os limites, sofreriam as consequências — eu lhes aplicaria até as menores sanções da lei", explicou Ward. A verdadeira mensagem estava começando a se impor.

LIÇÃO: Devolva os problemas a quem os apresentou.

A crise para os *mounties* eclodiu quando a RPMC reduziu o soldo dos guardas prisionais para nove dólares a hora. Todos os guardas se demitiram, alegando corretamente que poderiam viver melhor desempregados ou com o auxílio de programas de assistência social. Como consequência, sem ninguém para vigiar os prisioneiros, Ward e a sua equipe não podiam efetuar prisões. Onde antes o Destacamento de Faust mantinha centenas de presos trancafiados, a maioria deles bêbados ou acusados de delitos leves, agora Ward e os seus policiais só podiam deter alguns. Fazendo da necessidade uma virtude, ele assumiu um risco calculado e libertou os bêbados, devolvendo o problema para a comunidade.

Quando alguém chamasse a polícia, pedindo a prisão de um marido embriagado, por exemplo, os agentes explicavam que não tinham condições de prender o agressor, de modo que a reclamante se via obrigada a descobrir uma maneira de resolver o problema. Muitas vezes, outros habitantes — amigos ou parentes do agressor, talvez até a própria denunciante — tinham sido cúmplices e contribuído para o estado alcoólico do denunciado. Eles poderiam assumir parte da responsabilidade pelo resultado? perguntavam os policiais. Às vezes, Ward dizia que a única prisão com espaço disponível estava na cidade vizinha. O interlocutor preferiria que ele deixasse a comunidade desprovida de policiais durante duas horas para levar um bêbado para a cadeia?

Sem dúvida, Ward estava fazendo um jogo arriscado. Qualquer um desses casos poderia descambar para a violência e causar danos graves, expondo a Polícia Montada não só à responsabilidade legal, mas também a uma grande perda de credibilidade e respeito. Mas, como anteriormente ele havia se dedicado a conhecer a comunidade e trabalhado no sentido de envolver as pessoas no seu próprio policiamento, o risco assumido era calculado. Ele acreditava ter adquirido conhecimento suficiente sobre os cidadãos de Faust para avaliar corretamente as probabilidades. No fim, "incutimos na comunidade o sentido de propriedade não só com relação aos alcoólatras, mas também com relação a todo o problema com o álcool, e também a necessidade de assumir responsabilidade e de trabalhar conosco".

Aprendi a mesma lição anos atrás no *Benfold*: se você não consegue resolver um problema, devolva-o à pessoa que o apresentou. Nove em dez vezes, ela o solucionará — e, no processo, crescerá.

LIÇÃO: Ajude o seu pessoal a crescer.

Como fez em todos os lugares onde trabalhou, Ward empenhou-se em dar reforço positivo para a sua equipe em Faust. "Não custa nada dizer ao seu policial que ele está fazendo um ótimo trabalho", disse Ward. Ele também empregou tempo e esforço para garantir que cada membro da equipe se preparasse para a etapa seguinte na progressão da carreira, qualquer que ela fosse. "Reuni-me com cada policial com quem trabalhei", disse, "e perguntei-lhe onde ele estava, para onde queria ir e como poderíamos chegar a esse ponto." Quando os agentes lhe comunicavam os seus objetivos, ele lhes dizia o que esperava deles. A partir daí, "desenvolvíamos um roteiro".

Ele descobriu, por exemplo, que um dos seus policiais, Peter Sandziuk, queria fazer um curso de aperfeiçoamento para flagrar traficantes que transportavam drogas ao longo da rodovia que passava por Alberta. Para dispensá-lo por dez dias, Ward prontificou-se a cumprir o turno de trabalho dele e a assumir suas investigações — um acréscimo substancial às suas próprias atividades como sargento. Foi uma redescoberta, ele disse. "A experiência me repôs em contato com a realidade que o meu pessoal enfrentava dia após dia."

Determinado a aproveitar ao máximo a experiência de Sandziuk, Ward pediu-lhe que repassasse para todo o grupo tudo o que ele havia aprendido.

É importante, acredita Ward, que todos os que frequentam um curso ou um seminário compartilhem os conhecimentos e habilidades que acabaram de receber ou desenvolver. Você se lembra do velho ditado, "Ensinar é aprender duas vezes"? A prática da troca de conhecimentos entre colegas é tão vantajosa em termos de custo-benefício quanto sumamente benéfica para a sua equipe. Por um lado, ela aumenta a produtividade; por outro, aprofunda a compreensão do colega-professor no sentido de ver o material de um ângulo diferente.

A técnica de apreensão de drogas aprendida por Sandziuk implica principalmente a observação atenta do tráfego de veículos suspeitos. Policiais que montam barreiras rotineiramente aprendem a prestar especial atenção a comportamentos suspeitos de motoristas e passageiros. Os traficantes podem livrar-se de muitas situações dissimulando naturalidade. Ao rebuscar pistas e provas, é dever do policial observar além do óbvio, identificar atrás das aparências os mínimos sinais indicativos de que alguma coisa suspeita talvez esteja acontecendo. Em geral, os agentes aprendem a usar um sexto sentido — desenvolvido através de treinamento — para detectar atividades suspeitas e a de fato seguir o que esse sexto sentido lhes sugere. Um policial que passa por esse programa de treinamento não se apressa em uma *blitz* de trânsito, disse Ward. "Empregamos algum tempo para interagir e usamos os nossos sentidos."

Embora Ward tenha apoiado generosamente o desejo de Sandziuk de frequentar um curso, creio que ele nunca imaginou que o retorno seria enorme e imediato. Menos de uma semana depois do seu retorno, em uma região inóspita ao norte de Alberta, Peter Sandziuk, a caminho dos Territórios do Noroeste, deteve um grande carregamento de maconha. Foi um grande feito para o destacamento e para Ward, e reforçou a sua determinação de ajudar o seu pessoal a continuar crescendo. "Tudo o que eu tinha a fazer era acreditar no meu pessoal. Esse se tornou um lembrete diário para mim", ele disse.

LIÇÃO: Resolva o verdadeiro problema.

De acordo com Ward Clapham, seguidamente o trabalho da polícia reduz-se a amortecer problemas recorrentes que não fazem outra coisa senão atormentar uma comunidade. Trancafiar alcoólatras por algum tempo, por exemplo, não os impede de voltar a embriagar-se. A verdadeira solução está em fazer com que eles próprios, as suas famílias e toda a comunidade aceitem a responsabilidade pelo problema. Em Faust, Ward intuiu algo semelhante com relação ao problema crônico da criminalidade juvenil.

A situação estava fora de controle, ele disse. Os jovens vagavam pelas ruas a noite toda, cometendo atos de vandalismo e de furto; chamadas com pedidos de ajuda nas madrugadas estavam extenuando a Polícia Montada e obrigando a fazer horas extras. Ao perguntar a alguns jovens com quem havia criado certo vínculo por que estavam fazendo isso com ele, Ward recebeu uma resposta insolente: "Por que *você* está fazendo isso conosco?" Controlando o seu revide instintivo de que não era *ele* que estava cometendo crimes, Ward se deu conta de que em um sentido bem objetivo esses jovens eram seus clientes, e por isso precisava encontrar uma maneira de compreendê-los. Depois de refletir bastante a respeito, chegou à conclusão de que a causa de tudo era o tédio, pois essa juventude não tinha outra coisa para fazer.

Foi quando Ward resolveu fazer uma pergunta que transformaria toda essa situação: o que eles gostariam de fazer? Jogar basquete, responderam. Ward designou um dos jovens como líder do projeto. "Ele devia formar um time de garotos e eu fiquei responsável por providenciar o equipamento e montar a cesta", disse Ward, que foi fixada em um suporte de concreto no pátio da escola local. Em seguida Ward percorreu todas as vilas de Faust, propondo o mesmo acordo para cada grupo de crianças. Times apareceram em toda parte. Quando os moradores se queixavam do barulho dos jogos às duas horas da madrugada, Ward lamentava, mas lembrava-lhes o que os jovens faziam às duas horas da madrugada *antes*, quando não jogavam — bebiam, invadiam lojas e danificavam as propriedades.

Pelos lados da residência de Ward, o único espaço pavimentado disponível era o estacionamento da guarnição policial. Ele fechou o estacionamento reservado para os visitantes e o transformou em um pequeno parque de diversões, com aros de basquete, redes de hóquei e outros equipamentos adquiridos com recursos arrecadados na comunidade. Ele também disse aos seus policiais para arquivar e esquecer os processos de investigação contra adolescentes. A nova tarefa deles era jogar basquete e hóquei com os jovens cidadãos de Faust. Ward enviou os policiais para a comunidade para que reunissem os garotos. "Não me importo como vocês vão trazê-los para cá", recomendou, "só quero que os reúnam." E foi isso que os policiais fizeram. Ward admite que alguns estavam um pouco relutantes no início. Ele também providenciou o suprimento de água e comida, basicamente um quiosque sob a forma de concessão, no próprio parque, e ainda alugou um sanitário portátil para uso dos garotos.

Quando Ward enviou um comunicado aos jornais locais informando sobre o sanitário portátil, por engano a informação foi parar também na mídia nacional. Editores de todo o Canadá se divertiram com a história — MOUNTIES VÃO PARA A LATRINA e MOUNTIES CONSEGUEM A SUA CASINHA se tornaram manchetes típicas. Mas a história verdadeira ecoou em alto e bom som: perseguir garotos delinquentes e arrastá-los para o tribunal não estava dando resultado, por isso estamos tentando algumas ações diferentes.

Ainda assim, Ward estava preocupado. Usar dinheiro do contribuinte para instalar sanitários para delinquentes juvenis provavelmente violava todas as normas em vigor.

Quando o Comandante lhe telefonou, Ward, por um momento, viu o seu emprego ir, bem, para o vaso, e se perguntou se conseguiria um trabalho com a polícia urbana em Victoria. Mas o que ouviu do seu superior foi: "Estou muito orgulhoso de você. Como posso ajudá-lo? O que mais posso fazer? O que podemos fazer aqui na sede para apoiá-lo e auxiliá-lo? Esta é a melhor coisa...". Segundo Ward, o pessoal deve ter ouvido o seu suspiro de alívio desde Faust até Manitoba.

A delinquência juvenil em Faust caiu para quase zero naquele verão, e o orçamento para horas extras voltara ao normal. Policiais e crianças estavam se divertindo. E quando um garoto cometeu um furto, os outros o entregaram à polícia. "Eles estavam irritados e aborrecidos, pois achavam que poderiam perder tudo por causa de um garoto reincidente", explicou Ward.

E ao surpreender um menino furtando pão, Ward não deixou que isso pusesse em risco o programa de atividades. Dessa vez, supôs corretamente que a causa do problema era a fome do garoto. Solução: "Começamos a alimentá-lo".

219

LIÇÃO: Dê prioridade às necessidades do seu pessoal.

Quando Ward Clapham chegou para assumir a delegacia da Polícia Montada em Richmond, encontrou um labirinto malcheiroso de salas bolorentas, móveis desmontados e computadores obsoletos. O próprio gabinete dele estava em estado lastimável — exceto pela cadeira cor-de-rosa. É difícil imaginar o rosa como cor da cadeira de um chefe de polícia. Na situação de Ward, ansioso para causar uma boa impressão, você e eu não pensaríamos duas vezes para jogar essa peça porta afora. Eu ficaria de pé atrás da mesa durante um mês, se necessário, para não ser surpreendido numa cadeira cor-de-rosa.

Mas não Ward Clapham. Ele é um líder de matiz diferente.

Os seus novos colegas o estimularam a comprar outra cadeira, mas Ward recusou. Até que todos tivessem móveis e equipamentos adequados, insistiu, ele ficaria com o escritório que havia herdado. "Eu não iria gastar um centavo do dinheiro público até que todo o meu pessoal estivesse satisfeito", ele me disse. E se pôs a telefonar e a enviar e-mails para conseguir para eles as escrivaninhas, cadeiras e computadores "que mereciam", disse.

Alguns meses depois, ao chegar à delegacia certa manhã, percebeu que a cadeira cor-de-rosa havia desaparecido. Em seu lugar estava o que Ward descreveu como uma "cadeira novinha em folha, de couro, encosto elevado, moderna". Ele imediatamente pôs a cadeira no corredor e disse a uma assistente que queria a sua cadeira rosa de volta.

Ela sacudiu a cabeça. "Ward, você não entende. Todos nós já temos tudo o que precisamos. Agora é a sua vez."

Ward finalmente entendeu: essa cadeira régia era "como uma insígnia de honra que eles queriam que eu tivesse, e isso significava muito para eles", disse Ward. Contente, despediu-se da cadeira cor-de-rosa com um beijo.

Essa foi uma bela demonstração de liderança. Como novo superintendente, Ward sabia que todos os olhares estariam voltados para ele em busca de pistas sobre o tipo de chefe que ele seria. Ele respondeu usando algo concreto, a cadeira cor-de-rosa, para mostrar a todos que as necessidades do seu pessoal tinham precedência sobre as dele. Nestes tempos em que pessoas bem-sucedidas são estimuladas a todo instante a alardear realizações pessoais — "Você fez por merecer", diz a publicidade — Ward acredita ser de fundamental importância para um líder inverter a mensagem, de modo que os membros da equipe, os verdadeiros responsáveis pelo seu sucesso, sejam os primeiros a receber as recompensas.

Ward lembra uma reunião que teve com uma "representante do governo, simpática e inteligente", durante a qual ele salientou que era muito importante para ele zelar pelo seu pessoal. "Onde você encontra tempo?" ela perguntou. "Essa atitude simplesmente não encontraria eco entre nós porque estamos muito ocupados fazendo coisas mais importantes."

Ward ficou estarrecido. "Devo ter ficado lá sentado por cinco segundos, sem dizer nada, olhando para ela", lembrava. "Finalmente, eu disse, 'Onde eu *não* encontro tempo? Essa é a primeira tarefa e a mais essencial. Você precisa saber que o seu pessoal é o bem, o ativo mais valioso que você tem e que são eles que entregam os produtos. É preciso ser uma via de mão dupla'."

Equipes assumem verdadeiramente as suas tarefas, dispostas a abrir novos caminhos e a dar tudo de si quando respeitam o seu líder e se identificam com ele e com os objetivos por ele propostos. Para ganhar esse respeito, os líderes precisam demonstrar o seu próprio compromisso com o bem-estar e o moral do seu pessoal.

Ao terminar a reunião com a representante do governo, acrescentou Ward, ela já se convertera: "Mesmo que estivesse sacudindo a cabeça negativamente, eu podia deduzir que ela estava dizendo, 'Estou entendendo'".

LIÇÃO: Para liderar o seu grupo, seja parte dele.

Quando Ward Clapham assumiu a delegacia de Strathmore em setembro de 1996, ele foi promovido a sargento, liderando uma equipe de quinze agentes. Ele ainda estava se inteirando da situação quando um dia, sentado à escrivaninha, ouviu o atendente chamar um patrulheiro de volta porque não havia ninguém no escritório para tirar as impressões digitais de um suspeito — uma tarefa suja e demorada que a maioria dos policiais detesta. Ward deu imediatamente a contraordem e disse que ele mesmo faria o serviço. E explicou: "Eu precisava deles lá fora, fazendo o que melhor sabem fazer; e por que não poderia eu mesmo realizar a tarefa se eu estava disponível? Não era grande coisa. E na verdade, acabei descobrindo que o sujeito era muito 'legal'. Aprendi muito sobre a comunidade conversando com ele enquanto tirava as digitais".

O que Ward não sabia é que ele estava enviando ondas de choque para o seu destacamento, que não conseguia acreditar que um sargento, por ocupar uma posição superior, sujaria literalmente as mãos com um procedimento considerado inferior. Foi o início de uma nova modalidade de trabalho em equipe em Strathmore, em que a relação entre líder e liderados consolidou-se sobre a base da confiança e do respeito mútuos.

Pouco tempo depois, ao sair em patrulha com um dos seus policiais para conhecer a comunidade, Ward corroborou a primeira impressão da equipe quando se ofereceu para abordar um motorista alcoolizado. Você poderia pensar — ou pelo menos os policiais provavelmente pensaram — que o chefe podia fazer tudo errado. Afinal, a essa altura Ward era um veterano com dezesseis anos de prática que, durante vários desses anos, estivera comandando destacamentos, e não ocupando a maior parte do seu tempo em atividades corriqueiras da polícia. Mas como profissional experiente que era, Ward pediu calmamente ao motorista que encostasse e saísse do carro. Ele submeteu o suspeito a um exame de sobriedade, informou-o sobre os direitos dele, prendeu-o e, já na delegacia, aplicou-lhe o teste do bafômetro — tudo sem nenhum problema. Mais tarde, durante uma barreira montada na Rodovia Trans-Canadá para surpreender motoristas alcoolizados, Ward, levado por um palpite, deteve um carro e descobriu que o motorista não estava em condições de dirigir.

Com ações como essas Ward provava que, além de ocupar uma posição hierárquica mais elevada, era também um policial de grande competência.

Ward queria que o seu escritório fosse um lugar amistoso, mas a tendência dos seus policiais era acreditar que quando eram chamados, deviam ter feito alguma coisa errada. Assim, ele fazia questão de chamar os patrulheiros através do rádio, para que todos soubessem, e em seguida cumprimentá-los por uma tarefa bem-feita. (A bordo do *Benfold*, eu gostava de usar o sistema de alto-falantes — sistema de PA [*Public Address*, sistema de avisos gerais e emergências] — do navio exatamente da mesma maneira.) Em pouco tempo, o assunto que passou a predominar no Destacamento de Strathmore não foi outro senão o dos elogios generosos dispensados pelo sargento. Paralelamente, o escritório de Ward perdeu o seu estigma e se tornou o local onde todos queriam estar.

Mas no dia em que Ward chegou para trabalhar e encontrou o mobiliário da sua sala empilhado na cela de prisioneiros, ele soube que acabara de receber um grande cumprimento. "Enorme", ele disse. "Era sinal de que eu fora aceito. Eles acreditavam e confiavam em mim e estavam dispostos a me seguir." Satisfeito com essa aceitação, Ward resolveu manter o escritório na cela. "De lá eu podia levar o grupo a acreditar nas iniciativas reais que precisavam ser levadas adiante", ele me disse.

Mais tarde na vida profissional, quando era inspetor na Ilha Vancouver, Ward foi nomeado Comandante do grupo de reação de emergência da ilha — o equivalente a um grupo da SWAT nos Estados Unidos. Mas ele não tinha nenhuma experiência nessa função. Como era típico, Ward decidiu liderar pondo-se à frente, participando de cada exercício de treinamento que os seus homens realizavam. "Eu não tentaria enganar esses policiais que conheciam o seu ofício até pelo avesso", ele disse. "Então resolvi me envolver dos pés à cabeça."

Como parte desse processo, Ward participou de um exercício regional de três dias de perseguição na floresta, a árdua tarefa de localizar e prender suspeitos escondidos na mata fechada. Essa prática equivale a uma guerra na selva, incluindo técnicas de rastreamento e de detecção de armadilhas e emboscadas, o uso de gás paralisante, a condução de cães policiais, a formação de patrulhas noturnas, e coisas assim. Foi um trabalho árduo debaixo de um clima inóspito, frio e chuvoso. Ward participou como integrante de uma das equipes e os seus policiais mantiveram sigilo de que ele era de fato Comandante deles até o último dia do exercício. Então eles o apresentaram aos outros grupos, que ficaram tão impressionados quanto incrédulos diante do fato de um superior hierárquico submeter-se a um teste tão rigoroso. "Fiz isso pelas razões certas", disse-me Ward, um pouco timidamente, "mas preciso dizer que a notícia se alastrou como fogo por toda a RPMC. Eu era conhecido como o Comandante de operações especiais que conseguia descer da sua posição e se sujar com os rapazes."

LIÇÃO: Mantenha sempre o foco no verdadeiro objetivo.

Quando Ward Clapham assumiu o Comando da equipe SWAT na Ilha Vancouver, ele logo percebeu que estava diante de um problema: os seus "ninjas" — os comandos de preto que resgatam reféns, executam prisões arriscadas de fugitivos, perseguem redes de traficantes e realizam outras ações equivalentes — e os seus negociadores de crises e de reféns não estavam se entrosando como era de se esperar. Todos treinam para o mesmo objetivo — chegar a uma solução pacífica — mas os seus estilos podem às vezes entrar em conflito. O que os ninjas querem fazer, disse-me Ward, é jogar granadas e em seguida invadir a casa, "porque é isso que são treinados a fazer, e em sua maioria são personalidades com a síndrome do triplo A. É assim que eles são". Os negociadores são pessoas pacientes, apaziguadoras, treinadas para evitar toda forma de violência. No entanto, era de suma importância eles entenderem que os ninjas, ao ser chamados, precisavam de todos os dados possíveis sobre a situação. Cabia aos negociadores obter essas informações.

Ward precisou de algum tempo, mas conseguiu reunir os dois grupos para um treinamento conjunto em situações simuladas de crise, e ambos começaram a ver os pontos de vista uns dos outros. Os resultados foram positivos no caso de um homem em Duncan, uma pequena cidade no Vale de Cowichan, na costa leste da ilha, que havia se entrincheirado em uma casa, ameaçando suicidar-se. Como não havia outras pessoas em perigo, Ward percebeu que o tempo estava a favor dele. "No que me dizia respeito, poderíamos ficar lá durante um mês", revezando as equipes até que o homem cumprisse a ameaça ou desistisse. Uma invasão colocaria os ninjas em perigo, e eles poderiam ferir o homem ou apressá-lo ao seu intento suicida. "Se ele está tentando tirar a própria vida, não vamos acelerar o processo", disse-me Ward.

Graças ao treinamento recebido, os ninjas entenderam que o papel deles era manter as coisas sob controle para os negociadores. Também os negociadores ajudavam agora os ninjas. Quando o homem finalmente resolveu entregar-se, os negociadores o orientaram a sair por uma determinada porta e a deitar-se no chão em silêncio para que os ninjas pudessem aproximar-se dele com segurança, algemá-lo e levá-lo sob custódia. O resultado, sem nenhuma violência, foi um enorme sucesso para os dois setores da equipe, disse-me Ward. A missão foi cumprida da melhor forma possível — sem uma gota de sangue sequer.

Uma parte essencial de qualquer operação numa crise como essa é o relatório das ações praticadas, que por sua vez alimenta o planejamento de uma próxima situação semelhante. No *Benfold*, chamávamos esse processo de revisão após a ação, ou AAR [*After Action Review*]. Após cada evento ou manobra importante, todos os envolvidos se reuniam e avaliavam as ações realizadas. Um dos aspectos importantes do processo era a perda da imunidade hierárquica. Cada participante era passível de críticas, inclusive eu.

Em suas avaliações, Ward não poupava ninguém, nem a si mesmo. Após uma incursão em uma plantação de maconha, por exemplo, ele criticou a si próprio por não levar em consideração uma escola próxima. As aulas estavam terminando no exato momento em que o seu grupo de ninjas chegava: portando metralhadoras e usando capacetes e coletes à prova de balas, assustaram tanto as crianças a ponto de lhes causar pesadelos.

Advertido pela experiência e analisando os erros na revisão seguinte, Ward alterou os procedimentos da equipe para garantir que nada disso voltasse a acontecer. Numa operação semelhante tempos depois, Ward notificou a escola com antecedência, e as crianças ficaram nas salas até o término das operações. Planos de contingência parecidos foram feitos para outras situações. Quando a espreita de um grupo de traficantes revelava a presença de crianças no local, a equipe adotava uma tática mais discreta e amenizava a entrada na casa, tornando a situação o menos assustadora possível para as crianças, mas também garantindo o sucesso da ação.

Mas para que uma equipe permaneça unida e concentrada no objetivo, acredita Ward, tanto o treinamento quanto a avaliação posterior devem ser totalmente transparentes, abertos e consensuais. "Quando revisamos e treinamos, tudo o que diz respeito à hierarquia fica de lado", ele me disse. "Todos são iguais, e a opinião de cada um é importante. Nós todos aprendemos uns com os outros. Faço questão de não ser chamado pela minha graduação, e sim pelo meu nome, Ward." Mas é igualmente importante que a partir do momento em que uma decisão é tomada, todos a executem. "Você pode concordar em discordar amistosamente, o que for, mas ao sair da reunião, todos precisam agir como uma força única", concluiu Ward.

LIÇÃO: Demonstre às pessoas que você se interessa por elas.

Na minha opinião, Ward Clapham é um dos *mounties* mais inteligentes da história canadense. Na atividade policial, ele é também adepto sincero da teoria da "janela quebrada". Segundo essa teoria, o simples fato de se ignorar uma janela quebrada numa casa, um ônibus rabiscado ou casos semelhantes de vandalismo, transmite a mensagem de que não há comando e de que ninguém se interessa, o que por sua vez estimula ainda mais atos de irresponsabilidade e destruição.

Para Ward, a mensagem aqui é mais ampla. Em todas as áreas de atividade, dos negócios ao setor policial e às tarefas marítimas, é útil as pessoas saberem que alguém está no comando, que alguém se importa. Ele me disse, "Na era da informação, observa-se uma revolta contra a automação", como o sistema de resposta telefônica automatizada em que não se consegue falar com uma pessoa real, por mais teclas que se pressione. "As pessoas querem e merecem uma interação humana real", disse Ward.

Para esse fim, ele orientou os seus policiais a imprimir um toque pessoal ao lidar com vítimas de crimes. Num assalto a uma casa, por exemplo, os agentes de Ward registram os fatos e oferecem à vítima algumas orientações sobre como tornar a residência mais segura — procedimento policial padrão. O que não é padrão é o acompanhamento posterior dos agentes. Uma semana depois, eles retornam à casa para relatar os desdobramentos do caso e verificar a possível ocorrência de algum novo problema. Eles deixam um cartão e dizem aos moradores para telefonar caso precisem de ajuda.

"As pessoas se surpreendem, quase não conseguindo acreditar no que você fez", disse Ward, "e a partir desse momento assumem uma nova atitude com relação à polícia. Elas se tornam admiradoras que nos ajudarão e cooperarão conosco de um modo como nunca fizeram antes."

Ward, que está sempre disposto a ajudar quando se trata de interação pessoal, tem pastas cheias de cartões de visita de pessoas que conheceu ao longo da carreira. Uma vez por semana, ele pega as pastas, retira vários cartões e telefona para as pessoas sorteadas. "Eu me reapresento e pergunto se há algo que posso fazer para ajudá-las. Elas ficam surpresas e começam a pensar de modo diferente sobre mim e sobre o meu pessoal."

Durante um telefonema ao presidente de uma associação de prevenção à criminalidade, Ward descobriu que o grupo precisava de um policial experiente para apoiar o trabalho que realizavam. Será que ele poderia enaltecer e recomendar o grupo em uma reunião? Naturalmente, respondeu Ward. Tudo faz parte da sua interação com as pessoas a que ele serve — "tudo faz parte da construção da união humana, de fazer com que as pessoas saibam que há alguém real que se interessa", ele me disse.

Na minha própria experiência como líder, poucas coisas consolidam uma relação como a disposição de dar um passo a mais, de tocar na base, de possibilitar que o outro saiba que você está preocupado com ele. Mesmo que a janela esteja intacta, por assim dizer, um telefonema para sentir como as coisas andam pode fazer toda a diferença no seu processo de relacionamento.

LIÇÃO: Jamais humilhe o seu pessoal.

Quantas vezes isso aconteceu com você? Você está participando de uma sessão de *brainstorming*, tempestade de ideias, com muitas pessoas apresentando sugestões inteligentes. No momento em que você dá a sua contribuição, porém, o líder diz algo como: "Não, isso não faz sentido" ou "Alguém mais tem alguma ideia?" Nada arrefece mais a criatividade e o livre fluxo de ideias do que um líder insensível.

Ward Clapham, que está constantemente em busca das ideias do seu pessoal e é particularmente sensível para mantê-las fluindo livremente, jamais agiria dessa forma. "Não quando estou praticamente implorando que pensem grande, que sejam criativos e que encontrem novas maneiras de aprimorar o nosso policiamento", ele disse. "A única coisa que não quero é que algum deles se sinta desestimulado, como se suas ideias fossem tolas. Humilhações são venenos. Não consigo imaginar uma forma mais rápida de arranjar um inimigo mortal do que ridicularizar uma ideia séria de alguém em público."

Não é tarefa fácil fazer com que o seu pessoal pense criativamente. Quando eles superam a apatia ou a rotina, o resultado pode ser emocionante. Às vezes você se sente como um mochileiro que consegue acender um pequeno fogo com fósforos úmidos. Você não quer que a chama apague, não quer perder novas possibilidades desmerecendo sugestões sinceras de uma pessoa, mesmo que ela não seja exatamente uma vencedora.

Mas como lidar com as ideias inaproveitáveis que surgem juntamente com as promissoras? Para começar, disse-me Ward, você gerencia as expectativas do seu pessoal definindo as características das sugestões consideradas adequadas. Eles não irão propor a instalação, digamos, de uma máquina de algodão-doce, porque você deixou claro que não são ideias dessa natureza que você está solicitando. "Se alguém realmente propusesse algo assim, tão trivial", observou Ward, "eu provavelmente diria: 'Sim, essa é uma ideia interessante, mas não podemos fazer isso por tal e tal motivos'". Ou ele poderia recusar uma ideia extravagante sobre um assunto sério, dizendo que a incluiria em sua lista de decisões a tomar — ele a conservaria, mas registrada no fim da lista. "Eles ficam satisfeitos com isso, e não desanimam", concluiu.

Outra técnica que Ward adota para não ferir sentimentos e ao mesmo tempo aumentar a coesão do grupo é destinar para cada uma das unidades recursos financeiros específicos para implementar novas ideias. "Eu os autorizo a decidir se uma ideia é viável ou não", disse ele. Acontece que os policiais sabem muito bem discernir entre ideias boas e ruins. O dinheiro não é desperdiçado. Ao mesmo tempo, quem propõe não fica chateado se a sua proposta não é aceita. Ele sabe que ela é ouvida por um júri formado por seus pares que continuarão a respeitá-lo como membro da equipe, com todos os direitos intactos. Resultado: um intercâmbio cada vez mais livre de ideias.

LIÇÃO: Mantenha contato frequente com o seu pessoal.

"Não receber notícias já é boa notícia" pode ser uma verdade para o Comandante de uma guarnição de bombeiros, mas isso é raro na vida da maioria de outros líderes bem-sucedidos. Sentado atrás da sua escrivaninha, talvez você acredite que, por não se mostrarem com clareza, os problemas não existem — mas no seu íntimo você sabe que não é bem assim. Em qualquer organização e a qualquer momento podem acontecer coisas indesejáveis. A sua função como líder é estar em comunicação direta com o seu pessoal, de modo a reduzir ao máximo a possibilidade de contratempos. Você precisa procurar, identificar e corrigir tudo o que possa ameaçar a dedicação do seu grupo.

Ward Clapham mantém contato com o seu pessoal passando constantemente pelas diversas salas, acompanhando as batidas dos seus policiais e percorrendo a comunidade. Ele aparece sem avisar em reuniões da equipe, junta-se ao pessoal que almoça na lanchonete ou acompanha algum dos seus agentes num curso de liderança de final de semana. Ao deparar-se com algo errado, grande ou pequeno, ele ataca imediatamente o problema. Mais do que tudo, Ward quer que os seus policiais jamais deixem de sentir o orgulho que inspira o entusiasmo e a criatividade com que trabalham.

Ward me contou sobre o dia em que resolveu correr bem na hora do almoço (fato raro) e acabou tomando banho no vestiário do destacamento. Ele "cuspiu fogo" quando descobriu que todas as saboneteiras estavam vazias. "O meu pessoal anda por aí com colete à prova de bala e uniforme pesando doze quilos, trabalhando em turnos de doze horas no calor e na chuva, e não havia sabonete nos chuveiros. Então peguei o meu cartão de crédito, fui de uniforme completo até o mercado local e comprei um estoque de sabonetes.

"Trata-se das pequenas coisas", continuou — as frustrações pequenas, aborrecidas, cotidianas que podem criar ressentimento e introduzir-se entre os membros da equipe e seu líder ou entre eles e as suas atividades. "Relacionar-se com as pessoas sem fazer uma triagem é um verdadeiro desafio", concluiu.

Umas das suas técnicas favoritas é a reunião matinal diária, momento em que os policiais são solicitados a manifestar-se sobre as suas atribuições e condições de trabalho. "O grau hierárquico do pessoal fica fora da sala", ele disse. Numa sessão, por exemplo, alguém levantou um problema relacionado com a alocação de mão de obra no âmbito do destacamento; Ward propôs uma solução, e um sargento discordou. "Ele rebateu a minha opinião", disse Ward. "A sugestão dele de relocar recursos era totalmente diferente da minha, mas ele estava certo. Eu disse isso a ele e o elogiei por expressar a sua ideia."

É esse exatamente o tipo de conversa direta que leva as pessoas a se abrirem e estimula confidências compartilhadas. Desse modo os líderes têm possibilidade de constatar o que está realmente acontecendo — e resolvam pequenos problemas antes que se agravem e se transformem em grandes problemas.

Durante uma dessas passagens de Ward pelo escritório, ao encontrar e perguntar às pessoas como estavam e se havia algum problema, um funcionário mencionou que ele e seus colegas não tinham computadores. Ward ficou espantado. "As salas dispunham de todas as instalações necessárias e prontas para funcionar, mas não havia equipamentos." Ele imediatamente telefonou para o setor de tecnologia da informação. A resposta que ouviu foi que os computadores estavam entregues, mas continuavam encaixotados. Em poucos minutos eles estavam sendo instalados, com Ward indo de uma sala a outra, deslocando móveis e preparando os fios. "Foi apenas uma confusão na comunicação, mas precisou que o chefe andasse pelo escritório para descobrir o problema", ele disse.

Quando fala das suas voltas pelo escritório, Ward sempre acrescenta que elas são essenciais tanto para promover uma gestão inteligente da sua unidade quanto para fortalecer o moral. Quando as pessoas estão convencidas de que o chefe se preocupa com elas, elas mesmas, por sua vez, se esforçarão para ter um desempenho melhor e para obter uma maior aprovação do chefe. Mas esse resultado ideal depende de o líder dirigir-se diretamente aos membros da equipe; ele deve descobrir o suficiente para provar que realmente se importa e que não é apenas mais um terno vazio em quem não se pode confiar.

O método de Ward está produzindo frutos. O Destacamento de Richmond, detentor de um dos piores índices de atração e de retenção da RPMC, passou a ser um dos melhores. As pessoas estão entrando na fila para transferir-se para o destacamento, disse-me Ward. "A nossa taxa de promoção é o dobro da média da RPMC e o nosso pessoal está totalmente envolvido com a nova orientação dada ao policiamento."

Um olhar honesto sobre a filosofia de Ward e sobre a maneira como ele a põe em prática é suficiente para convencer qualquer um que poderia estar se perguntando por que a unidade de Richmond tem o melhor moral dentro da RPMC.

LIÇÃO: Quando você sabe que está certo, mantenha-se firme.

Em Strathmore, Ward Clapham estava determinado a repetir o sucesso obtido com os jovens de Faust. Com essa finalidade, designou cada agente para uma escola local, incumbindo-os de imaginar formas de relacionamento com os estudantes. Claro, alguns policiais voltaram dizendo que não tinham jeito de lidar com crianças. Talvez as crianças não gostassem de policiais fardados ou talvez os policiais não soubessem investir tempo suficiente para conquistá-las. Quaisquer que fossem os motivos desse início titubeante, Ward acreditava firmemente no conceito e não estava disposto a voltar atrás.

Para incentivar o seu pessoal e os alunos, ele conseguiu oito ingressos para a temporada de jogos em casa do time de hóquei Calgary Flames. No Canadá, onde o hóquei é uma verdadeira obsessão, poucas crianças deixariam passar uma oportunidade como essa, por piores que fossem os seus sentimentos com relação aos *mounties*. Os policiais se revezavam no uso dos bilhetes e escolhiam sete alunos para acompanhá-los aos jogos, com base em critérios que eles mesmos estabeleciam — crianças determinadas a correr riscos, alguém que tivesse praticado uma boa ação ou vencido uma competição, talvez um aluno mediano disciplinado e que por isso era quase ignorado. Cada policial resolveu adotar critérios diferentes no Programa Posição Legal, assim denominado por Ward porque seu objetivo era manter as crianças ao lado da lei. ("Posição Legal" — *onside* — é um termo do hóquei para indicar que um jogador está em posição legal para receber o disco.)

O programa foi um sucesso total. Crianças e *mounties* o adoraram. E Ward, que não tinha dúvidas de que a sua equipe estava ajudando as crianças, deu à iniciativa o seu apoio incondicional — e também financeiro. Os *mounties* poderiam levar as crianças aos jogos em um carro da polícia? Sem dúvida. Poderiam ser reembolsados por estacionar no estádio? Seguramente. Dinheiro para comprar pipoca e refrigerante para as crianças? Ward providenciou. Necessitava-se de alguém para cobrir o turno de um policial quando este tinha compromisso com a noite de hóquei? Ward substituía. Ele inclusive contou o tempo que os seus agentes passavam nos jogos como horas de serviço. Em outras palavras, ele usou dinheiro público para pagar as cortesias do programa e também as pessoas que o executavam. Claro, logo passou a receber pressões cada vez maiores por parte de alguns setores por esse uso do dinheiro do governo em atividades consideradas supérfluas. O clima ficou tão carregado que Ward, com relutância, decidiu encerrar o programa. "Eu estava cansado de ser malhado por causa disso", ele me disse.

A papelada para encerrar o Programa Posição Legal estava sobre a mesa de Ward quando chegou a vez dele de levar para o jogo os alunos da escola que ele adotara. Um dos garotos perguntou se podia levar um amiguinho; Ward concordou, pois havia um lugar vago. Ele também ficou sabendo que o pai do desconhecido havia falecido de câncer recentemente. "O menino estava passando por momentos realmente difíceis", lembrava Ward. "Ele estava bastante confuso, enfrentando muitos problemas. Não vou dizer que os resolvemos todos naquela noite, mas rimos, choramos e conversamos, e não vimos praticamente nada do jogo. Nós realmente criamos laços."

Foi durante essa conversa, disse Ward, que ele compreendeu o que significa realmente coragem para alguém que ocupa uma posição de liderança. "É ter a ousadia de defender as suas convicções diante das dificuldades. Todo mundo está lhe dizendo que você está errado, mas você sabe que está certo. Eu sabia que estava certo. Nós estávamos certos. Fazia sentido."

Ele voltou para o escritório e rasgou a documentação. Em seguida, organizou uma campanha, começando pelas escolas, para conseguir apoio para o projeto e converter os descrentes que viam o programa apenas como um mimo aos policiais. Sua renovada convicção levou à formação de um grupo de patrocinadores que pagaram para difundir o programa em escolas e organizações policiais na região de Calgary, e até para expandi-lo na Liga Canadense de Futebol com o Calgary Stampeders. "Foi um verdadeiro 'gol de placa,'" disse Ward. "Todos queriam participar dele."

Às vezes um líder precisa ter coragem para sustentar as suas convicções — e demonstrar essa coragem ao seu pessoal, disse Ward. Ele ainda conserva com muito carinho uma velha camiseta impressa com o logotipo do Programa Posição Legal e os nomes dos patrocinadores. "Quando me deparo com outras coisas difíceis e preciso de um lembrete de coragem, vou até o guarda-roupa e retiro aquela camiseta", ele disse. "Ela está bastante desgastada, mas não deixo a minha mulher desfazer-se dela."

LIÇÃO: Não aceite a mudança, apenas; produza-a.

Quando Ward Clapham se aposentar da Real Polícia Montada do Canadá, ele planeja passar as seguintes ideias fundamentais para os seus sucessores:

1. A mudança é inevitável.
2. Não aceite a mudança, apenas; produza-a.
3. Tenha coragem e promova a mudança como você a deseja; não deixe que outros decidam.

Ward me disse que quando começou a trabalhar como agente da lei, "toda a minha vida girava em torno de quantos crimes eu poderia resolver e quantas pessoas eu poderia pôr na cadeia. Aquele era o sistema em que eu trabalhava. Tomei a decisão de mudar essa situação, pois fazia muito mais sentido prevenir as pessoas de enveredarem por uma vida de crimes e ao mesmo tempo isolar as que fossem realmente criminosas".

No exercício das suas funções nos anos seguintes, Ward se empenhou ativamente em promover essa mudança. Ele incutiu nos seus policiais a importância de se relacionarem em um nível pessoal com a comunidade em geral e também com os jovens e adultos que corriam o risco de se tornar bandidos. Tudo o que ele queria era encontrar formas de aproximar-se deles, conquistar-lhes a confiança, percorrer com eles um quilômetro a mais para ajudá-los.

Uma das histórias favoritas de Ward é sobre um sem-teto, um homem viciado em drogas que morava debaixo de uma ponte. Em certo momento, o homem tentou tirar a própria vida, mas um negociador da polícia o demoveu da ideia. Criou-se um vínculo, e quando o mendigo se sentia deprimido, ligava para o policial. À medida que a sua vida foi melhorando, o homem continuou mantendo contato, trocando ideias a respeito de coisas boas e más com o policial. No fim, o sem-teto e viciado em drogas se tornou diretor de uma grande empresa canadense. Mesmo nessa posição, ele continuou a telefonar para o policial para agradecer-lhe, dizendo que "se você não tivesse feito o que fez, eu não estaria aqui hoje".

Não, o policial não era Ward Clapham. Mas se Ward não tivesse realizado o que realizou em sua impressionante carreira, aquela vida reabilitada não teria acontecido.

O policiamento comunitário é uma técnica comum no Canadá atualmente, mas Ward Clapham estava lá no começo — definindo a forma que essa técnica tomaria, assumindo a frente, promovendo a mudança. Ela fez uma grande diferença para muitas pessoas cuja vida, de outro modo, teria descambado para o mal. Ela também destacou Ward como um líder dinâmico e de ideias inovadoras, um líder com a coragem das suas convicções. Quando ele viu a mudança assomando, não esperou que ela o arrastasse. Ele a agarrou firmemente e a assumiu como sua. É assim que agem líderes de sucesso.

Se você quer que o seu pessoal busque constantemente novas e melhores formas de executar a tarefa que lhes compete, se você quer que eles resolvam os problemas antes que estes prejudiquem a sua empresa, você precisa dar o exemplo. Líderes bem-sucedidos mantêm-se à frente da curva, captando novas ideias e livrando-se das velhas, sempre prontos a adaptar-se às mudanças em um mundo que não para nunca. É assim que Ward Clapham inspira os seus policiais, liderando-os em uma conquista após outra. Você também pode fazer isso.

LIÇÕES

- Jogue de acordo com as regras — de modo geral.
- O respeito mútuo é fundamental para o sucesso da equipe.
- Proteja o seu flanco com o apoio de líderes informais.
- Disponha-se a ajudar e fortaleça a sua equipe.
- Proponha-se desafios e desenvolva-se.
- Comece pequeno e expanda a partir daí.
- Devolva os problemas a quem os apresentou.
- Ajude o seu pessoal a crescer.
- Resolva o verdadeiro problema.

- Dê prioridade às necessidades do seu pessoal.
- Para liderar o seu grupo, seja parte dele.
- Mantenha sempre o foco no verdadeiro objetivo.
- Demonstre às pessoas que você se interessa por elas.
- Jamais humilhe o seu pessoal.
- Mantenha contato frequente com o seu pessoal.
- Quando você sabe que está certo, mantenha-se firme.
- Não aceite a mudança, apenas; produza-a.

EPÍLOGO

Como este livro mostra claramente, não existe um estilo único de liderança. Os homens e mulheres notáveis que você conheceu nestas páginas têm todos uma causa preponderante que os impele, e as suas técnicas e lições peculiares são talhadas para essa causa.

Al Collins trabalha no sistema da Marinha, e age de modo a obter a colaboração desse sistema. Ward Clapham trabalha constantemente para mudar o modo de atuar da Polícia Montada. O objetivo primordial de Trish Karter é fazer com que a Padaria Dancing Deer seja uma empresa que faz o bem no mundo. Na BP, Laura Folse visa a obter alimento espiritual por meio do seu trabalho, principalmente ajudando o seu pessoal a superar os próprios defeitos. Buddy Gengler salvou o seu pelotão tendo coragem de pedir ajuda. Roger Valine prova que o trabalho e a família não só podem coexistir no mundo 24/7 de hoje, mas também prosperar de verdade.

Mas se não há uma fórmula única, todos esses líderes incógnitos, no entanto, se incluem em um padrão geral de liderança. Não por acaso, é o padrão que desenvolvi para mim mesmo como Comandante do USS *Benfold*.

Os meus líderes começam com a valorização das pessoas — o sentimento de que cada indivíduo tem valor e tem uma contribuição a dar. Os meus líderes inspiram respeito mútuo entre todas as pessoas em suas organizações, preocupam-se em conhecer o seu pessoal e efetivamente zelam pelo bem-estar de todos os seus liderados. Eles atraem pessoas para a causa que estão promovendo. Eles procuram ajudar as pessoas a crescer e a superar obstáculos. Eles estimulam críticas honestas e acatam novas ideias de qualquer origem.

O que os meus líderes recebem em troca é entusiasmo verdadeiro. Acreditando na causa, as pessoas que eles lideram se apropriam dela; a causa dignifica o trabalho que realizam e dá às suas vidas um sentido mais amplo. Como você viu página após página, esse compromisso inabalável insufla uma dinâmica fantástica no pessoal, no líder e também na empresa. Todos se tornam verdadeiros parceiros e colaboradores, vencedores em qualquer situação.

Os meus líderes assumem riscos, mas nunca de forma imprudente. Eles quebram regras, mas sempre em nome da causa. Seu foco é resolver problemas, não achar culpados; eles preferem recompensar o acerto a punir o erro. Eles incentivam o riso, as brincadeiras e o senso de humor como elementos essenciais do ambiente de trabalho, mas tudo nos limites disciplinares da causa predominante. E, sem exceção, os meus líderes são simplesmente pessoas admiráveis — homens e mulheres cuja oportunidade de conhecer constituiu para mim um imenso prazer.

Há outros modos de liderar, modos que não necessariamente acabam em fracasso. Mas se seguir as lições desenvolvidas neste livro, você seguramente estará na vanguarda. E embora eu não possa garantir o sucesso, faço uma promessa de solidez inabalável: você terá uma vida boa. Eu vivi isso; eu sei.

Impressão e Acabamento
FARBE DRUCK
gráfica e editora ltda.